本书为河南省哲学社会科学规划项目"河南省信息化与农村经济发展关系研究"（项目编号：2013BJJ063）的阶段性成果

河南财经政法大学经管丛书

河南省农村信息化发展研究

Research on the Developing Level of Rural
Information in Henan Province

王艾敏　著

经济管理出版社
ECONOMY & MANAGEMENT PUBLISHING HOUSE

图书在版编目（CIP）数据

河南省农村信息化发展研究 / 王艾敏著. —北京：经济管理出版社，2016.8
ISBN 978-7-5096-4576-5

Ⅰ.①河…　Ⅱ.①王…　Ⅲ.①农村—信息化—研究—河南　Ⅳ.①F327.61

中国版本图书馆 CIP 数据核字（2016）第 204334 号

组稿编辑：杨　雪
责任编辑：杨　雪　宋雅娟
责任印制：司东翔
责任校对：王　淼

出版发行：经济管理出版社
　　　　　（北京市海淀区北蜂窝 8 号中雅大厦 A 座 11 层　100038）
网　　址：www. E-mp. com. cn
电　　话：（010）51915602
印　　刷：北京九州迅驰传媒文化有限公司
经　　销：新华书店
开　　本：720mm×1000mm/16
印　　张：16
字　　数：305 千字
版　　次：2016 年 8 月第 1 版　　2016 年 8 月第 1 次印刷
书　　号：ISBN 978-7-5096-4576-5
定　　价：58.00 元

前　言

加强农村信息化建设，以信息化促进新农村建设，已经成为实现农村现代化、农民富裕以及全面建设小康社会的重要因素之一。河南省作为一个农业大省，经过近几年的发展，信息化水平与经济发达省市的差距呈现进一步拉大的趋势，河南省产业结构呈现层次低、方式粗放、资源环境代价大的特点，河南省信息化发展面临更加严峻的挑战。本书以河南省农村信息化作为研究对象，从一个独特视角，构建一个缜密的分析框架，采用规范的研究方法进行研究，以期最终的研究成果更具有理论意义和现实意义。

本书共分三个层次：第一层是对农村信息化的相关理论、研究成果进行梳理，对国内外农村信息化发展状况和河南省农村信息化发展现状进行了分析。第二层是进行了一系列定性和定量研究。定性研究是基于经济学的角度对河南省农村信息化的需求与供给以及其发展的基本约束机制进行了剖析；定量研究方面，首先建立评价河南省农村信息化水平的评价指标体系，进而分别对河南省农村信息化水平进行静、动态评价，然后基于 C-D 函数对河南省农村信息化的绩效进行研究，最后对河南省农村信息化是否存在"生产率悖论"进行了验证。第三层在对我国其他省、市、自治区的农村信息化政策进行比较借鉴的基础上，对河南省农村信息化的发展提出政策建议。

本书主要结论有：第一，基于经济学的基本原理，从农村信息化的需求和供给及其均衡出发找出了河南省农村信息化发展的两大基本约束——有效需求和有效供给均相对不足。第二，分别基于因子分析和熵值法，从静态角度对河南省农村信息化水平进行了评价，结果显示，两种方法结果基本一致，河南省农村信息化水平在全国范围内处于中下游水平。第三，基于面板数据对河南省农村信息化水平进行动态测评，结果显示，2000-2007 年，河南省信息化水平在国家平均水平上下波动，而 2008-2010 年河南省的信息化水平发展缓慢，甚至停滞不前，远远低于全国平均水平，直到 2011 年河南省农村信息化水平才有显著性提高。第四，农村信息化绩效方面是基于信息化对农村经济增长贡献，采用回归模型的变系数回归，结果显示，河南省农村信息化对农村经济的弹性系数是除了贵州省以外最高的，在全国排名第二，说明河南省在信息资源方面的投入回报率远远高于全国平均水平。第五，从河南省农村经济与信息化脉冲响应函数的回归和方差分解结果显示，河南省信息化水平与其农村经济发展水平是相辅相成的，两者之间是互动的关系。第六，基于门槛面板回归模型，对河南省农村信息化是否存在"生产率悖论"进行检验时，分别以农村信息化水平、农村资本投入和时间作为门槛变量，研究结果显示，信息化发展水平对农村经济增长的影响具有双门槛效应，不存在信息技术"生产率悖论"，但是呈现出信息化不同发展水平的异质性；以时间作为门槛变量，存在两个时间门槛，在 2003 年之前存在信息技术"生产率悖论"，随着时间的推移，信息化水平突破了门槛值，对农村经济增长的影响越来越大；资本投入具有双门槛效应，资本投入的第一个阶段存在信息技术的"生产率悖论"，后两个阶段突破门槛后，信息化水平对农村经济增长影响是递增的，说明增加农村资本投入，同时增加了对农村信息资本的投入，从而使农村信息化水平得以提高，继而促进了农村经济的高速增长。

目　录

第一章 导论

第一节 研究背景、目的和意义

一、研究背景

综观人类社会发展，每一次新的技术革命都推动着人类社会发展实现质的飞跃。继狩猎技术、农业技术、工业技术之后，以计算机及其网络为核心的信息技术已成为推动人类社会发展的新动力，正推动着人类社会由工业文明迈向信息文明。进入 21 世纪后，以信息技术创新为特征的信息化浪潮席卷全球，信息技术全方面地渗透到人们生产、生活的各个方面，对人类社会发展产生了重要影响。

（一）信息技术深刻影响到人类社会的方方面面

信息技术的发展深刻影响着人类的思维方式，深化了人类对物质世界的认识。信息技术的发展使得人类很多无法认识和做到的事情成为可能。如大规模的科学计算和数据处理、人工智能等，信息技术使人类对从小到极微小的粒子世界大到广漠深邃的太空有了更深刻的客观认识。信息技术的发展和应用影响着人类的生活方式，改变了人类的生活面貌。现在信息技术已经全面渗透和介入人们的衣、食、住、行等方面，生活日益便捷化、丰富化。信息技术逐步改变了人类的生产方式和工作方式，电脑和电脑控制的机器逐步取代传统的体力和脑力劳动。在工业领域内，以信息技术为基础的柔性制造系统（FMS）、计算机集成制造系统（CIMS）、准时生产制（JIT）等新的生产模式逐步出现并成熟。在农业领域内，以信息技术为基础的遥感技术（RS）、地理信息系统（GIS）、全球定位系统（GPS）能够对洪涝灾害、森林虫灾、地震等各种灾害进行检测评估；以信息技术为基础的精确农业、虚拟农业、网络农业等新型农业生产模式不断涌现；作物生长模拟模型、农业专家系统、农业生产实时控制系统、作物遥感估产等信息技术在农业生产中得到了广泛的应用。

（二）信息化的发展促进社会经济结构深刻调整

信息技术的发展使信息经济在世界范围内迅速崛起，并深刻调整社会经济结构。以信息技术为基础的信息产业凭借自身的特色和优势，从传统的三大产业结构中独立出来，成为深刻影响世界经济发展的第四产业。信息产业的发展程度已经成为影响世界各国经济竞争力的决定性因素。2003 年 12 月世界各国首脑在瑞士日内瓦召开"信息社会世界峰会"，在会议发布的原则宣言中指出"我们深信不疑，我们正在共同买入一个极具潜力的、扩展人类交流的信息社会"，这强烈昭示着信息、信息革命、信息化、信息社会等已经成为当今世界最具震撼力的主题词。"世界潮流，浩浩荡荡，顺之则昌，逆之则亡。"信息技术已经渗透到了人类社会发展的血液和脉络之中，信息化已经成为不可逆转的潮流。

（三）信息化为解决"三农"问题提供历史机遇

信息化业已成为当今世界经济与社会发展的大趋势。信息成为继材料、能源之后的第三资源，这三者共同构成了支撑社会发展的三大支柱。信息化已经成为新一轮全球竞争的焦点。20 世纪 90 年代以来欧美发达国家就树立了信息、科技第一的观念，许多国家纷纷确立以推进信息化为特征的发展战略，大力建设"信息高速公路"以抢占信息全球化时代经济社会发展的立足点和制高点。在欧美发达国家，农村信息技术研究应用发展很快，全面实现了网络化、全程化和综合化，信息化技术已经渗透到农村经济社会发展的方方面面，对农业生产、农村经济、农民生活产生了积极影响。发达国家农村信息化建设成就既给我们提供了很多可以借鉴的成果和经验，起到了良好的示范作用，同时也给我们带来了巨大的压力，如果我们不能迎头赶上，将很快落后于信息化潮流。作为世界上农业发展历史最悠久、农村区域广泛、农民数量最多的农业大国，我国迫切需要信息技术的支撑，把农村信息化当作农村经济社会发展的一次历史性机遇，促进"三农"问题有效解决。

中国是一个农业大国，但不是农业强国。农业人口占全国人口总数的半数左右，而在 2012 年农业产值却只占全国 GDP 的 10.1%，第一产业的产业贡献率仅为 5.6%，对国内生产总值增长的拉动仅为 0.4%。"三农"问题解决得好不好，直接影响着我们能否全面建成小康社会。"三农"问题关乎国家兴旺发达和民族伟大复兴，关系到经济社会发展全局。党和国家一直十分重视"三农"问题，历代领导人均对"三农"问题的解决作出了重要指示，习近平同志指出：务必执政为民重"三农"、务必以人为本谋"三农"、务必统筹城乡兴"三农"、务必改革开放促"三农"、务必求真务实抓"三农"。从 2004 年以来，连续十年制定推动"三农"工作的"1 号文件"。"三农"问题具有长期性、艰巨性和复杂性。新形势下，"三农"发展面临着新的瓶颈，主要是：农业结构的转型升级和发展方式的转变，由传统农业向现代农业转变；改变农村长期落后面貌，促进城乡协调统筹发展；关怀农民利益，改善农民民生问题。

（四）农村信息化建设得到党中央高度重视

国内外成功实践经验表明，信息化能有效促进"三农"发展。近年来，党和国家高度重视信息化建设，中共十六大明确提出"信息化是我国加快实现工业化和现代化的必然选择"，并把"大力推进信息化"作为 20 世纪头 20 年经济建设和改革的主要任务之一。中共十七大提出"大力推进信息化与工业化融合"，将信息化作为与工业化、城镇化、市场化、国际化并列的社会经济五大发展趋势之一。中共十八大报告提出"促进工业化、信息化、城镇化、农业现代化同步发展"，进一步凸显"信息化"的突出地位与特殊作用。中共中央在高度重视国家宏观经济社会信息化建设的同时，日益重视农村信息化建设。在最近十年来有关"三农"发展的中央 1 号文件中连年明确指出，要加快推进农村信息化建设工作（见表 1-1）。自 2004 年中央 1 号文件提出"支持农民专业合作组织开展信息服务"以来，"中央 1 号文件"对农村信息化的关注日益增强，政策面也逐渐拓展。2012 年中央 1 号文件特别提出要"全面推进农业农村信息化"，要求"加快国家农村信息化示范省建设"。2013 年中央 1 号文件首次提出"四个同步发展"，将信息化与工业化、城镇化、农业现代化共同作为解决"三农"问题的重要途径，进一步提出"加快用信息化手段推进现代农业建设，启动"金农工程"二期，推动国家农村信息化试点省建设"。这标志着农村信息化建设将由过去的局部领域引导过渡到全面推进阶段。国家农村信息化示范省建设已经成为推进我国农村信息化建设的战略举措。党和政府的高度重视为农村信息化建设提供了有利良机。

表 1-1 关于农村信息化建设问题的 10 个中央 1 号文件

年份	主要内容
2004	"从 2004 年起，中央和地方要安排专门资金，支持农民专业合作组织开展信息、技术等服务"、"有关部门要……为农产品出口企业提供信息服务"
2005	首次明确提出要"加强农业信息化建设"

年份	主要内容
2006	"要积极推进农业信息化建设，充分利用和整合涉农信息资源强化面向农村的广播电视电信等信息服务，重点抓好"金农工程"和农业综合信息服务平台建设工程"
2007	专门提出要"加快农业信息化建设"，并用大量的篇幅对农业信息化建设进行具体部署，提出"启动农村信息化示范工程"
2008	专门提出"积极推进农村信息化"，要求"健全农村信息服务体系"，部署推进"金农"、"三电合一"、农村信息化示范和农村商务信息服务等一系列农村信息化工程建设，"探索信息服务进村入户的途径和办法"，健全制度，提供有效的信息服务
2009	在"加快农村社会事业发展"一节提出"推进广播电视村村通、文化资源信息共享"等工程，在加快农村基础设施建设的内容上提出"发展农村信息化"
2010	具体提出"加强市场动态监测和信息服务"、"推进广播电视村村通、文化资源信息共享……"、"推进农村信息化，积极支持农村电信和互联网基础设施建设，健全农村综合信息服务体系"
2011	综合加快水利改革发展、提出"推进水利信息化建设，全面实施"金水工程"
2012	全文提到有关"信息"、"信息化"、"信息技术"等有关农村信息化的词达16处之多，特别提出要"全面推动农业农村信息化"，要求"加快国家农村信息化示范省建设"
2013	首先提出"四个同步发展"，将信息化与工业化、城镇化、农业现代化共同作为解决"三农"问题是重要途径，进一步提出"加快用信息化手段推进现代农业建设，启动"金农工程"二期，推动国家农村信息化试点省建设"

资料来源：根据 2004–2013 年中央 1 号文件整理。

（五）国家农村信息化示范省建设逐步推进

加强农村信息化建设是以工带农、以城带乡、互惠发展背景下政府提供农村公共产品和服务的重要内容。在党中央与政府的高度重视下，各中央部委与各级地方政府纷纷采取各种政策措施切实推进农村信息化建设。2009 年科学技术部（简称科技部）、工业和信息化部（简称工信部）、中共中央组织部（简称中组部）联合启动国家农村农业信息化示范省建设，山东省成为首个国家农村信息化示范省试点省份。2011 年 3 月 17 日，经科技部办公厅、中组部办公厅、工信部办公厅认真研究，同意湖南省依托全国农村党员干部现代远程教育网络开展国家农村农业信息化示范省建设试点工作。湖南省国家农村信息化示范省建设试点工作随即进入实施阶段，国家农村农业信息化示范省建设呈现出"北鲁南湘"的格局。2012 年，科技部、中组部、工信部三部委又确定在重庆、广东、湖北、安徽、河南 5 个省市开展国家农村信息化示范省建设试点工作，国家农村农业信息化示范省建设试点范围进一步扩大，试点范围达 7 个省（市），呈现出"东西南北中"全面推进的态势。各试点省（市）根据各自的实际情况均制定了农村信息化建设实施方案，各项工作依次有序推进，取得了一定进展。

（六）河南省农村信息化建设水平有待提高

河南省是我国农业的重要省份，农村人口众多，其农村经济发展水平关系全省实现"全面建设小康社会"目标的进程。回首近年来河南农村信息化走过的历程，尽管取得了重大的进展，但普遍存在对农村信息化建设重形式轻实质，重硬件建设轻信息应用，重短期效应轻长期建设，重典型案例轻市场化培育等一系列问题，以至于在工作实践中出现了工作重点定位不准的现象。河南作为一个农业大省，经过近几年的发展，信息化水平与经济发达省市的差距呈现进一步拉大的趋势，河南省产业结构呈现层次低、发展方式粗放、资源环境代价大的特点，河南省农业信息化发展面临更加严峻的形势和挑战。

在以上背景下，河南省农村信息化建设已经成为当前和今后河南省"三农"发展领域内的一项重要任务，也是我国省筹城乡发展、全面建设社会主义新农村、实现农业现代化的一项重要内容。在此形势下，深入研究河南农村信息化建设过程中存在的主要问题，发掘和把握河南省农村信息化建设规律，促进河南省农村信息化建设的有序高效进行就显得十分必要而富有意义。

二、研究目的和意义

（一）研究目的

随着通信技术、计算机技术以及网络技术的快速发展和广泛应用，信息化已经成为一个地区实施可持续化发展和提高市场竞争力的重要筹码。中国作为一个农业大国，加强农村信息建设，以信息化促进新农村建设，已经成为实现农村现代化、农民富裕以及全面建设小康社会的重要因素之一。近几年，虽然中国各地区的农村信息化均有了长足发展，农村信息技术和信息资源得到较为广泛的应用，并且产生较为良好的效果。但是，由于中国地域广阔、人口众多、发展基础不一、贫富差距较大，目前中国农村信息化整体发展水平与世界发达国家相比仍处于落后阶段，影响农村信息化发展的因素没有得到彻底深入的分析以及有效的控制。因此，深入开展农村信息化发展的研究工作，明确农村信息化发展所处的阶段，定量、定性地分析农村信息化发展的各项影响因素，及时给出具有针对性的落实发展政策，改善农村信息化发展环境，解决相关影响因素，有效地建设现代农业、促进农民增收、解决"三农"问题、全面建设小康社会，切实推进农村信息化的发展工作，在当前和今后的工作中尤为重要。为全面了解各地农村信息化发展的基本状况，系统研究并分析当前农村信息化建设过程中所存在的各项问题、掌握各地对农村信息化建设的需求、意见以及建议，为下一步科学谋划、指导全国农村信息化发展提供依据。

本书的研究目的在于适度丰富农村信息化理论体系，为河南省乃至全国农村信息化的建设和发展提供新思路，为河南省乃至全国农村信息化建设提供可操作的工具及评价模型，提出适合河南省农村信息化发展的具体建议措施，以期促进河南省国家农村信息化示范省建设，提升河南省农村信息化水平，促进河南省国民经济健康协调发展。

（二）研究意义

1. 理论意义

本书较为系统地分析了国内外农村信息化发展的相关理论基础，较为详尽地概括了国内外农村信息化的发展研究情况，丰富论证了农村信息化的相关内涵。本书通过对国内外农村信息化实践研究进行概括与总结，丰富并验证了信息化发展的相关理论。

2. 现实意义

农村信息化是发展现代农业，推进农业发展方式由粗放型向精细型转变的重要支撑，是保障农产品质量安全、农业生态安全和农村生产作业安全的基本技术手段，是推进农村产业化经营和促进农民增收的重要途径，也是实现农村和城市生产要素、经济要素、生活要素的合理配置以及双向流通，破解城乡二元结构、促进城乡统筹发展的必由之路。深刻认识农村信息化的地位和作用，对认识农村信息化工作的战略性和重要性，对指导开展农村信息化工作均具有重要的现实意义。

一是发展现代农业的重要支撑。当前，我国发展现代农业面临着资源紧缺与资源消耗过大的双重挑战。我国消耗了世界 25% 的化肥和 30% 的农药，但化肥、农药的利用率却不足 35%，浪费十分严重。农业的生产方式、管理方式和发展方式迫切需要进行转变，迫切需要在农业生产过程中从宏观层面到微观层面对动植物、土壤以及环境实时监测，定期获取动植物生长发育动态、病虫害、水肥状况以及相应生态环境的实时信息，从而达到合理使用农村资源、降低生产成本、改善生态环境、提高农产品产量和品质的目的。

农村信息化通过利用现代信息技术及装备来提高农业生产效率，降低劳动生产成本，确保农业高产、优质、高效、生态、安全。农村信息化主要通过对大田种植、设施园艺、禽畜养殖、水产养殖、渔业作业等农业生产的各种要素实行数字化设计、智能化控制、精准化运行、科学化管理来大大提高农业生产的标准化、自动化、产业化、集约化及组织化水平。因此，农村信息化是改变传统农业生产方式、管理方式和发展方式，实现传统农业向现代农业转变的重要支撑，是未来现代农业发展的基本方向。

二是保障农业安全的重要手段。当前我国农业发展面临一系列的安全问题：①十三亿人口的农产品供给安全问题；②农产品质量安全问题；③十八亿亩耕地和水产养殖水域的农业生态安全问题；④农业生产安全问题。如何科学并且客观地监测这些问题，最大限度地规避风险，迫切需要建立相应的信息化监管平台。

农村信息化就是要在宏观尺度上，普遍应用现代的信息技术如通信技术、计算机技术和微电子技术等，对农业资源、市场、农业管理部门、机构和管理体系实现信息化、科学化、透明化的管理，对种植业、畜牧兽医、渔业、农垦生产、农机作业、生产资料（农药、种子、饲料）、农产品质量安全进行科学的监管，提高政府的监督管理水平和工作效率，确保国家农产品供给安全、农产品质量安全、农业生态安全和农业生产作业安全。因此，农村信息化是保障农业安全的基本手段，大力发展农村信息化是保障国家经济安全乃至国家安全的重要途径和措施，务必引起各级政府和领导的充分重视。

三是促进农民增收的重要途径。目前，我国个体农户的经营规模小，组织化程度低，小农户和大市场的矛盾越来越突出，成为影响农民增收的重要"瓶颈"。为解决这一问题，迫切需要统筹农业生产全过程，将农业生产的产前、产中、产后三个环节形成紧密联系的产业链，直接与市场对接，减少中间的流通与交易环节，从而降低交易成本，并且使交易市场更加透明化，形成小农户与大市场的直接对接，把千家万户的分散农民与越来越大的市场衔接在一起。

农村信息化就是通过信息技术将农业生产、流通、市场、交易有机地连成一个整体，建立囊括农产品供应方、农产品消费方以及农产品交易市场的三方市场信息服务网络，使农产品供应方与消费方之间实现信息畅通、服务渠道畅通，从而实现小农户与大市场的有效对接，进而推进农村产业化进程，提高农民经济效益。因此，大力发展农村信息化是推进农村产业化经营、提高农民组织化程度、降低交易成本、扩大市场需求、促进农民增收的重要途径。

四是促进城乡统筹发展的重要举措。目前，发达的城市与落后的农村，发达的工业体系与落后的农业体系，已经成为制约我国综合国力发展和国家政治稳定的根本"瓶颈"。如何破解城乡二元结构，实现城乡统筹发展是我国未来一个时期面临的最重要的任务，是任何一届政府都不得不面临并且解决的基本问题。

农村信息化一头连农民，一头连市民；一头连城市，一头连乡村；一头连工业，一头连农业；是实现农村和城市生产要素、经济要素、生活要素合理配置和双向流通，富裕农民和方便市民的重要桥梁；是缩短城乡数字鸿沟，改变农民文化意识的重要手段。因此，大力发展农村信息化是破解城乡二元结构、促进城乡统筹发展的重要举措。

第二节　研究思路和方法

一、研究思路和技术线路

本书将按照提出问题、分析问题与解决问题的一般研究思路来研究河南省农村信息化发展问题，研究工作共分为四个阶段：

第一阶段：进行基础研究。对国内外有关农村信息化问题的研究文献进行综述，并对国内外农村信息化发展现状作了全面的分析。在此基础上对农村信息化相关概念进行界定和对相关理论进行梳理，奠定本书研究基础。

第二阶段：确定主要问题。首先分析了河南省农村信息化的发展现状，通过问卷调查找到河南省农村信息化的基本特征与主要问题。然后，从经济学基本概念分析入手，围绕供给和需求的辩证关系，在厘清农村信息化服务中供给方和需求方、有效供给和有效需求的基础上，对河南农村信息化的发展特征进行分析，找出农村信息化发展的基本约束——有效需求和有效供给均相对不足，为下文展开研究提供科学依据。

第三阶段：模型构建与问题研究。本部分主要包括河南省农村信息化评价模型及指标体系的构建、河南省农村信息化水平的静动态评价及地位分析、河南省农村信息化与农村经济发展实证研究、河南省农村信息化"生产率悖论"的检验。通过大量的数据与模型分析，我们不仅对河南省农村信息化问题有了彻底全面的了解，也找到了更具有说服力的针对农村信息化一系列问题的解决方案。

第四阶段：借鉴与建议。本部分首先是对其他省市农村信息化政策进行借鉴，然后在前文详细论证分析的基础上，得出研究结论，提出相应建议。

图1-1即为本书的技术路线图。

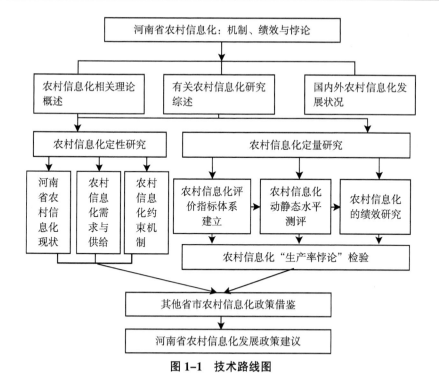

图 1-1 技术路线图

二、研究方法

第一，文献研究法。文献研究法主要是指通过搜集、调查、整理相关文献资料，对农村信息化的相关概念内涵以及国内外农村信息化的发展状况作系统、客观、全面的了解和把握，从信息技术层面、信息应用层面、信息服务层面及农村信息资源层面四个层面归纳出农村信息化理论基础，并且总结了国内外农村信息化发展研究情况，为全文提供了理论支撑和借鉴。

第二，问卷调查法。为系统全面地了解河南省农村信息化基础设施、农村信息化保障环境、农村经济信息化、农村政务信息化、农村文化信息化以及农村社会信息化等农村信息化发展状况，以便提出有利于河南省农村信息化发展的建议措施，针对河南省农村信息化相关指标设计了问卷，选取省内县级科技一线工作者和相关基层工作者，进行问卷调查。在全省范围内发放问卷，对河南省农村信息化当前状况进行调查，对问卷回收分析后，获取影响河南省农村信息化发展水平的主要因素，并为构建评价河南省农村信息化的指标体系提供依据。

第三，因子分析和熵值法。本书运用因子分析法，从一系列具有错综复杂关系的评价指标中抽象出 17 个具有代表性的综合评价因子，以便更好地分析影响河南省农村信息化发展的关键因素。对于熵值法，在信息论中，熵是对不确定性的一种度量。信息量越大，不确定性就越小，熵也就越小。根据熵的特性，我们可以通过计算熵值来判断一个事件的随机性及无序程度，也可以用熵值来判断某个指标的离散程度，指标的离散程度越大，该指标对综合评价的影响越大。本书为了确保分析的结果更具有可靠和科学性，分别用因子分析和熵值法对 2012 年河南省农村信息化水平进行静态的评价。基于面板数据采用因子分析法对河南省农村信息化指数进行动态测评。

第四，比较分析法。不论是对河南省农村信息化静态或是动态的评价，均是基于全国 31 个地区①进行研究的，研究中以全国农村信息化的平均水平、经济发达地区（北京、上海、浙江等）的农村信息化水平作为与河南省农村信息化的对比对象，以确定河南省在全国范围内的水平，并找到其发展差距。

第五，变系数回归和门槛面板回归。用变系数回归法研究河南省农村信息化水平对农村经济增长的影响，基于自向量回归，分析两者之间的互动关系。利用门槛面板回归模型，从动态角度对中国农村经济是否存在"生产率悖论"进行验证。

第三节　研究内容和主要观点

一、研究内容

本书共含十三章内容，分如下四个部分：

第一部分包括第二章至第四章，其主要任务是对农村信息化基本概念的界定、相关理论概述、文献综述以及对有关研究成果进行梳理，同时对国内外农村信息化发展状况进行了分析。

第二部分包括第五章至第七章，其主要是进行定性研究，对河南省农村信息化发展现状进行调查研究的前提下，基于经济学的角度，对河南省农村信息化的需求与供给以及其发展的基本约束机制进行了剖析，确定河南省农村信息化建设中存在的核心问题及约束机制，通过整合分析，找出了河南省农村信息化发展的两大基本约束——有效需求和有效供给均相对不足。

---

① 此处的 31 个地区不包括中国台湾、香港、澳门地区，全书余同，不再提示。

第三部分包括第八章至第十一章，主要是进行了一系列的定量研究。首先建立评价河南省农村信息化水平的指标体系和评价模型，进而对河南省农村信息化水平进行静、动态评价及地位分析，然后基于 C-D 函数对河南省农村信息化的绩效进行研究，最后对河南省农村信息化是否存在"生产率悖论"进行了验证。

第四部分包括第十二章至第十三章。首先对我国其他省、市、自治区的农村信息化政策进行比较分析，然后结合前面对河南省农村信息化的研究，提出适合其发展的政策建议。

以下是对各部分研究内容的简单概述：

1. 河南省农村信息化状况的概述

在文献研究和理论研究的基础上，设计调查问卷，对河南省农村信息化状况进行调查，整理分析问卷，得到一手资料，对河南省农村信息化的发展现状及问题进行定性的分析，并为后面对河南省农村信息化进行定量分析提供依据。

2. 河南省农村信息化的需求与供给分析

对于河南省农村信息化，基于经济学的角度其最基本的概念就是信息的供给和需求，由此就将引发三个基本前提：①农村信息化需求的是什么？供给的又是什么？信息化的内涵，农村信息化的需求和供给并不仅仅是技术，更重要的是技术应用，当前有些理论研究和政府部门认为有了高信息技术和电脑等硬件设施，信息化就实现了，其实这仅仅是供给和需求的最低层次。因此，对于河南省农村信息化而言，供给和需求可以分为两个层次：一是技术和设备的供给和需求；二是技术和设备应用的供给和需求。②农村信息化中供给的主体是谁？需求的主体又是谁？农村信息化的需求主体最主要的就是农户，而供给的主体则包括相关的政府、市场和第三部门。③对于农户经济特性的假定，根据一般的经济学原理，假定农户有限理性，即在一定条件之下，追求自身利益最大化。政府的经济特性很不确定，西方经济学一般假定它为追求政治利益最大化者。在农村信息化当中，首先，可肯定的是政府和农户的利益是不完全一致的。其次，农户是处在弱势地位的，不仅是信息弱势，还有权利弱势。本书就是基于以上三个基本经济学假设分析了河南农村信息服务供给和需求以及各自的影响因素，并对其服务供给模式进行了分析和评价。

3. 河南省农村信息化水平的基本约束

从目前河南省农村信息服务供需的现实情况来看，农村信息服务的有效需求与供给均处于较低水平，由于自身因素和外部环境的制约，农户尚缺乏把"潜在需求"转化为"现实需求"的主观条件，造成农村信息服务有效需求相对不足；同时，农村信息服务供给在内容、结构、形式和机制上都存在很大缺陷，难以适应新时期农民对信息的多样化、多层次需求，造成农村信息服务有效供给相对不足，从而形成农村信息服务供需"低水平均衡陷阱"，造成社会效率的损失，从而形成河南省农村信息化水平的基本制约。

根据前面对河南省农村信息需求和供给的分析并结合本书对河南省农户信息需求状况的调查，从农民的生产规模、收入水平、文化素质等五个方面对农村信息服务有效需求不足的原因进行探讨；同时结合对河南省农村信息供给的分析，从政府定位、市场建设、供给结构等六个方面分析农村信息服务供给相对不足的原因。

4. 河南省农村信息化水平的静、动态测评

基于前面的文献和理论研究，筛选出影响农村信息化水平的主要因素，并构建了包含农村信息设施、农村信息资源、农村信息人才和农村社会信息4个一级指标、17个二级指标的农村信息化水平评价体系，然后分别用因子分析和熵值法两种方法计算出2012年各省农村信息化指数，分析河南省农村信息化水平在全国各省、市、自治区的位置，评价其在全国背景下的发展水平，并找出其差距。评价结果为，因子分析法评价显示河南省农村信息化发展水平在全国范围内排名为19位。上海、北京、浙江、江苏、广东的农村信息化水平分别排名前五名，西藏、贵州、青海、云南、甘肃分别排后五名。熵值法评价结果为河南省农村信息化发展水平在全国范围内排名为22位，广东、上海、江苏、浙江、山东位于前五名，西藏、贵州、青海、云南、甘肃位于后五名。两种方法评价结果基本一致，河南省农村信息化水平在全国范围内处于中下游水平。

同时，基于2000-2012年的面板数据对河南省农村信息化发展状况进行纵向的动态研究，探讨了河南及其他各省的农村信息化在最近10多年的发展变化情况。在2000-2012年的13年中，比较河南省与国家平均水平的农村信息化得分情况结果显示，2000-2007年，河南省信息化水平在国家平均水平上下波动，时而偏高时而偏低，两者的发展曲线交织在一起。2008-2010年河南省农村信息化水平被全国平均水平大幅度地拉开了，河南省信息化水平远远低于国家平均水平。反映出在这三年间全国的农村信息化水平的增长速度极高，而河南省信息化水平发展缓慢，甚至是停滞不前。直到2011年河南省出台一系列信息化相关的政策，信息化水平才有显著性的提高。

5. 河南省信息化对农村经济增长相互关系的研究

基于信息化对农村经济增长贡献的回归模型的变系数回归，对河南省信息化与农村经济增长关系研究发现，河南省农村信息化对农村经济的弹性系数是除了贵州以外最高的，在全国排名第二，说明每增加1%的信息资源的投入，经济将

增长 0.32%；该系数远远大于全国平均水平的 0.13%，说明河南省在信息资源方面的投入回报率远远高于全国平均水平。意味着，现阶段增加农村信息资源的投入，加快农村信息化的建设，对促进河南省农村经济的增长效果具有显著的效果。研究同时显示河南省信息化的弹性系数高于农村劳动力弹性系数、略低于农村固定资产投资弹性系数，说明河南省农村信息化与农村固定资产投资对河南省农村经济影响比较大。从河南省农村经济（Y）与信息化（I）脉冲响应函数的回归和方差分解结果显示，河南省信息化水平与其农村经济水平是相辅相成的，两者之间是互动的关系。提高河南省信息化水平能促进其农村经济的发展，但河南省农村经济水平增长对其信息化水平提高效果更加显著，也就是说河南省农村经济水平对其信息化水平大多数时期起到了推动作用，且推动效果明显。

6. 河南省农村信息化"生产率悖论"的检验

这部分是在系统梳理国内外信息化与农村经济增长关系研究成果的基础上，从定量角度，建立起包括农村信息化要素的农村经济生产函数，然后基于门槛面板回归模型，分别以农村信息化水平指标、农村资本投入和时间作为门槛变量，进一步研究了在不同门槛变量的条件下，信息化发展水平对农村经济增长的影响，来验证河南农村信息化发展过程中是否存在"生产率悖论"。检验结果显示：第一，以信息化发展水平作为门槛变量进行检验时，信息化发展水平对农村经济增长的影响存在双门槛，且三阶段中信息化水平与农村经济增长之间均是正相关关系，不存在信息技术"生产率悖论"。但是三阶段具有不同的弹性系数，故呈现出信息化不同发展水平的异质性。第二，以时间作为门槛变量，检验结果显示存在 2003 年和 2010 年两个时间门槛，在 2003 年之前存在信息技术"生产率悖论"，随着时间的推移，信息化水平突破了门槛值，对农村经济增长的影响越来越大。这与国外学者认为"生产率悖论"的存在具有阶段性，在不同发展水平国家和地区的不同阶段都会存在一定程度的信息技术"生产率悖论"，随着时间的推移"生产率悖论"现象将逐步得以解决的观点不谋而合。第三，在资本投入作为门槛变量时，检验发现存在双门槛，资本投入的第一个阶段存在信息技术的"生产率悖论"，后两个阶段突破门槛后，信息化水平对农村经济增长影响是递增的，说明对农村资本投入的增加中，同时增加了对农村信息资本的投入，使农村的信息化水平得以提高，继而促进了农村经济的高速增长，这说明农村信息化基础设施已经成为农村经济发展的重要基础设施。

7. 政策建议

基于以上研究，同时借鉴了其他省市农村信息化的发展政策，加强河南省农村信息化建设，从政府主导推动、农村信息基础设施建设、信息化人才培养和培养农民信息化意识、提高信息利用率等方面提出相应的政策建议。

二、主要观点

第一，农村信息服务的有效需求与供给均处于较低水平，形成农村信息服务供需"低水平均衡陷阱"，造成社会效率损失，从而形成河南省农村信息化水平的基本制约。

第二，河南省农村信息化水平在全国范围内处于中下游水平，且在 2010 年之前发展缓慢，甚至停滞不前，直到 2011 年信息化水平才有显著性的提高。

第三，河南省在信息资源方面的投入回报率远远高于全国平均水平，意味着现阶段增加农村信息资源的投入，对促进河南省农村经济的增长效果具有显著效果，两者之间是互动关系。

第四，不同门槛变量"生产率悖论"的表现也不一样。信息化发展水平对农村经济增长的影响存在双门槛，但不存在信息技术"生产率悖论"；时间门槛变量在 2003 年之前存在"生产率悖论"，随着时间的推移信息化水平突破了门槛值，对农村经济增长的影响越来越大；资本投入门槛变量存在双门槛，资本投入的第一个阶段存在信息技术的"生产率悖论"，后两个阶段突破门槛后，信息化水平对农村经济增长影响也是递增的。

第四节　本书创新点

该成果试图从一个独特视角，构建一个缜密的研究框架，采用规范的研究方法进行研究，以期最终的研究成果更具有现实意义，提出的各项措施更加切实可行。相信该研究成果有利于政府职能部门了解情况、转变观念、明确思路，从而为其科学决策提供依据，随着河南省对农村信息化建设的高度重视，相信该成果将会产生更大的社会效益和经济效益。本书存在的创新点主要是以下两个方面。

一、研究方法创新

从静态和动态两个方面研究，能更加准确地对河南省农村信息化水平进行评价，运用因子分析和熵值法两种方法对河南省农村信息化水平进行静态测评，可以互相印证，更具有学术价值。

采用对比研究法，不论是对河南省农村信息化静态或是动态的评价，均是基于全国 31 个地区进行研究，以全国平均水平、经济发达地区的水平作为参照对象，以确定河南省农村信息化在全国范围内的水平，并找到其发展差距，使研究结果更具有现实意义。

利用变系数回归研究河南省农村信息化水平的绩效，基于自向量回归，分析信息化与农村经济之间的互动关系和作用机制，具有一定的学术创新性。

首次基于门槛面板回归模型，从动态角度对河南农村经济是否存在"生产率悖论"进行验证，具有一定的创新性和学术价值。

二、研究内容创新

基于经济学的角度对河南省农村信息化的需求与供给以及约束机制进行研究，是一个新的研究视角。

首次对河南省农村信息化进行动、静态评价，并将其置于全国背景下研究更具有科学性。

首次研究了河南省农村信息化对农村经济增长的贡献问题，也是首次对其农村经济是否存在"生产率悖论"进行验证，因而在内容上有一定的学术创新和学术价值。

第二章 农村信息化的理论概述

第一节 信息化和农村信息化

一、信息化概念界定

随着以计算机技术、通信技术、网络技术为代表的现代信息技术的飞速发展，人类社会正从工业时代迈向信息时代，人们越来越重视信息技术对传统产业的改造以及对信息资源的开发和利用。在当今信息技术无孔不入的时代，每个人都受到信息化的影响，每个人都会从自身工作或生活的角度去理解信息化，人们对信息化的认识千差万别，各不相同。如有人说信息化就是网络化，就是计算机使用的普及；有人说信息化是信息技术在各行各业的广泛使用；有人说信息化就是信息产业的发展壮大；有人说信息化就是电子商务电子、政务电子社区；有人比较笼统地说信息化就是将现代社会推进到信息社会的过程；甚至有人对信息化的提法的准确性和科学性提出质疑。当然，毋庸置疑的是，人们已深刻认识到信息和信息技术的重要性，加强信息化建设也成为世界各国共同的目标。在这样的情境下，如果我们对信息化没有一个比较准确和一致的认识，那么在信息化建设过程中必然会遇到各种困难，甚至要走弯路。

信息化的概念起源于20世纪60年代的日本，首先是由日本学者梅棹忠夫提出来的，而后被译成英文传播到西方，西方社会普遍使用"信息社会"和"信息化"的概念是70年代后期才开始的。日本学者伊藤阳一认为信息化就是信息资源含知识的空前普遍和高效率的开发、加工、传播和利用，人类的体力劳动和智力劳动获得空前的解放。我国学者钟义信（1995）将信息化定义为"全面地发展和应用现代信息技术，以创造智能工具，改造更新和装备国民经济的各个部门和社会活动的各个领域包括家庭，从而大大地增强人们的工作效率、学习效率和创新能力，使社会的物质文明和精神文明空前高涨的过程"。林毅夫（2003）将信息化定义为："建立在 IT 产业发展与 IT 在社会经济各部门扩散的基础之上，运用 IT 改造传统的经济、社会结构的过程"。联合国教科文组织在 1998 年以联合国的名义对信息化进行了界定："信息化既是一个技术的进程，又是一个社会的进程。它要求在产品或服务的生产过程中实现管理流程、组织机构、生产技能以及生产工具的变革。"信息化，按照全国科学技术名词审定委员会公布的定义是，新的信息与通信技术普及应用导致的信息传递时空阻碍性的消失，在信息基础设施到达的地方信息可获得性趋同。

国内关于信息化的表述，在中国学术界和政府内部做过较长时间的研讨。有的认为，信息化就是计算机、通信和网络技术的现代化；有的认为，信息化就是从物质生产占主导地位的社会向信息产业占主导地位社会转变的发展过程；有的认为，信息化就是从工业社会向信息社会演进的过程，信息化本身就是工业化的产物，是工业化进入新的发展阶段的新的内容形式等。1997 年召开的首届全国信息化工作会议，对信息化和国家信息化定义为："信息化是指培育、发展以智能化工具为代表的新的生产力并使之造福于社会的历史过程。国家信息化就是在国家统一规划和组织下，在农业、工业、科学技术、国防及社会生活各个方面应用现代信息技术，深入开发广泛利用信息资源，加速实现国家现代化进程"。中共中央办公厅，国务院办公厅印发的《2006–2020 年国家信息化发展战略》中把信息化定义为"充分利用信息技术，开发利用信息资源，促进信息交流和知识共享，提高经济增长质量，推动经济社会发展转型的历史进程"。

本书比较认可的是谭国良（2007）给出的信息化概念，信息化是指社会经济的各个方面，围绕信息的重要性，进行改造或者重新定向，从而达到一个前所未有的，比工业化时期更高级的、更有组织的、更为高效的新的人类文明水平。"它是一个向信息社会前进的动态进程，反映了可触摸的物质产品起主导作用向难以触摸的信息产品起主导作用的根本性转变"。信息化包括三方面的内容：首先，信息技术的产业化，即由信息技术形成的新型产业群，包括信息设备制造业、信息内容产业和信息服务业等；其次，传统产业的信息化，是对传统产业的信息技术改造和信息网络应用；最后，社会公共事业的信息化，是指信息技术和信息网络在社会生活各个公共领域的应用。

信息化是当今社会一股声势浩大的浪潮，是迄今为止对人类影响最广泛、最深远、最深刻的一场技术革命，因而具有丰富的内涵和外延。透过信息化复杂的外在表现，人们依然可以发现信息化所表现出来的特征。总的来看，信息化具有以下方面的特征：

（1）广渗透性。表现为信息技术对一个国家或社会的政治、经济、文化、社会生活等全方位的影响，深刻改变着人们生产和生活的各个层面。

（2）强创新性。现代社会经济不断发展的动力之一就是信息化，其核心是现代信息技术的不断创新升级，新的技术形态和方式不断出现，新的信息技术向生产生活扩散应用快以及信息技术与其他技术间的融合快，带动着社会向前发展。

（3）高效益性。信息化在提高生产资源要素的利用效率、社会生产效率及生产与社会管理的效率方面具有显著效果，明显降低了经济（管理）成本，具有较高的社会效益和经济效益。

二、农村信息化的特征及其体系构建

（一）"农村信息化"概念及其演进

农村信息化是农业信息化概念延伸而来的，围绕这一命题，我国学者做了大量的研究探索工作，并纷纷著书立说发表各自的见解，一时间形成了百家争鸣之势。农村信息化的量化指标尚未确定，对于农村信息化含义的认识还处在一个不断发展和提高的时期，遍览我国学者有关农村信息化的著述，经过过滤大致可以分为以下三种观点：狭义的农业信息化、广义的农业信息化和农村信息化。三种观点相互交叉，并没有严格的界限，一定程度上模糊了农村信息化的内涵和外延，基于此，本书沿着农村信息化概念的演变和发展历程厘清它们的关系和内涵。

狭义的"农业信息化"概念。学者王立舒（2009）认为农业信息化是指人们运用现代信息技术，搜集、开发、利用农业信息资源，以实现农业信息资源的高度共享，从而推动农业经济的发展。农业信息化的内涵包括以下两方面：一是解决基层农业信息如何准确、及时、有效地传达到各级决策部门，供各级决策部门制定出切实合理的发展政策。二是如何把有效的农业信息自上而下送到农民手中，也即"最后一公里"的问题。持狭义农业信息化观点的还有学者秦向阳、潘瑜春（2010）等，认为"农业信息化是农业现代化和建设社会主义新农村的重要组成部分，是现代信息技术在农业领域全面应用的过程，是现代信息技术渗透到农业生产和农村经济的各个环节，提高农业生产效率和农业生产力水平，促进农业持续、稳定、高效发展的必由之路。"

广义的"农业信息化"概念。刘丽伟（2009）对农业信息化的定义更为宽泛，认为农业信息化指的是在农业领域充分利用信息技术的方法、手段和最新成果的过程。具体来说，就是在农业生产、流通、消费以及农村经济、社会、技术等各个环节全面运用现代信息技术和智能工具，实现农业生产经营、农产品营销、农产品消费的科学化、智能化过程。农业信息化的内涵至少包括以下六个领域：农业生产管理信息化、农业经营管理信息化、农业科学技术信息化、农业市场流通信息化、农业资源环境信息化、农民生活消费信息化。持广义农业信息化观点的大多数学者认为，农业信息化是指在农村地区，围绕农民生产、生活的各个方面广泛应用信息技术，深度开发利用涉农信息资源，加快农村经济发展和社会进步的过程。推进农业信息化包括农业信息基础设施建设、信息技术广泛应用于农业和农村经济与各项社会事业中、涉农信息资源开发利用和农业信息化人才培养等诸多方面。

"农村信息化"概念。农业部信息专家组组长、国际农业信息专家协会中国分会主席梅方权（2001）认为，农村信息化有一个广义的概念，就是信息技术和信息管理在农村中的广泛运用，应当是农业全过程的信息化，是用信息技术装备现代农业，依靠信息网络化和数字化支持农业经营管理，监测管理农业资源和环境，支持农业经济和农村社会信息化。这一概念与后来中央提出的新农村建设的含义不谋而合，所以这概念被称为最权威的。学者李道亮（2010）在他的《中国农村信息化发展报告（2010）》一书中指出，农村信息化是指通过加强农村广播电视网、电信网和计算机网等信息基础设施建设，充分地开发和利用信息资源，构建信息服务体系，促进信息交流和知识共享，使现代信息技术在农村生产经营以及农村社会管理及服务等各个方面实现普及应用的程度和过程。持农村信息化观点的学者大多认为，农村信息化是农村地区利用现代信息技术提升农业生产能力、农村管理水平、农民生活质量的过程，是信息技术在农村应用的过程。农村信息化是与城市信息化相对应的，不同于行业、领域或部门的信息化，它是一个区域综合水平的信息化，是信息技术在农村应用的综合体系，是我国从信息技术服务于单一领域到统筹区域发展的转变的重要特征。农村信息化一般指县级（含）以下区域的信息化发展水平，或去除城区外的区域信息化发展水平，包括生产管理信息化、社区生活信息化、农村管理信息化等。

根据上述理论，结合我国农村信息化领域多年来的实践经验，我们不难发现，农村信息化经历了两次概念的延展和跨越，先是由狭义的农业信息化向广义的农业信息化过渡，随后又实现了由农业信息化向农村信息化的跨越。历年中央1号文件的点滴变迁就是一个鲜活的例证：2005年中央1号文件首次提及了农业信息化概念，并提出要"加强农业信息化建设"；2006年中央1号文件要求"积极推进农业信息化建设"；2007年中央1号文件则以整节的篇幅强调"加快农业信息化建设"的必要性，并首次提及了农村信息化概念，要求"启动农村信息化示范工程";2008年中央1号文件正式放弃对农业信息化概念的使用,而以整节的篇幅提出了"积极推进农村信息化"的口号;2009年中央1号文件提出"发展农村信息化";2010年则提出,"推进农村信息化,积极支持农村电信和互联网基础设施建设,健全农村综合信息服务体系。"由此可见,中央政府对农村信息化建设的认识也是经历了一个由浅入深的过程。

目前,国内外对农村信息化的定义没有统一的说法,对学者们的研究进行归纳,主要有以下三种观点。

第一种观点认为,农村信息化是指运用现代科技知识和技能培育劳动者,提高劳动者技能水平和综合素养,在利用物质与能量资源时,广泛应用现代科学技术与信息技术提高物质与能量的资源利用率,发展并完善农业信息网络,以提高农业物流效率,使农业生产在机械化的基础上实现集约化、自动化和智能化,从而完善农村产业生产的可调控性、系统性以及整体性。通过对信息资源大力开发利用的方式来实现物质能源的可持续发展,提高资源能源的节约集约化水平。

第二种观点认为,农村信息化是指人类在农业的生产活动和社会实践中,普遍采用以通信技术与信息技术等为主要内容的高新技术,更加充分有效地开发利用信息资源,推动农业经济发展和农村社会进步。农村信息化内涵丰富,外延广泛,涉及整个农村、农业系统,此观点认为农村信息化主要包括有农村资源环境信息化、农村社会经济信息化、农业生产信息化、农村科技信息化、农村教育信息化、农业生产资源市场信息化、农村管理信息化等。

第三种观点认为,农村信息化要从完善农村信息基础设施建设出发,着力于加强农村广播、电视网,农村固定、移动电话,农村互联网接入等农村信息化基础设施建设出发,通过对相关技术人员的培训,提高信息资源的开发利用率,构建系统化、全面化的信息服务网络体系,促进农村信息交流与知识共享,使现代信息技术在农村生产经营以及农村社会管理与服务等各个方面和各大领域均实现普及应用的程度和过程。

综上所述,本书认为农村信息化是指通过加强农村信息基础设施建设,强化农村信息技术的研发和推广,加大农村信息资源的开发、利用及整合力度,构建一套完善的农村信息服务体系,以促进农村信息资源上传下达的畅通无堵,使信息技术在农业生产、农民生活以及农村社会管理和服务等各个领域得到广泛应用,进而推动农村经济运行机制、社会组织形式和农民生产生活方式变革,加快建设社会主义新农村的历史过程。

（二）农村信息化的基本特征

综合分析上述观点，我们可以发现农村信息化实际上就是在农村区域范围内充分利用信息技术开发利用涉农信息资源、促进农业产业信息化、农民生产生活信息化、农村社会（政治、经济、社会、文化等）信息化等，建设社会主义新农村、逐步缩小城乡差距、实现农业现代化、最终实现农村经济社会全面进步的过程。我国的国情决定了我国农村信息化具备以下基本特征：

（1）综合性。农村信息化实际上就是涉农资源通过各种信息技术手段在整个农村区域的扩散应用。农村信息化是一种区域信息化，不是单一某种产业或单一某一领域的信息化，而是整个农村各行各业、各个领域、各个层面的信息化。

（2）地域性。我国农村地域广阔，全国各地的农村地区社会、经济、文化等各方面差异大。农村地域的这些特点决定了我国农村各地信息化基础千差万别，信息化程度各不相同，信息化建设的手段、模式不能"一刀切"。

（3）复杂性。农村主要产业是农业，这里讲的农业是大农业，即包括农林牧渔业和各种副业，各产业间差异大，农村信息化建设非常复杂；农村信息化还涉及到人们的生产、分配、交换、消费等各个环节的经济活动以及农村社会管理活动，这也决定了涉农信息资源的复杂性和信息化建设的高难度性。

（4）特殊性。一切发展都是以人为本，农村信息化建设最终是实现人的发展。这就决定了农村信息化最重要的服务对象、应用主体及必须依靠的力量就是广大农民群众。促进农民增收、实现农民生活便利、保障农民民主权利是农村信息化建设肩负的特殊使命。这个特定群体不仅数量庞大而且信息化素质不高，这也决定了我国农村信息化建设任务的艰巨性和过程的漫长性。

（5）公益性。农村产业的弱质性及长期城乡二元结构导致的农村发展的落后性决定了在以城带乡、以工补农、城乡统筹发展及建设社会主义新农村，发展现代农业的新时期，我国必须把农村信息化建设作为推进农村社会经济发展的一项战略举措。加强农村信息化建设，不仅具有明显的经济效益，而且对改变人们思想观念、改进生产生活方式、促进科技教育等社会事业发展、保护生态环境等农村面貌的全新变化具有极大的推动作用和明显的社会公益性。

（三）农村信息化体系构架

所谓农村信息化体系构架就是根据信息化的基本要求，从系统角度对构成农村信息化的各个部分进行合理的设计与安排，以科学有效地反映其内在的逻辑关系及其作用机制。通过体系架构，人们就能够正确地认识农村信息化发展的基本规律，从而有效地处理农村信息化建设过程中的各种基本关系。从信息服务系统的视角，体系结构的分层要根据实际情况分为不同的层次，包括很多方面，其中有网络传输的层面，还有信息资源的层面，通过信息资源的合理利用，把信息传输到农户手中，这其中还有用户对象层面，信息服务体系的构建还包括应用与信息服务层，信息来源与处理方面就包括渠道与界面的层次，通过这些来贯穿始终的标准规范和信息安全等支撑条件。

农村信息化是一个统一的整体，根据农村信息化分析总结的定义概念，对农村信息化的体系构架可总体分为"五横两纵"。"五横"总的来说就是通常我们把农村信息化分为基础设施建设和信息资源建设，这两方面建设对农村信息化发展尤其重要，还有就是对农村信息化发展的业务应用、服务技术体系的建立和服务主体对象的寻找都是至关重要的。"两纵"是指农村信息化政策与推进策略以及农村信息化的标准规范和网络安全。根据"五横两纵"的具体内容，最终形成的农村信息化的体系框架如表 2-1 所示。

1. 农村信息化基础设施

农村信息化的基础设施建设是整个农村信息化发展的前提保证。它是支持信息资源的开发和利用，不仅如此，还是对信息技术应用的支持，充分武装各类设备和装备，主要是指以光纤、卫星、微波为传输介质的大型骨干网络系统和以光纤、双绞线及无线接入为传输介质的接入网，这样的设备用来分析和处理各类信息，通过它们来传播信息，是建设农村信息化发展的物质基础。目前对我国信息化发展现状来说农村信息化的基础设施还是不够发达，也只是通过广播电视网、电信网和互联网三种，利用这三种基础设施建设网络体系，通过广播、电视、电话等智能设备终端把信息传输到用户手中。

2. 农村信息资源

农村信息资源在农村信息化发展的过程中是十分重要的。通常是指在广大农村地区产生、传输、存储、加工、利用的，与农业相关的各种信息资源，是人们在农村地区的生产活动、科研教育、技术推广等一切农业活动过程中所形成的数据、信息和知识的集合，这些对农村信息化发展是十分重要的，它是否能合理利用，对农村经济发展的各个方面都具有深远的影响。农村信息资源建设的内容主要包括数据库资源、系统资源和平台资源。

数据资源是把大量的、无序的有用信息，经过加工处理之后，把那些无序的有用信息集合起来，形成一个信息数据库，这样对信息资源的合理利用和管理都是十分有效的。用户通过数据库查找和使用也很方便，这样，信息通过数据库就实现了资源共享和集中管理。农村的数据资源涉及的层面是多方面的，涉及的范

表 2-1 农村信息化体系框架

农村信息化政策与环境	农村信息化服务对象		农业企业	农村信息化标准与规范
			农村基层组织	
			农业合作组织	
			农户	
			农民	
	农村信息服务体系	服务机构	信息服务站点	
			村镇商业网点	
			企业体验中心	
		服务渠道	互联网	
			电话语音	
			手机短信	
			广播电视	
			信息专栏	
		服务队伍	农民合作组织	
			信息员	
			农民经纪人	
	农村信息化业务应用	农业生产经营	种植业	
			养殖业	
			加工业	
			市场流通	
		农村社会管理	财务管理	
			文娱生活	
			社会化服务	
			安保灾害	
		农村公共服务	科技信息	
			市场信息	
			教育信息	
			文化信息	
	农村信息资源	数据库	农业生产	
			农村市场	
			农村管理	
			农村社会	
		信息系统	信息采集系统	
			信息处理系统	
			信息发布系统	
		信息平台	发布平台	
			咨询平台	
			服务平台	
			集成平台	
	农村信息化基础设施		广播电视网（广播、电视）	
			电信网（手机、固话）	
			互联网（计算机、智能设备）	

围也是很广泛的，其中就包括经济发展、农业发展、科技技术等方面，主要指用来指导农村生产、生活的各类数据信息的集合，可分为农业生产类数据、农业市场类数据、农村管理类数据以及农村社会类数据等。

3. 农村信息化业务应用

农村信息技术应用通常是在农村经济发展的各个层面中，在不同的社会业务中使用，这些就是指农村信息化建设的业务应用，一般是指信息技术应用在农村的具体化。信息技术的应用主要包括感测技术、通信技术、智能技术和控制技术四大要素。农村信息技术主要由农村信息的猎取、传递、处理及控制这四部分组成，农村信息业务的应用主要就是把农村信息技术广泛地应用到农业生产、管理及公共事业当中。通过这方面的应用，进一步渗透到农村的经济、文化及生活等各个方面当中，这是农村信息化建设的初衷和最后实现的目的。根据目前我国的农村信息化发展现状和农村经济发展状况来分析，农村信息化发展可分为三方面的内容，即农村生产经营信息化、农村社会管理信息化和农村公共服务信息化。

4. 农村信息技术服务体系

农村信息技术服务体系是以发展农村信息化为目标，利用各种信息技术和服务手段，面向各类农村信息服务主体提供农村生产生活信息的服务机构、渠道和队伍的综合系统，是按照一定运行规则和制度组成的有机体系。农村信息技术服务体系主要由农村信息技术服务机构、农村信息技术服务渠道以及农村信息技术服务队伍等几部分构成。

农村信息技术服务机构，是指专门从事农村信息技术服务的各级政府及相关部门、科研院所、企事业单位或其他服务性机构，这些部门机构已经具备一定的信息化基础与应用条件和相应的人才及其他保障，能够在农村信息技术服务的信息提供者与接收者之间搭建桥梁，使农村信息技术服务工作得到落实。从现实来看，这些服务性机构主要包括政府自身和非政府部门所设立的信息服务点，如农村信息技术服务站、农村党员现代远程教育点、农村商务信息技术服务站及电信运营商在农村建立的信息技术服务站等。另外，农村商业网点和企业体验中心开展有针对性的信息技术服务工作，是开展农村专项信息技术服务的主要机构之一。

5. 农村信息化服务主体对象

农村信息化服务主体对象是指接受农村信息化服务的组织或个人，他们是农村信息化的受益者和重要参与者。农村信息化的服务对象包括农村的各类人群，既包括普通农民、农村党员、外出务工人员，也包括基层涉农部门和机构、农村各类经济中介机构、种养经销大户、龙头企业和农村中小企业等。

6. 农村信息化政策与环境

农村信息化的发展和建设都是需要政策和外部环境的有效结合才能完成的。通常政府对农村信息化发展制定的政策，是绝对影响，这是其中一方面。还有另一方面是指社会对农村信息化的影响，其中包括经济发展、社会文化、政治前景和文化素养等相关环境，只有在好多环境下才能有效地发展农村信息化。对农村信息化发展，政策保障是前提，无论是基础设施建设政策，还是信息资源的开发和利用政策，都是为加大农村信息服务体系的建设而服务的，为完善与培养农村信息化建设的各方面人才提供前提保障。在农村信息化发展的环境当中，只有用户的经济水平得到提高，农村经济发展达到了很高的水平，能够承担起一定的信息成本，这样，农户才会有更多的能力来接受农村信息化发展的理念。因此，只有政府高度重视农村信息化的发展，农户充分理解和愿意接受农村信息化发展的理念，才能不断地推动农村信息化向前发展。

7. 农村信息化标准和规范

农村信息化建立了一整套体系，有其标准性和规范性。主要包括标准体系、法规体系及发展的关键环节等。标准性的制定有很多方面，其中主要有总体标准、安全标准、应用标准等内容组成。法规体系的建立涉及的内容有信息服务与技术开发、安全防护等。这些标准与规范的建立既确保各项信息系统在技术基础上互相互通，又保障了农村信息化建设规划设计、建设运行、绩效评估等管理的规范性。

（四）农村信息化的主要内容

农村信息化是关系"三农"问题的重大系统工程，如果以农村各项事务为基础，农村信息化的主要内容涵盖以下六个方面：

一是农民生活信息化，农民生活包括方方面面，如娱乐、学习、购物、亲友交流等，要求信息技术和数字技术全方位地渗透到其中，为农民提供方便、快捷、丰富多彩的"数字生活"，吸引更多的农民投入到信息生活之中。

二是农业生产管理信息化，就是要建立农业科技信息网络。这个网络信息包括农村农、林、牧、渔业等各种技术信息。具体如下：专门农业如作物、渔业、化肥、花卉等的技术信息；农业推广信息；农作物的病虫防治信息；农业信息技术中的管理信息系统（MIS）和决策支持系统（DSS）；各类植物保护信息和种子信息；动物生产和卫生信息；畜禽饲养及疾病防治信息等。

三是农村教育信息化，实现农村教育的信息化是 21 世纪农村教育的一项重大改革，农村教育信息化就是建立关于农村信息技术教育网络，让大部分生活在农村的农民与农技员可以通过计算机、多媒体、网络系统等现代通信技术学习各种农业知识，从而加快农业科技的普及，提高农民科技和文化素质。

四是农村市场信息化，农村市场信息化程度直接关系到当地农村经济社会的发展和农民收入的增加。建立以计算机联网为基础的农产品市场信息网络将对打开各地农产品的销路、平衡供销问题起到重要作用，如现在建立的中国农业信息网、中国农产品供求信息网。

五是农村资源、环境信息化，就是建立农村环境、资源信息网络。网络信息包括大气方面的气候、自然灾害预测防治信息；土地的酸碱性或者肥沃性信息；农业生物的栽培、灌溉技术、施肥技术等信息；水资源的管理信息等相关信息。农民通过网络上的这些信息了解农村环境、资源的发展变化，就可做出相应的决策。

六是农村管理信息化，就是把现代信息技术引入农村管理，从根本上改变农村管理的观念和方式，实现农村管理的民主化、科学化、规范化和高效化。建立电子政务系统等综合信息系统，搭建一个综合性涉及农村的经济、政治的平台。如：农村农业经济和统计信息；农村农业产品的产、供、销以及流通中的成本和最终收入信息；农村土地的使用信息；管理村民小额金融信贷的系统信息；各项法律法规信息；电子办公信息；公民申诉系统；人口管理信息系统。全面掌握农村人口基本信息；人口分布信息；婚姻状况信息；在线劳务市场信息以及人口技能信息；等等。

农村信息化的内容，如果要以信息化为重点，可以分为农村信息技术层（也叫基础层）；农村信息服务层；农村信息应用层。

农村信息技术层是农村信息化的基础层。农村信息技术层是农村现代信息和技术产业，而农村信息技术层的支撑层是农村信息技术装备产业。要是把信息和技术单独看，其中，信息产业如现代计算机、通信、网络和控制的发展及其产业化，包括计算机软硬件、微电子技术及产品、通信技术和设施、网络技术及相关设备、自动控制技术及产品等的研发、制造和销售等领域和产业；技术产业如生物技术、遥感技术、激光技术和核技术等。这些都是要求满足农村自然、经济和社会发展需要，适应农村环境、地域、人员素质、农村产业特点、经济水平等特点才发展的。农村信息技术产业的发展水平不能和整个国家信息技术产业发展水平隔离，整个国家信息技术产业发展水平决定农村信息技术产业发展水平。目前，主要有国家通用信息技术产业提供农村信息技术及其装备，农村信息技术产业还不能完全满足农村需要和适合农村特点。

农村信息服务层有两个方面的服务：一方面是对信息的各种服务，主要是指以信息采集、加工、存储、传播、发布等内容的服务产业发展，即生产、提供信息的农村信息服务业的发展。农村信息服务业是信息产业中的软件部分，负责利用计算机、通信和网络等现代信息技术，从事涉农的信息数据、检索、查询、商务咨询等信息资源开发和利用的服务性产业。另一方面是对各类农业组织和广大农民群众的信息服务。具体的就是将各种涉农信息计算机化、数据库化和网络化，加快开发利用政府、公共、市场及其他的信息资源，并把这些信息资源中有价值的信息发布给村民，最终实现农村信息的共享和充分利用。对农村信息服务业有广义和狭义之分，广义上主要是以信息内容加工为对象、以信息形态为最终产品形式的所有产业部门，如媒体业、广播影视业、咨询业、出版业、网络信息服务业等；狭义上主要指网络信息服务业，分为农村网络信息服务的主要提供者（涉农媒体运营商、信息咨询商、信息发布代理商以及数据库的开发运营商）；各个方面各类涉农网站信息中心（农村电子商务服务、电子政务服务、网络数据库服务、网络信息咨询服务、电子出版服务和数字图书馆服务等）；农村信息服务的主要形式（各类涉农信息的采集、存储、加工、传播、发布及利用）；农村信息服务的主要内容（一些电子邮件服务、索引服务等基础网络服务；搜索引擎服务；数据库服务；信息加工分析和预测预警等咨询服务等）。

农村信息应用层主要是指在农村经济、社会、文化、政治等各个方面对农村现代信息技术和农村信息服务的渗透与应用，以及它在推动农村经济发展和社会进步中的作用，这不仅是信息化的本质，而且是信息化的最终目标。即利用现代信息技术和信息资源变革人民思想观念、转变人民生活方式、改造传统农业产业、推动经济运行机制变革、社会组织形式创新的过程，促进传统工农业经济形态向现代知识信息经济形态转变的过程，推动工农业社会向信息社会转变的过程。农村信息应用表现可以从宏观和微观两方面说明，从微观上看，农村信息应用表现为在农村经济社会发展事业的各个领域对现代信息技术和信息资源的应用程度。如：在农业生产中的信息技术应用水平；农村农业科研、教育、卫生等的信息基础设施、信息资源开发利用程度、农村社会服务的信息化水平；在人们思想观念和生活方式上现代信息技术和信息资源所带来的影响；在农村的行政管理上对现代信息技术和信息资源的利用程度，如电子政务、信息公开、网上办公等业务的发展，大力提倡在农村行政管理中运用现代信息技术和充分利用信息资源，能提高行政管理效率和政府服务效能，转变政府职能。从宏观上看，农村信息应用表现在利用现代信息技术和信息资源改造和提升传统农业产业上，从而加强我国农业经济在国际上的竞争力。

三、农村信息化的作用和意义

（一）农村信息化的意义

农村信息化建设是农业现代化的重要内容。农村信息化是农业发展方式由粗放型向精细型转变的重要支撑，有利于加快建设现代农业，调整优化农业、农村经济结构；有利于保障农产品质量安全、农业生态安全和农村生产作业安全的基本技术手段；有利于资源有效配置和搞活农产品流通，充分利用市场，从而促进农业步入良性发展的轨道；有利于破解城乡二元结构、统筹城乡经济社会的协调发展；有利于提高农民的科技文化素质，促进乡风文明建设。深刻认识农村信息化的地位和作用，对认识农村信息化工作的战略性和重要性，对指导开展农村信息化工作均具有重要的现实意义。

一是发展现代农业的重要支撑。建设现代化农业就是要用现代科学技术改造和武装传统农业，当今的农业和农村现代化涵盖的重要内容就是农村信息化。信息技术是现代农业科学技术的重要标志和组成部分，例如，数字化专家系统、精确农业技术、"3S"技术等。另外，许多先进的农业技术的推广与利用离不开农村信息化系统的支持。以计算机互联网为基础的农村信息化服务平台，已成为联结农户与科技的桥梁，是农民获取农业新品种、新科技信息及农产品供求信息的重要渠道。因此，农村信息化建设是现代农业发展的重要内容，是改变传统农业生产方式、管理方式和发展方式，实现传统农业向现代农业转变的重要支撑，是未来现代农业发展的基本方向。

二是促进城乡统筹经济社会协调发展。目前，发达的城市与落后的农村，发达的工业体系与落后的农业体系，已经成为制约我国综合国力发展和国家政治稳定的根本"瓶颈"，如何破解城乡二元结构，实现城乡统筹发展是我国未来一个时期面临的最重要的任务，缩小城乡"数字鸿沟"是统筹城乡经济社会协调发展的重要内容。农村信息化一头连着农民，一头连着市民；一头连着城市，一头连着乡村；一头连着工业，一头连着农业；是实现农村和城市生产要素、经济要素、生活要素合理配置和双向流通，富裕农民和方便市民的重要桥梁；是缩短城乡"数字鸿沟"，改变农民文化意识的重要手段。因此，大力发展农村信息化是破解城乡二元结构、促进城乡统筹发展的重要举措。

三是搞活农产品流通，促进农民增收的重要途径。目前，我国小规模分散经营的格局短期内难以根本改变，农户在产前获得准确的市场信息并做出科学分析与决策的难度不言而喻，小农户和大市场的矛盾越来越突出，成为影响农民增收的重要瓶颈。为解决这一问题，迫切需要统筹农业生产全过程，将农业生产的产前、产中、产后三个环节形成紧密联系的产业链，直接与市场对接，减少中间的流通与交易环节，从而降低交易成本，并且使交易市场更加透明化，形成小农户与大市场的直接对接，把千家万户的分散农民与越来越大的市场衔接在一起。农村信息化就是通过信息技术将农业生产、流通、市场、交易有机地连成一个整体，建立囊括农产品供应方、农产品消费方以及农产品交易市场的三方市场信息服务网络，使农产品供应方与消费方之间实现信息畅通、服务渠道畅通，从而实现小农户与大市场的有效对接，进而推进农村产业化进程，提高农民经济效益。因此，大力发展农村信息化是推进农村产业化经营、提高农民组织化程度、降低交易成本、扩大市场需求、促进农民增收的重要途径。

四是有利于调整优化农业、农村经济结构，合理配置资源，促进农业良性发展。调整优化农业、农村经济结构，合理配置资源，促进农业良性发展，是我国新时期新阶段实现农业、农村经济持续稳定健康发展的关键。其中包含的主要内容为：优化农产品的品种和品质结构，提高产品质量；优化农产品的区域布局，发展优势农产品区域和优势产业带；加快发展园艺业、畜牧业和水产养殖业；强化农产品的加工转化增值。资源和要素优化配置、市场需求及导向是实现农业与农村经济结构优化调整的内在动力。因此，在农村信息化建设中通过信息、要素、资源配置的动态监控，可以获得农产品供求和价格变化的预测预警，为调整优化农业、农村经济结构服务。

五是有利于提高农民的科技文化素质，促进乡风文明建设。实现我国农业、农村经济的持续稳定发展和全面建设小康社会的目标，关键在于提高广大农民的科技文化素质。加强农村信息化建设，建立健全农村信息服务网络，建成数字化农业科技信息资源库和共享交流平台，通过互联网为社会公众和农村基层提供科普及公共产品与服务，并整合电视、广播、刊物等传统媒体资源，开展面向"三农"的远程教育与培训。围绕农村增效、农民增收，激发广大农民学文化、学科技的积极性，增强科技意识，提高获取科技知识和依靠科技发展生产、脱贫致富奔小康的能力，提高农村富余劳动力向非农产业和城镇转移就业的能力。另外"乡风文明、村容整洁"是建设社会主义新农村的重要内容。实施"信息进村入户工程"和广播电视"村村通"工程，为农民群众提供与经济发展和社会现代化进程相融合的文化生活及精神食粮。加强农村信息化建设，不断宣传、普及节约耕地和水资源、保护生态环境、安全生产、应急避险、合理消费、循环经济等观念与知识，倡导建立资源节约型、环境友好型乡村。另外，引导农村民众积极开展健康向上、丰富多彩的文化生活，移风易俗，革除迷信愚昧、恶习陋俗，倡导科学、文明、健康的生活方式。加强农村公共设施的投入，通过因地制宜的科学规划，彻底改变农村基础设施薄弱的瓶颈。

（二）加快农村信息化建设具有紧迫性和重要性

1. 农村信息化是实现国民经济和社会发展战略目标的重要环节

农业、农村、农民问题是关系改革开放和现代化建设全局的大问题。"统筹城乡经济社会发展，建设现代农业，发展农村经济，增加农民收入，是全面建设小康社会的重大任务。"这是中共十六大赋予新世纪、新阶段"三农"问题的新内涵。《中共中央关于制定国民经济和社会发展第十一个五年规划的建议》中将信息产业列为首要发展的高新技术产业，在"建设社会主义新农村"部分特别强调了加快农村信息化建设的重要性和紧迫性。没有农业的现代化就不可能有整个国家的现代化，而农村信息化又是我国农业现代化的重要组成部分。农村信息化的深入有助于缩小地区差别、城乡差别、工农差别，有利于强化与国外的联系，促进我国经济特别是农业、农村经济自主地参与到经济全球化之中去。因此，实现农业信息化是巩固农业基础地位的重要步骤，也是实现"十一五"计划纲要所提出的国民经济和社会发展信息化战略目标的重要环节。无疑，加强农村信息化建设，对"统筹城乡经济社会发展，建设现代农业，发展农村经济，增加农民收入"，完成"全面建设小康社会的重大任务"，将起到战略推动作用。

2. 农村信息化是调整经济结构和农民增产增收的重要保证

当前，我国农村正在经历着社会经济发展的重要阶段，同时又面临着全球经济一体化和加入 WTO 后的巨大挑战，农业和农村经济结构调整是关系到我国农业发展生死存亡的重大举措。农民收入低，城乡贫富悬殊扩大，农村穷困人口规模依然巨大，仍然是制约我国经济发展的重大问题。决定农业和农村经济结构调整的依据是市场信息，充分发挥本地农业生产的优势，降低成本，提高效益。农村信息化可以建立起覆盖市、县、大多数乡镇以及有条件的农业产业化龙头企业、农产品批发市场、中介组织和经营大户的农村市场信息服务网络，形成横向相连、纵向贯通的农村市场信息服务渠道，使农村市场信息服务滞后的状况得到根本性改变，使广大的农村地区获取最新市场信息和最新农业技术信息，使农业发展适应市场需求和采用新技术，保证农业和农村经济结构调整实现最优化。信息化建设，使农民通过"信息高速公路"，及时、准确、经济、全面地搜集所需要的信息，找准市场，降低成本。信息技术的应用使市场交易双方直接联系，减少了流通环节，简化了交易程序，节约了交易费用。以及时、准确、真实的交易信息做基础，减少生产的盲目性和滞后性，降低市场风险，提高经济效益，增加农民收入。

3. 农村信息化有利于促进农村精神文明建设和社会稳定

近年来农村社会政治形势趋于复杂，其根本原因在于农业产值下降，农民负担太重，城乡二元结构短期内难以彻底打破。如何缓解和解决"三农"问题，是中国目前面临的重大挑战。农村信息化建设可以利用现代信息、技术等手段，进行政务建设、党务建设、村务公开。世界各发达国家把电子政务的推进作为社会进步和发展的重要措施，通过信息公开和提供优质服务，拉近政府和公众的距离，达到社会的稳定和协调。农村电子政务不是农村各级政府管理业务的简单电子化，而是政府管理服务方式与业务内容的改革，其实质是以政务公开为基础、社会监督为手段和民主政治为目标的政治文明建设。电子政务是沟通政府与公众、促进相互信任的有效工具，电子政务要与政府的管理与服务目标结合起来，实施一些社会效果明显、公众得到实惠的项目。要由管理型政府向服务管理型转变，建立一个依法行政的政府，一个廉洁的政府，一个"以人为本"的政府。同时，农民通过现代媒体和传统媒体的结合，更容易了解现代文化、科学思想和科学知识，提高自身的文化水平和文明程度，及时了解国家政策和发展，提高遵守国家法律法规的自觉性，保证社会的安定。

4. 农村信息化有利于提高我国农村经济国际竞争力

在美国，农业部已形成了庞大、完整、健全的信息体系和制度，建立了手段先进和渠道畅通的全球电子信息网络。目前，美国信息业对国民生产总值的贡献率超过了50%，信息产业的就业人数也超过了50%。其中美国农业信息强度甚至高于工业。2002年美国已有41.6%的家庭农场和52%的奶牛场的年轻农场主装备有电子计算机，能够随时进入各种农业网络。欧洲的农业网络已经进入实用阶段，卫星数据传输已广泛被农业生产者应用。其中德国的农业信息也进入了电子计算机网络时期，并已与欧洲、北美、日本等国的通信网络联通，发展中国家印度也已经形成了自己的农业信息化体系，并已实施。中国作为世界最大的发展中国家和传统的农业大国，农业信息化与上面一些国家相比，有着一定的差距，还有巨大的应用空间和广阔的发展前景。特别是在中国加入WTO后，要提高我国农村经济国际竞争力，实施信息化是必然选择。

5. 农村信息化建设是加速科技成果转化的重要途径

综观世界农业发展史，成功的范例都是吸收和应用先进科学技术的结果。建设现代农业的核心和基础是提高农业发展的科技含量，以微电子、软件、计算机、通信和网络技术为代表的信息技术，是迄今为止发展最快、渗透性最强、应用最广泛的先进技术。信息技术在农业领域的推广应用，大大提高了农业产业技术水平，对加快科技成果转化和建设现代农业具有革命性的推动作用。

6. 农村信息化建设有利于传播先进的科学文化知识

陈至立出席中国科学技术协会农村科普工作会议时强调，要全面贯彻落实党的十六届五中全会精神，进一步做好新时期农村科普工作，提高我国农民的科学文化素质，积极建设社会主义新农村。信息化为科学文化的传播带来了机遇，我们要积极创造条件，让信息化更好地为推动农业科技进步和农业产业结构优化升级服务。通过在农村实行信息化的建设，可以实现电视网、广播网和计算机互联网的三网合一。农民可以利用这些网络，了解国内外社会、经济和科学技术动态，了解国内外农业、农民和农村生活的发展动态，进而扩大农民的视野，丰富农民的文化娱乐生活。农村信息化还将促使农村居民的思想价值观念、生活方式、消费观念的变革，促使农民由注重物质文化生活的消费，向注重精神文化生活消费的转移。信息化的发展还带来农民沟通方式、生产方式、生活方式的根本变革，使处在不同地域和不同层次的文化发生碰撞而走向整合。互联网上丰富的教育资源，为农村儿童的学习生活提供了广阔的新天地，有助于农民整体素质的提高。信息技术通过网络和多媒体技术把农民急需的专业生产技术和最新的应用经验快速地传播到各地，打破时间和空间的限制，在提高农民的科技素质方面起到推动作用。建设社会主义新农村要求劳动者具有更高的知识和技术水平，只有经过专门的培训才能取得经营管理农场的资格证书，才能掌握新兴的信息化和自动化技术，才能成为信息农业的经营管理者、信息时代的合格劳动者。从这个角度来看，农村信息化可促使农业劳动者自觉主动地参加各种培训，以适应新的生产环境，从而提高农村劳动力的素质。信息化促进了思想交流与文化传播。信息网络化创造了文化传播的新载体，目前，世界著名的报刊、图书馆和广播电台都已成功地实现了网上传播。信息通信技术的进步，使互联网成为继报纸、广播、电视之后的"第四媒体"，它克服了地域、时间的限制，大大方便了人们的信息交流，世界各国文化的交流与融合，必将促进世界文化的发展。信息化给人类文化内容带来了新变化。信息网络以其独有的传播性、全球性、开放性、互动性，一方面强化了人类文化的多样性，另一方面也加剧了人类文化的趋同性。信息网络化产生了一种新型的文化——网络文化。网络文化是指互联网上流动着的一切信息内容，网络文化具有大众参与性强，内容异常丰富，形式多样等特点。信息化促进了科研活动的展开，信息网络化促进了科技文献资源的共建、共享，真正地做到文献为所有科技人员平等地服务，信息网络成为科学家交流的新媒介。网络为科普知识的传播提供一个生动、全新的平台，有助于科学知识的普及，提高全体农民的科学文化素质。信息化、自动化发展使农民能更便利、更快捷地获得先进的科学文化知识。

第二节 农村信息化相关理论

一、农村信息化相关理论

（一）农业技术经济学理论

农业技术经济学是联系农业经济中生产力和生产关系，研究农业再生产过程中生产力技术因素的合理运用及其经济效果的科学。由于农业技术经济问题的研究一般以农业技术措施、技术政策为实际内容，因此，也可以说农业技术经济学就是研究农业技术措施、技术政策的经济效果的科学。

农业技术经济学理论方法的研究包括本学科的基本原理、指标体系、评价方法以及数学方法的应用等方面，目的是为指导研究实际问题服务。应用研究的宏观方面联系国民经济，研究整个农业部门或地区的农业技术经济问题，如农业技术改造、农业资源的开发利用等；微观方面包括对农业生产单位的各种技术经济问题，如种植制度、作物栽培技术、动物饲养技术等的经济评价，以及农业再生产过程中生产、流通、消费等不同领域的技术经济问题的研究等。

农业信息学的研究是农业技术经济学的重要内容，本书利用综合评价方法对河南省农村信息化水平进行评价。

（二）信息及其传播学理论

发展传播学的理论是建立在现代化理论基础上的。概括起来，现代化可以看作是经济领域的工业化、政治领域的民主化、社会领域的城市化和价值领域的理性化的互动过程。这种转变的根本动力产生于人类在科学革命推动下所获得的空前增长的知识。在发展中国家开始现代化的早期阶段，人们普遍认同这一模式：国家发展等于现代化、现代化等于经济增长。

大众传媒传播信息能有效促进国家发展的观点，强调信息传播对发展中国家的重要性。"有效的信息传播可以对经济社会发展做出贡献，可以加速社会变革的进程，也可以减缓变革中的困难和痛苦。"发展中国家在信息传播方面远远落后于发达国家，这严重阻碍了发展中国家的经济、政治、文化等社会各个方面的发展，消除这种信息不平衡的现象是发展中国家面临的一项艰巨任务。信息传播在国家发展中有守望环境、参与决策和提供教育的功能。

（三）行为经济学理论

于 20 世纪 90 年代刚刚兴起的行为经济学，对传统经济学关于理性"经济人"的假说提出了挑战。在传统经济学的"理性人"假说下，虽然人类对外在事物的认识清澈了，但同时也把人、人的行为和人的精神等非理性方面舍弃了。这种认识方式使人成为了"扁平的人"，而人的行为被简化为一个个的点或一条条的线。一些经济学家研究发现，在以完全理性"经济人"假说为基础构建的理论上，现实中无法观察人的经济行为，人的内在本性也无法通过科学的方法来检验和研究，而许多人的经济行为之谜更无法解释。直到 20 世纪 90 年代，"行为经济学"的经济理论新流派思想被莱布森等美国经济学家提出来，这一局面才得以改变。

行为经济学是一门理论科学，其主要目的是试图将心理学的研究成果融入标准经济学理论，在对非理性行为进行的尝试性研究中，主流经济学的界限被打破，从而以现实人为基础，使主流学派的经济人概念得以发展。同时，行为论者并没有抛弃主流理论，对其注重理性的，维护自身利益的行为是持赞同的态度的。不过，他们也坚持对这一理论进行了修正，他们认为：对具有偏见的推理，自我沉溺、毁灭的行为以及种种其他人类缺陷和长处，经济人能够做出反应。公平、互惠和社会地位等许多其他方面也是行为经济学理论所关注的焦点。行为经济学研究领域中具有代表性、富有创见的理论家包括丹尼尔·卡尼曼（Daniel Chainman）、修·拉宾（Matthew Rabin）、理查德·塞勒（Richard Taller）及已故的阿莫斯·特维尔斯基（Amos Tvesky）。概括来讲，行为经济学主要是：预期效用理论；偏好的一些典型特征；偏离理性的特征分析这三类代表性观点。农村信息化中，农民作为行动主体，其决策对信息化的总体发展进程将产生深远的影响。

（四）系统工程理论

系统工程理论是一个具有普遍指导意义的科学理论，其主要思想是：所有复杂的大系统都是由众多子系统构成的，子系统与大系统之间，以及同一系统的不同子系统之间都要相互协调、相互配合，才能共同确保大系统的有序存在。系统工程理论认为人类社会是一个无比巨大的系统，与其他系统相比较，具有涵盖面广、内容构成复杂的特点，同时人类社会与外部环境之间存在着复杂的交换和互动关系。将系统工程理论作为研究农村信息化问题基本理论之一的重要性在于，农村信息化是涉及农业、农村、农民等各个方面的综合性发展问题，只有用系统的观念才能全盘考察农村信息化的各个方面。通过系统结构和功能及影响因素、评价指标等问题的研究，使本书更具科学性、完整性、功能上的协调性。

二、信息化与经济增长理论

（一）信息的概念与经济学属性

1. 信息的基本概念

作为一个科学概念，信息最早出现于通信领域，但到目前为止，还没有一个比较统一或者普遍适用的定义。在众多对信息的定义中，以下几种定义的学术影响最大：

（1）信息是不确定性的减少或消除。美国贝尔电话实验室的香农认为，信息具有不确定性减少的能力，信息量就是不确定性减少的程度。

（2）信息是控制系统的调节活动。控制论的创始者维纳提出，信息这个名称的内容就是我们对外界进行调节并使我们的调节为外界所了解时而与外界交换来的东西。维纳还指出，消息集合所具有的信息，则是该集合的组织性的量度。

（3）信息是由物理载体与语义构成的统一体。克劳斯在《从哲学看控制论》一书中指出，信息是按一定方式排列起来的信号序列，必须是意义的载体。

（4）信息是一切事物的状态和特征的反映。人类认识和改造客观世界的过程，实质上是一个不断挖掘、发现信息的过程。

综上所述，将信息的内涵归纳为：信息是客观世界中各种事物的变化和特征的最新反映以及经过传递后的消息重现；信息通过一定意义的载体反映事物的存在状态和特征，信息是人类发展过程中不断挖掘的产物。

2. 信息的经济学属性

俞乔等指出，信息的物理属性即信息的普遍性、客观性、无限性、动态性、可度量性、传递性以及不完全性是信息的根本性质。本书将从充分开发和利用信息资源出发，从经济发展的角度研究信息的经济学属性。

（1）信息的不对称性。信息的不对称性是信息不完全性在经济上的一种典型表现形式。传统的市场经济理论认为，市场上每个经济行为者都拥有关于市场的全部信息，例如，消费者完全了解商品的质量、效果以及市场上全部相关商品的价格行情，而生产厂商则完全掌握市场动态以及用户的消费偏好和守信用程度等。信息的不对称性则是指市场的一方比另一方掌握更多的信息。其主要原因如下：

第一，社会分工越来越细。同一行业两位专家在一个问题上的意见往往是不一致的，而市场中销售一方的专家和购买一方的非专家之间在信息和知识上的差距巨大，形成信息的不对称。

第二，私人信息。个人的身体状况、情感波动、劳动技能以及消费偏好具有隐蔽性。

第三，信息传递的滞后性。在某一试点，先获得信息的一方往往比后获得信息的一方掌握更多的信息。

（2）信息的边际收益特性。21 世纪是知识经济时代，信息的作用将越来越重要，它不仅仅是生产的结果，而且也是一种重要的生产要素，这种生产要素不同于土地、资本和劳动，它最重要的特征是具有边际收益递增的性质。

古典经济理论认为，在一定的技术条件下，当其他投入不变时，一种生产要素的投入增加到一定数量以后，边际产量会出现递减的趋势。但是作为生产要素之一的信息不遵守这一法则。信息的边际收益主要来源于两点：

第一，信息的不完全性。由于信息的不完全性，不同信息之间存在互补的关系，通过新信息的注入，使得累积的信息和知识发挥更大的作用，从而产生边际收益的递增。

第二，信息传播形成有效市场会扩大市场的边界，形成最优的生产规模，从而带来规模经济，即信息的规模化。

（3）信息的公共产品性。根据萨缪尔森最先提出的公共产品定义，公共产品具有两个本质特性：

第一，消费的非竞争性。指一个人对公共产品的消费不会影响其他人从对公共产品的消费中获得效用，即增加额外一个人的消费，该公共产品不会引起产品成本的任何增加。

第二，收益的非排他性。指在技术上没办法或很难将不付费的个人或者厂商排除在公共产品的获益范围之外。

信息具有非竞争性，因为额外增加一个消费者，并不会增加信息的生产成本。并不会因为一个人知道了这条信息，其他人就不能再享用这条信息，这是信息的共享性在经济学上的体现。但是信息的传播是有成本的，也就是说，额外增加一个消费者，需要承担一定的信息传递成本。

信息可以实现排他性。因为信息需要通过信息传播技术才能够被受众所接受（如用户手机登录服务）。表 2-2 举例说明信息传递过程中的公共产品。

表2-2　信息传递过程中的公共产品

	完全竞争性	不完全竞争性	竞争性
非排他性	纯公共物品： 1. 无线电视网 2. 无线广播网	准公共物品： 1. 公共信息网 2. 公共图书馆 3. 国家信息基础设施	拥挤性公共物品： 1. 拥挤的公共信息官 2. 拥挤的公共图书馆
排他性	专利物品： 个人经验	价格排他的公共产品： 1. 基础电信服务 2. 电信增值服务 3. 收费网络 4. 有线电视	私人物品： 1. 个性化的信息服务 2. 报纸

3. 信息的分类和特点

（1）信息的分类。信息按照不同的标准，分类方式也有所不同，本书将从使用的角度出发，将信息分为以下四类。

第一，经济信息。经济活动是人类最基本的社会活动，在生产、消费、流通、分配的经济活动全过程中，伴随着大量信息的收集、处理及利用。原始的物物交换，信息只是隐含在各种具体商品中，随着经济活动的发展，信息的作用就越来越明显，信息越来越脱离具体的载体，成为抽象的一般等价物：从最初的货币，到各种有价证券，最后到现代的电子商务模式。经济信息是人类所处理的信息中最基础的类型。

第二，科学与技术信息。人类在进行科学研究中积累了大量的信息，包括各种理论、学说、发明、专利以及大量的资料数据。这些信息是人类整个发展工程中研究客观世界的收获，也是进一步开拓新视野的出发点与基础。

第三，社会活动信息。社会活动信息是指除了经济活动之外人类活动所产生与伴随的各类信息。例如，人口信息、法律与政治信息、教育状况的信息等。这些信息的收集、管理、加工和使用成为各级各类政府部门、事业单位的主要任务。

第四，文化娱乐信息。在人类社会基本的日常活动之外，还形成了丰富多彩的文化生活，积累了众多的文化遗产，包括文学、诗歌、音乐、绘画、雕塑等大批信息。传统意义上图书馆和学校是传播信息的主要场所。除此之外，还有报纸、电视、电影等传播方式。

从以上分类不难看出，信息可概括为两大类：一类是经济信息；另一类是生产技术类信息。

（2）信息的特点。由信息的经济学属性不难看出信息具有以下属性：

第一，资源共享性。不同于资本、劳动、土地等有形资源，信息属于无形资源，具有可复制性和可转换性，这使得信息具有共享性和非排他性。信息的价值往往随着大家对信息的共享而增加，而且信息不会因为曾被使用过而变质或废弃，它只会随着时间的推移而过时；并且，信息不是一种独占性的商品。

第二，传播扩散性。信息具有非常良好的传播性和扩散性，尤其是在信息网络技术发展的今天，信息可以通过传播传递到全世界，这使得信息在整个社会经济中作用深远。

第三，边际经济性。边际经济性体现在两个方面：一是信息使用的边际成本递减；二是信息使用的边际收益递增。Arthur W.Brian 指出：信息被越多的人使用会带来越多的效用，其具备边际成本递增的属性，但由于信息传播的扩散性，这种边际成本的增加可以忽略不计。

（二）信息经济理论

信息经济测度理论和方法始于 20 世纪 60 年代，经过近十年的发展在 20 世纪 80 年代才得到较为广泛的应用。信息化测度理论的提出和不断完善对现代经济学的发展起着重要的促进作用，下面简单介绍几种常用的测度理论。

1. 马克卢普的最终需求法

美国经济学家费里茨·马克卢普最先开展信息经济测度理论研究，他在《美国的知识性生产和分配》中首次对"知识产业"的概念进行阐述。马克卢普先从微观的市场竞争与垄断的不完备性开始对知识产业进行研究，后来才扩展到宏观知识产业的研究。马克卢普在对信息经济理论核心组成研究的基础上构建了美国知识产业测度体系，运用最终产品法测算 1958 年美国信息经济发展水平，测算结果表明知识产业在美济中起到重要的支撑作用。

马克卢普从现行的统计体系中挑选出测度体系中各个信息项目，对其逐个测算和平衡。最终产品法是一种测算国民生产总值的方法，其表达式为：

$$GDP = C + G + I + (X - M) \tag{2-1}$$

式（2-1）中，C 代表消费，G 代表政府采购，I 代表社会总投资，X–M 代表净出口。

马克卢普提出的测度理论是后来信息经济测度理论的发展基石，当然这一理论和方法也存在着某些缺陷，如关于"教育"划归信息产业是否恰当的问题、关于"知识"和"知识产业"概念范畴不清问题、关于测度指标体系设计合理性问题等。

2. 波拉特的增值法

美国斯坦福大学的马克·波拉特的《信息经济》一书进一步发展了马克卢普的

信息经济理论。他开创性地提出了一套信息经济规模和结构的测度方法，即后来的"波拉特范式"。信息经济的规模用两个指标来衡量：一个是信息部门创造的增加值与国民生产总值的比值；另一个是信息部门就业人数与总就业人数的比值。把信息部门从国民经济各部门中区别出来，并划为两级信息部门是该方法的核心内容。

（1）一级信息部门测算方法。对一级信息部门产值进行测算的方法是最终产品法和增值法，在此之前要先按照美国《国家产业划分标准》把一级信息部门划分为八大类。而在我国统计局是采用收入法计算 GNP，如式（2-2）所示：

$$GDP = A + B + C + D + E + F = NG + \varepsilon \tag{2-2}$$

其中，A 表示劳动者收入，包括职工工资和职工福利基金，B 表示利润，C 表示税金，D 表示净利息支出，E 表示固定资产折旧，F 表示其他增值项，NG 表示净产值，ε 表示固定资产折旧。

（2）二级信息部门的测算方法。在波拉特测算方法中，假设不同市场销售的信息服务价值由提供该服务所消耗的劳动力和资本构成。即二级信息部门的增加值由非信息行业就业的从事信息工作的劳动者工资和购买信息资本的折旧值的投入量构成。根据我国实际情况，二级信息部门增加值用以下方式计算：

$$GDP = A + E + F = L \times (a + e) \tag{2-3}$$

（三）经济增长理论

关于经济增长含义的界定，不同学者的界定角度不同，本书参照谢琦在《经济增长模式的转型》一文中的定义如下：经济增长通常是指一个国家或地区在一定时期内，随着资本积累、劳动力人数增加和技术进步等因素，一个国家或地区在一定的时期内生产的产品和服务总量的不断增加。一般采用国民生产总值（GNP）或国内生产总值（GDP）的总量或人均来表示经济增长的变化情况。下文将介绍现代的几种重要的经济增长理论。

1. 哈罗德—多马经济增长模型

哈罗德—多马模型是假定在没有技术进步的条件下，资本积累在经济增长中具有决定性的作用。哈罗德和多马在其模型中建立了六个假设：①全社会只生产一种产品；②储蓄 S 是国民收入的函数，即 S = X/Y，（X 为储蓄量，Y 为国民收入）；③在生产过程中只使用两种生产要素，即劳动 L 和资本 K；④劳动力按照一个恒定不变的比率增长；⑤不存在技术进步，也不存在资本折旧问题；⑥生产规模报酬不变。

哈罗德利用基本方程式分析经济长期稳定的条件。他用实际增长率、有保证的增长率和自然增长率来说明稳定条件。假设 G_A 表示实际增长率，G_W 表示有保证的增长率，则哈罗德认为国民收入要实现均衡就必须等于 G_W；并且，要实现充分就业就必须满足：

$$G_A = G_W = s/v_r = n = G_N$$

其中，n 为一个国家的人口增长，s 为储蓄率，v 表示资产与产量的比，v_r 表示企业家资本与产出比，G_N 表示自然增长率。

2. 新古典经济增长模型

新古典经济增长模型是为了解决哈罗德—多马模型的不稳定性而进行修正的，其关键特征是新古典形式的生产函数。它假设规模报酬不变，各种投入要素的边际报酬递减，以及投入要素之间存在整的且平滑的替代弹性，是一个一般动态模型。

新古典经济增长模型具有两个重要的经济含义：第一，当资本存量增长时，经济会增长，但由于资本的边际报酬递减，经济增长速度会减慢。第二，穷国应该比富国经济增长得更快。但这两个理论均不符合实际情况，后来又有很多经济学家做了修正。不过新古典经济增长理论在思想上已经比之前的经济理论有了很大进步，也为后来的新经济增长理论的提出奠定了基础。

3. 新经济增长理论

新经济增长理论将新古典经济增长理论的外生变量内生化，因此新经济增长理论也叫内生经济增长理论，它是由罗默和卢卡斯等人提出的。

新经济增长理论的突出之处是强调经济增长不是外部力量，而是经济体系内部力量的产物，重视对知识外溢、边干边学、人力资本积累、研究与开发、递增收益、开放经济、劳动分工和专业化等问题的研究。罗默模型假定：

第一，新知识是研究部门的产品，新知识给开发新知识的厂商带来递增收益。

第二，由于知识不能得到完全专利保护和保密，应此单个厂商生产的知识具有正外部性，新知识的出现使整个社会都从中受益。

第三，由于存在知识的内部效应和外部效应，消费品生产是知识的收益递增函数。

第四，由于知识具有溢出效应，可以假定所有的厂商都是价格接受者，从而可以完全竞争模型来考察经济增长过程。

罗默的生产函数形式为：

$$Y = F(a, A, x)$$

其中，Y 为总产出，a 为私有知识，A 为知识总水平，x 为其他投入。

三、农村信息化与农村经济增长关系研究

国外学者对于信息化和经济增长的关系研究的较早。国外学者往往将信息与经济联系在一起进行讨论，最早提出"信息经济"这一概念的是美国学者F.Mahchlup 教授，他在《美国生产和传播》（1962）一书中认为信息经济在整个国民生产中占较大比例，他预测美国 1958 年国民生产总值有 29%来自信息产业。Gurmukh Gill 等在 1997 年收集了 11 个来自美国 58 个行业的交叉领域从 1983~1993 年的信息化数据，并采用道格拉斯生产函数对因变量和自变量取对数，分析出了信息化对于经济的贡献程度。国际电信联盟于 2010 年《2010 世界电信/ICT 发展报告》中明确提出信息与通信技术对经济和社会发展越发重要。文章通过对各个国家 IDI 指数的分析提出信息化程度的高低与国家的 GDP 值关系密切，从联盟的报告中不难发现经济落后的发展中国家，其信息化 IDI 指数排名相对靠后，而欧洲、美国、日本等发达国家排名靠前，这充分说明信息化程度与经济增长呈绝对的正相关性。

国内对于农村信息化和农村经济增长没有一个明确的关系界定，但关于农村信息化与经济增长之间关系的探索以及信息化和经济增长的关系研究仍然对本书的研究有所帮助。李志刚在《农村信息化发展动力机制是服务体系构建研究》一文中主要强调农村信息化的发展是推动国内发展的一种动力机制。他提出：农村和农民信息需求作为一种内生性动力机制，其各信息服务主体需紧密结合农村市场信息的相关要求，科学管理和准确决策，注重培养农民的信息消费意识和信息服务需求水平。这对于促进农业科技成果转化，发展农村经济有重大的推动作用。从这里不难发现，农村信息化的内生性动力机制可以较为清晰地判断出农村信息化与农村经济的关系，即农村信息化的发展有利于农村经济的发展。贺鹏举认为，作为经济学的重要分支——信息经济，其必须以信息资源作为基础，信息技术作为手段，目的是更高效率地生产农产品并提高农村信息化服务程度以保证农民生活质量。这样必定可以促进农村经济增长。有关信息化与经济增长的关系，各方学者认为，信息技术是经济发展的重要因素之一。李志宇等认为信息技术的发展对于经济增长的影响程度最为显著，因为它具有较强的数据处理能力和信息传播能力，会影响知识的生产、扩散以及创新方面的速度。总体来看，可以把国内学者的研究分为两大类：一类强调的是农村和农户对于信息化的强大需求，作为信息化的内生性动力机制推动农村经济的发展；另一类认为信息技术作为一种手段对于生产和提高农民生活质量等农村经济问题具有强大的促进作用。

在信息化与经济增长的实证研究中，国内外学者主要运用的方法都是柯布-

道格拉斯的生产函数，通过建立函数，通过取对数的形式判断出信息化水平在经济发展中的贡献程度。其中，朱幼平（1996）将 1980–1992 年 13 年间中国的 GDP 值作为判断经济增长的因变量与信息、资本和劳动要素组成柯布–道格拉斯生产函数进行回归分析，得出结论：信息要素对国民经济增长的贡献度最高。在这之后，这种方式被广泛使用，贺鹏举（2010）、王丽等（2010）通过建立柯布—道格拉斯生产函数计算农村信息化指数对经济增长贡献程度。

第三章　农村信息化相关文献综述

第一节　农村信息化一般文献综述

国内有很多关于农村信息化发展的研究文章，其中有对农村信息化的概念、意义、特点等进行研究概括的，也有从政府政策、各地区农村信息化发展差距、农村信息化人才培养、发展模式、体系结构等进行研究的。王芳、纪雪梅、田红2013年在《中国农村信息化政策计量研究与内容分析》中指出加强农村信息化建设，就要加强农村信息化的项目领导，鼓励农民和各级政府的自主性和创造性，同时对农村图书馆和信息服务站的大力结合，对图书集合借阅，上网和科技信息库数据建设于一体的多功能信息库，将大大提高对农村信息化的发展。范佛全2010年在《构建农村信息化建设的策略》中指出要加快基础设施建设，资源整合力度、人才培养等方面的力度。王芳、田红2011年在《中国"三农"信息化研究综述》中指出了我国农村信息化发展现有研究的不足和未来研究的方向。焦林、郑纪业2013年在《我国农村信息化发展现状与对策》中指出发展现代农业的重要支撑和保障是农村信息化，将能够提高农业劳动生产力，促进农业资源利用率，实现一、二、三产业的融合。高泉、张佳进2013年在《农村信息化技术的应用探讨》中介绍了我国农村信息化的快速发展，给农村经济发展带来了前所未有的动力和发展前景。谢友宁、钮钦2013年在《农村信息化背景下的信息污染灾害风险评估》中通过采用层次分析法建立评价模型，划分指标等级标准，并计算各指标的权重，最后就结果进行分析，提出了一套适合当前农村实际的信息污染灾害风险评价指标体系，在此基础之上提出政策和建议。程海梅2012年在《政府推进农村信息化策略研究》中提出了推进农村信息化建设，提升农民科技文化素质，加快培养新型农民。刘世洪2007年在《中国农村信息化测度指标体系研究》中提出了建立我国农村信息化测度指标体系的5项原则着重研究建立我国农村信息化测度指标体系，包括 6 要素 25 项指标。解慧瑰 2012 年在《基于 IPTV 农村信息化远程多媒体视频系统研究与实现》中提出了由内容管理系统、ADSL+机顶盒+电视构成的 IPTV 传输与终端系统，为信息的进村入户提供了新的途径。沈蓉蓉 2008 年在《浅议农村信息化建设中的问题和对策》中对我国农村信息化发展建设提出政策建议。庄舒怀 2013 年在《浅谈泉州新农村信息化建设》中通过国家政策，结合泉州真实情况，对泉州新农村信息化建设的成效做了简要介绍，并对泉州农村信息化发展提出存在的问题，并提出今后建设的建议从而加大快速发展社会主义。左泽平和谭观音 2011 年在《侨乡泉州农村信息化建设现状与对策研究》中提出了农村信息化建设是社会主义新农村建设的基本内容，加快城乡统筹发展和和谐社会的发展，同时备受广大农民欢迎的工程。张新红、于凤霞、唐斯斯 2013 年在《中国农村信息化需求调查研究报告》中提出了农村信息化建设的对策建议。郑绍军和罗蕾 2013 年在《浅谈加快巍山县农村信息化建设》中提出了把信息资源转换成现实生产力的对策和建议。宋燕华 2012 年在《甘肃省农村信息化发展水平研究》中指出地方农村信息化发展的对策和建议。张喜才、秦向阳和张兴校 2008 年在《北京市农村信息化评价指标体系研究》中提出一套有关农村信息化指标体系的对策和建议。刘福江 2012 年在《宁夏农村信息化对农户生计影响研究》中指出对农村信息化建设的评估机制。易萍 2012 年在《四川农村信息化过程中的手机媒体应用研究》中指出加强信息化建设，加强手机媒体在地域性推广和应用。韩丽 2013 年在《社会主义新农村信息化建设中人力资源建设策略研究》中对新农村信息化建设的人才培养，对人才的匮乏进行原因分析，并从领军人物塑造、观念建设、服务保障、业务建设等几个方面加强建设。李东明、刘永福和张莉 2013 年在《新农村建设背景下农村信息化人才培养方案研究》中针对农林院校培养多方面的信息化人才。侯济恭、李朝灿等 2010 年在 《具有造血功能的农村信息化模式》中提出了对新型农村信息化发展的发展模式对策和建议。陈善浩、宁凌和蔡霞 2010 年在《试论农业科技信息开发及推广体系创新模式》中指出推动农村产业结构优化升级和建设社会主义新农村，农村信息化构建已经成为不可缺少的一部分。乔波、聂笑一等 2013 年在《农村信息化服务平台集成技术研究》中提出了对农村信息化平台构建过程中出现的问题，及问题出现的原因分析，并提出具体的解决方案。李源生、武敏和刘金花 2006 年在《我国农村信息化建设评价指标的选用研究》中提出农村信息化建设的评价应设置包括农村信息系统硬件建设评价指标、农村信息系统软件建设评价指标和相应综合评价指标构成的指标体系来进行，从而全面准确地反映我国农村信息化建设的内容、程度及整体水平。

第二节　农村信息化水平评价方法研究述评

关于农村信息化的评价方法，国内外学者进行了大量的研究实践。美国经济学家马克卢普（Fritz Marchlup）和波拉特（Porat）等是最早开始对信息化水平进行量化测度的学者，开创了信息化水平量化测算的新时代。目前，国际上关于社会信息化水平测度的方法有两种：一种是马克卢普、波拉特等人提出的以信息经济为测度对象的宏观计量法，这种方法对研究信息产业与国民经济及其他产业部门间的内在联系具有重要的意义；另一种是由日本学者提出的信息化指数模型，它是从社会的信息流量和信息能力等方面来反映社会的信息化程度，这种方法能够很好地用于比较各个国家或地区的信息化进程。国内学者主要采用多指标综合评价的方法，如波拉特法、层次分析法、模糊综合评价法、数据包络法、专家评分法和灰色关联分析等方法对农村信息化水平进行测度。

一、国外农村信息化水平评价方法

（一）波拉特方法

波拉特方法，又称比重法和就业结构分析法。美国经济学家波拉特是从经济角度来考察社会信息化程度。他主张用信息产业所创造的财富和收入占 GNP 的比例大小和信息劳动者占就业人口的比例大小来衡量社会信息化程度。

波拉特理论和方法的核心内容是将信息部门从国民经济的各部门中逐一识别出来，并将信息部门区分为一级信息部门和二级信息部门两大类，见图 3-1。识别的标准是根据各种经济活动和信息形态转换的相关程度而确定一级信息部门与二级信息部门的区分标准是看其经济活动的结果——产品或服务是否在市场上直接出售。根据此法测得的一些国家信息产业所占总产值的比率及信息产业就业人数占总就业人数的比率。

（二）日本信息化指数法

1965 年日本电信与经济研究所研究员提出了信息化指数模型测评方法。主要选取了社会信息化活动中最有代表性的 4 大类 11 项活动指标（见表 3-1）。这种方法侧重于衡量信息社会的信息和能力，以反映社会信息化程度。

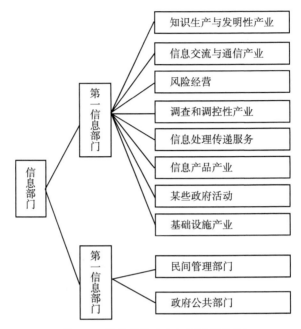

图 3-1 波拉特信息部门划分结构图

资料来源：于淑敏.农村信息化的测度及其对农业全要素生产率的影响分析 [D].西北农林科技大学硕士学位论文，2011.

表 3-1 信息化指数法体系

类别	指标名称
信息量	每百万人每天报纸发行数 人均年通话次数 人均年使用函件数 每万人书籍销售网点数 每平方公里人口密度
信息装备率	每百万人电视机数 每百万人电话机数 每百万人计算机数
通信主体水平	每百人中在校大学生数 第三产业人数百分比
信息系数	个人消费与除衣食住行外杂费的比率

日本信息化指数法综合评分的基本模型，通常采用简单线性加权方法：

$$\prod = \sum_{i=1}^{n} p_i w_i$$

其中，p_i 为第 i 个评价指标无量纲化处理后的值，w_i 为 p_i 的权重，$\prod$ 为信息化水平总指数值。

采用综合评分分析法的具体测算过程为：

首先，对选择的指标进行相关分析，筛掉相关性极高的指标，避免相同因素在计算中占有过大的份额，以保证评价结果的合理性。

其次，对指标进行标准化处理以进行规范，使量纲不同的各类指标值转化为可以直接进行计算的数值。

最后，权重的确定采用德尔菲法，即专家评价与打分法。这个方法一般用问卷方式，请研究该问题的有关专家进行打分，将专家打的分数综合平均后作为权重。

以上这两种农村信息化水平评价方法，既有优点也有不足之处。就优点而言，两种方法所要求的指标体系的构建比较灵活，计算相对较为简单。就不足之处而言，以上两种方法对农村信息化的测度是以指标体系为主的，指标体系只能反映信息化的几个方面，造成与总体信息化水平偏差。同时，随着科技的进步，社会的进步，农业现代化水平的提高，这些指标体系相对有些过时，已不能适应现有的经济体系。因此，借鉴国外农村信息化水平评价的研究方法，应积极根据现有农业发展水平，及时地、动态地对相关指标体系进行调整，以期适应经济社会发展的需要，做出更加适合实际的评判和制定有价值的政策建议。

（三）德尔菲法

德尔菲法又称为专家打分法，是美国兰德公司于 1964 年研究的一种科学预测方法。该方法是在领导小组的主持下，针对某个科技课题向有关领域的专家发出征询意见的调查问卷，并通过匿名函询的方式请专家们提出相关看法或进行论证，然后由组织领导小组对调查结果进行汇总整理，把整理结果作为参考意见再次发给这些相关领域的专家，供进一步分析，提出新的论证。如此反复多次，按专家意见的收集情况做出具体预测。德尔菲法是根据专家所具有的经验和知识用直观方法做出的一种预测，这对以非连续性变化事件为对象的预测较为有效，例如过去没有足够的信息或相关分析因素、事件的发展状况主要取决于主观能动性和科技政策的科学技术领域等，所以在制订长远规划这类工作中，它是决策者的重要工具。

（四）因子分析法

因子分析法的基本思想是根据数据间相关性大小对原始数据进行分组，使分组后同组内的变量之间相关性较高，而不同组变量之间的相关性则较低。每组变量代表一个基本结构，并用一个不可观测的综合变量表示，称为公因子。对于所分析的具体问题，原始变量就可以分解成两个部分之和的形式，一部分是少数几个不可测的公因子的线性函数，另一部分是与公因子无关的特殊因子。因子分析的数学模型描述如下：

$$X_1 = a_{11}F_1 + a_{12}F_2 + \cdots + a_{1m}F_m + e_1$$

$$X_2 = a_{21}F_1 + a_{22}F_2 + \cdots + a_{2m}F_m + e_2$$

$$\cdots$$

$$X_n = a_{n1}F_1 + a_{n2}F_2 + \cdots + a_{nm}F_m + e_n$$

其中，x_1，x_2，$\cdots$，X_n 是可观测随机向量，F_1，F_2，$\cdots$，F_m（$m < n$）是不可测的向量，矩阵 $A = (a_{ij})_{m*n}$ 为因子载荷矩阵，e_1，e_2，$\cdots$，e_n 为特殊因子，在实际分析中可以忽略不计。在因子分析过程中，为了分析每个具体样本情况，将每个公因子表示为各个变量的线性组合，进而用变量的观测值估计各个因子得分，以此对每个样本的特殊性质进行评价。

（五）聚类分析法

聚类分析是将一组研究对象分为相对同质的群组统计分析方法。由于所研究的样品（网点）或指标（变量）之间存在程度不同的相似性（亲疏关系——以样品间距离衡量），于是根据一批样品的多个观测指标，具体找出一些能够度量样品或指标之间相似程度的统计量，以这些统计量为划分类型的依据，把一些相似程度较大的样品（或指标）聚合为一类，把另外一些彼此之间相似程度较大的样品（或指标）又聚合为另一类，直到把所有的样品（或指标）聚合完毕，这就是聚类分析法的基本思想。

二、国内农村信息化水平评价方法

我国最早关于农村信息化评价方法的制定是国家信息产业部在 2001 年推出的"国家信息化指标框架"。国内学者对我国农村信息化水平评价方法主要归纳见表 3-2。

表 3-2　国内部分研究农村信息化水平评价的方法与指标

作者	采用方法	主要评价指标
王爽英、童泽霞（2008）	波拉特方法采用这一方法的还有，蔚海燕（2004）、李德（2009）、于淑敏、李鹏、朱玉春（2011）等	农业第一信息部门包括的行业分别为：自然科学研究事业，信息咨询、技术推广和科技交流服务业等；农林牧渔服务业；电子计算机、农业书籍，农业报纸的出版，农业光电节目时间等；普通高等、成人高等、中等、农业职业中专、成人中等教育。第二信息部门指政府部门或非信息产业的企业为了内部消费而进行的信息服务的生产，具体指企业内部的研究开发、数据处理、电信电话经营管理、会计等

续表

作者	采用方法	主要评价指标
李思（2010）	主成分分析法	包括 3 个一级指标：发展基础、应用现状、外部环境；14 个二级指标：国内生产总值、农民人均纯收入、每 100 户拥有计算机台数、每 100 户拥有彩色电视机数、农村用电量、信息传输、计算机服务和软件业从业人数、公路总里程、涉农网站数量、农村有线电视用户数、农村信息员受训率、农业信息化发展战略、财政教育支出、财政农业支出
卢丽娜、于凤程、范华（2010）	采用 Delphi 法和层次分析法	主要指标有：农业信息资源开发利用、农业信息基础设施、农业信息技术应用、农业信息化人才、农业信息化外部环境
李琳、赵一雪（2012）	DEA 方法（数据包络法）	选取平均每百人拥有固定电话数量、每万人拥有信息员数量、宽带入村率作为投入指标，选取农村居民人均纯收入、农业生产总值作为产出指标
邱应倩（2012）	灰色关联分析法	选取农业信息化基础设施、农业信息化技术装备、农业信息资源、农业信息化人力资源、农业信息化发展外部环境五个评价指标，各指标分别设有若干个子指标，分别从硬件、软件、人力和国家的外部投入等方面来反映农业信息化发展水平

国内学者采用的农村信息化水平评价方法，是根据其研究侧重点不同而采用的相应方法，其采用的指标体系也不尽相同，归纳起来主要采用了两类指标评价体系。一是按照农业信息两部门的分类，将农业分为两个信息部门，其中第一信息部门是指向市场提供信息产品和信息服务的部门，第二信息部门主要是指为内部消费而创造信息服务的政府或非信息企业。然后根据当年第一信息部门和第二信息部门产值之和占当年农业总产值的比重来确定农业信息部门对农业的贡献率即农村信息化程度。二是通过设立一级指标和二级指标体系，通过分层计算的方式，获得对农村信息化水平的评价。这两种方法各有其优点和缺点，因此在选取评价农村信息化水平的方法时，应全面考虑研究需要和实际数据的可得性以及其他一些影响因素。

采用的研究方法主要有如下几类：

（一）投入产出效率分析法

就是采用农村信息化系统投入产出效率分析方法的研究。采用定量分析的方法对地区农村信息化系统效率进行评价，间接从数量上揭示不同地区农村信息化状况以及一个地区不同时期的农村信息化程度。如杨印生和赵罡、李琳和赵一雪等以数据包络分析理论为基础，探讨了农村信息化系统的定量分析（DEA）框架，构建了农村信息化系统投入产出效率评价指标体系，并运用数据包络分析方法对吉林省农村信息化系统投入产出效率进行实证研究。其构建的规模报酬判定定理模型（NIRS 模型）如下：

　　假设有 n 个不同的地区作为综合评价的决策单元，每个决策单元都有 m 种类型的"输入"指标，以及 n 种类型的"输出"指标，其中输入指标与输出指标是待评地区农村信息化系统的投入—产出的指标。规模报酬判定定理模型可以通过求解一个规模报酬非增的问题来判断被考察的规模处于哪个区域。将模型中的约束条件 $\sum_{j=1}^{n} \lambda_j = 1$ 改为 $\sum_{j=1}^{n} \lambda_i \leqslant 1$ 即可得到 NIRS 模型，即

$$
\begin{cases}
\min \theta = V_D \\
\text{s.t.} \sum_{j=1}^{n} X_i \lambda_j + S^- = \theta X_{j0} \\
\sum_{j=1}^{n} Y_i \lambda_j - S^+ = Y_{j0} \\
\sum_{j=1}^{n} \lambda_j = 1 \quad (\lambda_j, \ S^-, \ S^+ \geqslant 0; \ j = 1, \ \cdots, \ n)
\end{cases}
\qquad \text{(VRS 模型)}
$$

$$
\begin{cases}
\min \theta = V_D \\
\text{s.t.} \sum_{j=1}^{n} X_i \lambda_j + S^- = \theta X_{j0} \\
\sum_{j=1}^{n} Y_i \lambda_j - S^+ = Y_{j0} \\
\sum_{j=1}^{n} \lambda_j \leqslant 1 \quad (\lambda_j, \ S^-, \ S^+ \geqslant 0; \ j = 1, \ \cdots, \ n)
\end{cases}
\qquad \text{(NIRS 模型)}
$$

（二）主成分分析法

　　就是采用主成分法对农村信息化发展进行测评分析。如李思（2010）、张榕（2011）等采用主成分分析法对兵团农村信息化发展状况进行评价。主成分分析方法的基本原理是根据原指标间的相关性，通过降维的方式把原来的多个指标简化为几个综合指标的一种多元统计分析方法。该方法目的是希望用较少的变量去解释原来资料中的大部分变量，将许多相关性很高的变量转化成彼此相互独立或不相关的变量，并且满足这些综合性指标（变量）尽可能反映原来指标的信息。具体计算方式如下：

$$
\begin{cases}
F_1 = a_{11}ZX_1 + a_{21}ZX_2 + \cdots + a_{p1}ZX_p \\
F_2 = a_{12}ZX_1 + a_{22}ZX_2 + \cdots + a_{p2}ZX_p \\
\cdots \\
F_p = a_{1m}ZX_1 + a_{2m}ZX_2 + \cdots + a_{pm}ZX_p
\end{cases}
$$

其中，a_{1i}，a_{2i}，$\cdots$，$a_{pi}(i = 1，2，\cdots，m)$ 为 X 的协方差阵 Σ 的特征值对应的特征向量，ZX_1，ZX_2，$\cdots$，ZX_p 是原始变量经过标准化处理的值，因在实际应用中往往指标的量纲不同，所以计算前须先消除量纲的影响，将原始数据标准化。$A = (a_{ij})_{p*m} = (a_1，a_2，\cdots，a_m)$，$R_{ai} = \lambda_i a_i$，R 为相关新书矩阵，$\lambda_i a_i$ 是相应的特征值和单位特征向量，$\lambda_1 \geqslant \lambda_2 \geqslant \cdots \geqslant \lambda_p \geqslant 0$。

以上两种方法都得到了广泛的运用，但也存在一些不足。如数据包络法对农村信息化的评价是静态的，难以实现对历年农村信息化的水平进行评价。主成分分析方法也存在一些不足，如没有明确和判断该数据降维的条件是否成立、所用数据是否适合作单独的主成分分析，选取的主成分对原始变量没有代表性等问题。因此，本书建立量化农村信息化评价的指标体系，通过确定权重的方式来反映河南省农村信息化的实际水平。

第三节　农村信息化需求与供给研究综述

一、农村信息化需求研究综述

信息需求作为农村信息化的重要组成部分，对农村信息化的发展和农民的生活起着重要的作用。信息传播不畅通就会出现"信息鸿沟"，也称作"数字鸿沟"。信息是农民生产生活的基本保障，因此信息的传播渠道非常重要，这就要依托信息化的基础设施建设，强大的通信网络和各个传播媒介的协同合作。本节主要将国内外农村信息需求的内容和传播渠道进行梳理和回顾，为第四章的农村信息化的计量经济研究打下理论基础。

在世界范围内，农村信息服务的研究始于 20 世纪初的农业专业化信息。根据美国学者 Vavrek 的研究，农村信息最初的研究主要关注如何把科研机构的农业技术信息传递到农民手中。随着信息技术和互联网的不断发展，农村信息需求也在发生着变化，逐渐从农业生产销售信息、经济需求转变为医疗卫生信息、法律信息、社区生活信息等广泛的信息领域。国外很多学者对信息需求展开了深入研究，具有典型代表的如表 3-3 所示。

表 3-3　农村信息需求国外研究评述

研究者	国家	主要观点
Kaniki	南非	研究了农民的基本信息需求：包括就业培训、医疗信息等，发现传播渠道最广泛的还是广播、电视和报纸
Vavrek	美国	研究了美国农民日常信息需求：包括政府政策的决策、医疗卫生信息以及当地新闻等，主要传播渠道是互联网和广播
Rachel	印度	发现印度农民最关心的信息时医疗卫生、供水、环境卫生等的信息、农作物改良及增产信息。信息的传播渠道主要来自于人际交往
Barke 和 Polson	苏格兰	发现在众多信息需求中，农民最满意的是由苏格兰卫生局资助的医疗信息服务

通过国外学者和机构的研究我们发现，在发达的欧美国家，医疗卫生和教育信息对农民的生产和生活显得非常重要，并且欧美等国家的信息需求满意度非常高，主要是因为欧美等发达国家的信息化基础设施和平台建设完善，能够快速便捷地提供农民需要的信息。而对于一些发展中国家印度来说，其信息传播渠道和途径还相对落后，主要依靠人际沟通和报纸广播等，而信息需求是一些基本的生活和生产需求。由此可见，"信息鸿沟"的存在会导致发达国家和发展中国家的巨大差距。

在我国也有很多学者对农村信息需求和信息消费进行了广泛的研究，樊志伟（2012）对在调查了我国农民信息需求的特征和未来的发展趋势，研究表明，大多数农民对生产、生活的信息较为关注。但是，信息需求存在着个体的差异性，因此未来应该多关注农民信息需求的个体话差异，并且在不同的地域和时间段内也应该有所区别。

李习文（2008）认为农村信息服务是加速农村信息化发展的重要内容。通过对宁夏农民的信息素质、信息意愿和信息需求现状进行调查分析，发现，农民注重生产但是对销售渠道和信息传播的意识却非常薄弱，因此应该不断完善基础设施建设和信息平台的搭建，为农民的销售渠道打开广阔的天地。

叶元龄、赖茂生（2008）则构建了农村居民的信息需求指标，建立了信息需求模型，对广东省 1990-2005 年统计数据进行了实证分析，研究发现广东省农村居民信息需求的特征和需求结构存在不平衡。

张同利（2005）运用回归模型研究了影响居民信息消费的因素，研究发现人均可支配收入是影响农村地区信息消费的重要因素。而张鹏基于弗里德曼持久收入理论的基础上对信息对农村居民的信息消费做了分析，研究发现信息消费规模在一定程度上受居民收入规模的影响。得出我国城镇居民信息消费边际倾向大于农村居民信息消费边际倾向。因此，建议我国现阶段应该优先在城镇培育信息消费，由此带动农村居民的消费。

魏秀芬（2005）从信息需求角度，利用计量经济的离散 Logit 模型分析了农民信息购买意愿和有效信息需求，研究发现信息需求对农民的收入增加具有显著性的正向影响。

雷娜（2007）则分析了河南省农村通信需求的现状，研究发现河南省的信息基础设施薄弱，存在着"最后一公里"的接入普及率和接入率较低、农民通信消费意愿不强烈和通信运营商企业亏损等问题。应该在政策上加大普遍服务的力度，完善补偿机制，提升农民信息需求的意愿和消费意愿，带动农村经济增长和农民收入。

通过对农村信息需求的研究我们发现，国内外的大多数专家和学者对信息消费研究都建立在统计分析和计量经济分析的模型上，通过宏观经济的指标与信息需求和信息消费的指标进行实证分析。

二、农村信息化供给研究综述

（一）农村公共产品供给与农村信息化

根据农村公共产品供给的定义，农村信息化基础设施、产品和技术服务都属于农村公共产品供给的范畴。郭作玉（2007）认为，中国的信息基础设施具有一定的公益性价值，也就是说电信网络和基础设施属于公共物品的范畴，在农村地区这种依靠普遍服务补偿机制来完善"最后一公里"接入的信息化服务模式中显得尤为明显。因此，结合供给理论，本书这里对农村公共产品的供给的研究展开评述。

林万龙认为，随着社会主义新农村建设的不断加速，农村经济的发展和农民收入的提升使得农民对公共产品的需求呈现出多样化、多元化和差异化的特征。就我国目前农村地区的公共产品供给情况来看，与农民的实际需求存在相应的差异，供给与需求未能形成一致性。例如，在农村公共产品的供给中，供给的主体是乡镇政府和村委会。而在实际操作中，基层政府成为了供给的主体，因此应当根据农村居民的需求变化，及时调整农村公共产品的供给，维持农村公共产品的供求均衡。

邓友兴运用回归分析法对西部农村地区的供需均衡问题展开了研究，研究发现，贵州地区的农村公共产品供给效率低下，特别是交通和通信需求与供给严重失调，应该加大力度完善基础设施建设。

范兆斌分析了我国税费改革的制度对农村公共供给产品供给效率的影响，认为我国政府资源配置不完善是造成我国农村公共产品供给不足的主要原因。李清娥从社会公共资源配置的角度出发，分析我国农村公共产品供给结构失衡问题，认为发现政府公共产品供需错位造成了供给效率低下。建议农村公共产品的供给应该充分发挥市场机制，加强政府引导和投入力度，通过优势互补完善农村公共产品的供给机制。

曾剑秋、张献华通过对云南省农村信息化的分析发现，农民对农村信息化的需求意愿还不高，因而应该积极发挥政府、企业、涉农的科研院协同服务的模式，以农户为服务中心，企业与政府合作，建立创新协同的农村信息化服务模式（见图 3-2）。由农业科研院所提供科研能力与科技信息，政府提供政策保障和资金，由相关企业提供科技信息与技术支持。

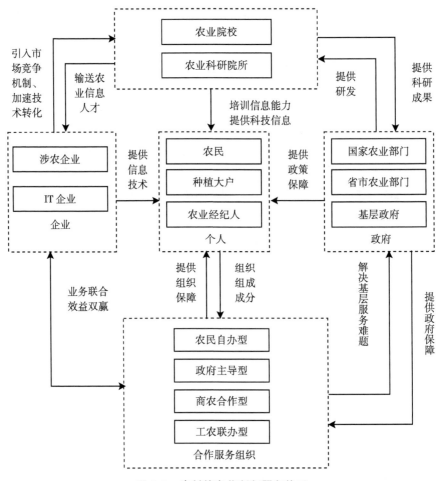

图 3-2　农村信息化创新服务体系

在农村信息服务这项公共产品供给的研究方面，徐小青通过对农户的访谈和问卷调研，研究了农民家庭收入结构和对公共服务的需求意愿之间的关系，并评价了农村公共服务的供给效率，发现不同的收入结构和供给效率存在一定的相关性。

韦东方对农村信息服务体系的建设提出了建议，认为应该把农村信息资源平台和服务体系建设纳入到农村公共产品的供给中，并提出应该进行全国的农村信息服务规划体系设计，并引导社会参与才能有效带动农村经济发展。

李应博认为农村信息化平台的建设和运行机制的设计是政府纳入规划的重要组成部分，只有依靠政府将信息化建设作为公益性和公共产品的供给才能有效地引导市场机制，提升企业对农村信息化供给意愿。

通过对农村公共产品供给和农村信息化供给的研究回归，我们发现，大多数学者认为，随着ICT技术的进步和经济水平的提升，农村公共产品的各项需求均呈现了新的变化，现有的供给和需求之间存在一定的错位，特别是农村信息"最后一公里"的传播问题，这就涉及到农村信息化供给的发展和资源配置以及各个供给要素之间如何协调的问题，在第五章本书将结合本节的理论回顾，详细阐述农村信息化供给要素的作用机制并提出相应的政策建议。

（二）农村公共产品供给的效率评价

前面一节分析了农村公共产品和属于这项范畴的农村信息化供给的供给特征。从西方经济学的角度分析，供给和需求之间永远存在着均衡和互动效应，也就是说，需求如何推动供给，反之供给是如何拉动需求的。同样的道理，对于农村信息化的需求和供给的研究来说也有相应的理论和方法论来支撑。

公共产品供给效率的评价的方法有很多种，最具有代表性的是萨缪尔森运用帕累托最优对政府的公共产品供给效率进行评价，从而奠定了供求关系评价的理论基础。但是随着西方经济学和技术经济学的发展，运用计量经济分析的学者林达尔和维克塞尔运用边际分析的方法对公共产品的效率分析进行了实证研究，研究表明消费者需求和偏好是公共产品供给效率最大化的基础，能否反映居民需求是公共产品效率评价的最核心内容。

Torben认为公共产品的供给由私人部门负责会比公共部门负责更有效率，政府等公共部门给予一定的资金、政策补贴以及完善的激励机制会促进公共产品的供给效率。

A.Rondineili的研究表明，公共产品的供给如交通、电信、供水等由于政府财政扶持，但是在运营和服务方面由加入民营的投资会使得产品的供给和服务供给效率提升。

1957 年经济学家 Michael 基于生产函数的思想对公共产品的供给效率进行了研究，认为在一定的时间和技术前提下，各种供给要素投入的配合可能生产的最大产出，也就是效率最大化，也就是说需要不断地完善公共产品供给的资源配置才能够使得供给效用最佳。而这一思想在后来被 Charnes 和 Cooper 也演变为 DEA 方法。

中国也有很多对学者对公共产品的供给效率进行评价。庞娟在博士论文《地方公共品供给中的政府行为研究》选取人均 GDP 作为区域经济发展来替代指标财政支出衡量公共品的供给，运用计量经济的分析和回归模型进行实证分析，研究表明地方公共品供求具有明显的地域空间演变和空间差异性，这个供需关系是不断地动态变化的。影响地方公共品的供求因素有经济发展水平、人口数量、公众偏好和地方政府公共支出等。

陈碧琴构建了规模报酬不变假设下的 Tiebout 模型，对教育这项公共物品的需求和供给进行了计量经济分析，其研究得出的社区公共教育的供给和需求曲线如图 3-3 所示。研究表明，在拥有足够的社区学校的情况下，家长会把孩子送到附近的学校而不是较远的公共教育学校。

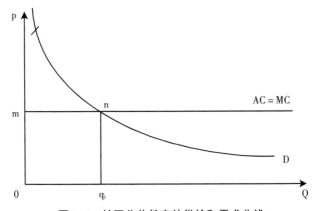

图 3-3　社区公共教育的供给和需求曲线

李强等通过对道路、教育、电信基础设施、诊所及生活垃圾处理等六种公共服务项目农民满意度的调查发现，环境敏感地区与非环境敏感地区农民对公共服务满意度的评价具有较大的差异。农村公共品供给农户满意度的影响主要来自农民受教育年限、医疗方便性等。樊丽明认为农民收入水平、农户有效灌溉面积率、农户距乡镇政府距离、农林技术站服务次数和被调查者年龄村庄类型、基础设施的价格与供需是影响公共产品供给的重要因素。朱玉春、路永民等学者主要运用离散选择模型、回归分析、结构方程模型、因子分析法和模型对农村公共品供给农户满意度以及需求意愿进行了评价。此外，马林靖、张林秀、樊丽明、田秀娟等学者运用有序 Probit 模型、多元回归分析及路径分析等方法对农村基础设施、新型农村合作医疗、医疗服务满意度进行了定量研究。

从学术界和理论界的角度来说，公共产品供给是不可能达到最优的，因为，公共产品供给面向的是大众，但是由于偏好、收入和预期的不同会导致个体的差异性，因此不管个人为公共产品付费与否，都存在掩盖或夸大需求偏好的可能性，从而出现公共产品供给与消费者需求失衡，最终导致供给效率无法达到帕累托最优。

通过对农村公共产品供给的相关文献的梳理，并结合中国农村信息化建设的情况，本书认为农村信息化的供给效率与农村经济增长和农民增收相关，同时体现出收入对供需的相互作用机理，因此本书在第五章和第六章从经济增长和收入的两个角度分析农村信息化供给要素的效率与供需之间的作用机理。

第四节　农村信息化实践模式研究综述

一、国外研究动态

20 世纪 60 年代，日本学者梅悼忠夫从社会产业结构演进的角度提出信息化的概念，但由于语言和政策环境等的约束，对信息化的相关理论研究并没有在日本得到应有的重视，相应的实践活动也没有展开。20 世纪 70 年代以来，随着信息技术在美国的迅速发展及其对社会各方面带来的影响，"信息化"逐渐引起美国理论界的关注，并开始得到迅速的发展及应用。随后许多国家也相应地制定了适合本国发展的信息化发展战略，并逐步朝工业、农业等多个领域深化。但遗憾的是，至今为止理论界对信息化的探讨仍然没有形成系统的理论体系。

从发展水平看，美国、德国、法国、澳大利亚、日本等国家在农村信息化发展方面处于世界领先地位，一些发展中国家如韩国、印度等虽然起步较晚，但近几年也得到了快速的发展，并且各国对农村信息化模式的研究和实践也各有特色。如美国形成了庞大、规范、完善的以互联网为主的农业信息传播模式和以政府为主体，大学、行业、协会等为辅的农业信息服务体系，农民在家里就可以获得经营决策所需的最新数据。德国农村信息化发展模式注重基础设施的完善和农业信息系统的建设，目前其原有农业经济模式已发展成为农业信息处理系统，为其农村信息化的建设提供了坚实的保障。法国等国家已经形成了服务主体多元化、服务形式多样化的农村信息化发展格局。日本的多渠道立体覆盖式农村信息化模式缩短了农业生产者和消费者之间的距离。韩国的农村信息化起步相对较晚，其"追赶型"农村信息化模式改变了农村发展的面貌，使得农村经济和城市经济保持平衡发展，实现了国家经济跨越式的发展。

国外关于农村信息化服务体系的研究并不是很多，其研究主要集中于信息资源的传播和技术应用等方面，但这些研究为农村信息化的发展提供了丰富的理论基础。1965 年，日本学者小松崎清介提出了信息化指数模型的测评方法，通过搭建信息网络，确定信息发展重点，并最终提高信息化水平。1973 年，美国经济学家波拉特提出信息测度理论，他认为应当根据各种经济活动和信息形态转换的相关程度把信息部门从国民经济的各部门中识别出来并进行区分，强调信息产业和相关产业协同发展。1995 年，James Love 对政府信息资源的定价方法和政策进行了探讨。1997 年，Dertouzos 提出应对信息的发展给予财政资助，因为其社会收益大于私人收益决定了它具有公共物品的某种属性。

综上所述，从国外相关文献可以看出国外学者对农村信息化的相关研究做了较多的经济学解释和数学阐述。以美国为代表的西方国家非常注重农业基础设施的信息化，紧密推进科研、教育和推广的相互结合，为农业的发展提供基本保证，并且相关政府部门不断深入和完善对信息体系的制度建设，大力发展农业信息市场，使得本国农业生产率有了极大的提高。此外，以美国为代表的西方发达国家的农业信息网络不断扩大，农业信息技术深化推广，农业信息发展模式日渐创新，农民能够及时了解农资信息和快速实现与市场对接，在一定程度上解决了农民与信息市场不对称的问题，促进了国民经济的飞速发展。

二、国内研究动态

我国对农村信息化的研究起步比发达国家晚，但是发展速度较快。近年来，党和国家领导人对农村信息化建设给予高度关注，把大力发展农村信息化，推进城乡经济建设一体化作为解决"三农"问题和统筹城乡发展的重要内容。近年来，国内各有关部门积极采取相关措施从实践方面对农村信息化进行了多方面研究，并通过探寻各种措施来帮助构建农村信息化模式，取得了一定的成效。1994 年，"国家经济信息化联席会议"第三次会议上提出金农工程，旨在积极推进农村信息化组织建设，构建农村信息化网络平台和整合相关资源，造就信息服务队伍。2004 年，科技部主持开展全国农村市场信息"村村通"工程，利用信息技术为农民提供农业公共信息平台，并根据各地情况探索信息服务模式。2005年，农业部启动电话、电视、电脑"三电合一"农业信息服务试点项目，旨在寻找一种高效、经济的农村信息化发展模式。截至2010年，"三电合一"试点工程发挥了良好的经济效益，并逐步在各地区大力开展。

农村信息化作为解决"三农"问题的主要途径，也引起了国内学术界的高度重视，目前国内学术界对农村信息化的研究主要体现在农村信息化对农业现代化的影响、农村信息化发展模式及农村信息化建设的现状和对策这三方面。

（一）农村信息化对农业现代化的影响研究

梅方权指出通过农村信息化可以加速农业经济结构调整，提高农业生产水平，增加农民收入，促进农业科技进步，进而实现农业现代化。郑国清等认为农村信息化具有先导作用，是农业现代化的加速器。陈建等认为信息化与生俱来的优势打破了农业生产的分散性、封闭性、滞后性等障碍，通过信息化的建设推动了农业朝现代农业方向发展。但大多数学者只从农村信息化自身优势对农业现代化的影响进行了研究，对农村信息化与农村工业化、农村城镇化、农业产业化之间的关系研究涉及较少，而如何协调农村信息化和这三者之间的关系才是发展农业现代化的关键。

（二）农村信息化发展模式

梅方权指出作为一个发展中国家，中国必须选择低成本的农村信息化模式，应大力推进"三网合一"工程，中国的农村信息化发展模式必须依区域而定，分为东部沿海地区、中部地区和西部地区三类。张向先等认为在基于网络环境下的农村信息化发展模式中，必须实现农村信息化和农业产业化发展水平相适应。温国泉认为中国必须重点发展网上、网下服务相结合的农村信息化模式。卓文飞强调农村信息化发展模式必须体现公共服务性，在各种模式的发展中均能体现政府的主导作用。段韶芬等认为要解决农业信息传播"最后一公里"的问题，必须大力发展用户培训模式，为农民营造良好的信息知识学习环境。目前，国内对农村信息化发展模式的研究越来越多角度化，在农村信息化发展的投入模式、管理模式、服务模式的探索上也取得了一定的成绩，但是高效低成本的农村信息化发展模式仍无法实现，现有农村信息化发展模式仍存在局限性。

（三）农村信息化发展的现状和对策

路剑认为农民综合素质较低，农民信息获取成本较高，农业信息缺乏时效性是当前发展农村信息化的主要问题。刘小平认为政府的主导作用不明显，农村信息化人才缺乏及农业信息服务体系不完善是导致农村信息化发展障碍的主要原因。吴淑芳认为农业产业化程度低，信息需求不旺盛，基础设施建设落后是制约农村信息化发展的主要因素。梅方权指出加强农业科技人才的培养及国际农业信息技术的交流是促进农村信息化发展的有效措施。王育蓄认为加强农村信息化的硬件环境和软件环境建设是解决农村信息化发展瓶颈的主要手段。可以看出农村信息化已被我国学者高度重视，但是对农村信息化的研究还缺乏系统的论述，在观点和建议方面缺乏独创性，并且对农村信息化的研究极少定量化。

综上所述，我国农村信息化的研究虽然取得了一定的成绩，但是仍有很多问题亟待解决，如政府监管力度不够、信息重复和信息失真、"数字鸿沟"问题越来越突出等。这些问题都严重影响着我国当前农村信息化的发展，因此，我国政府必须积极发挥主导作用，加强基础设施建设，建立一个高效可靠的农村信息化服务体系，探讨农村信息化服务模式，为农民提高可靠，权威的信息服务，实现农业经济快速稳定的增长。

第五节　信息化对农村经济增长关系的研究综述

一、国外研究动态

自从 20 世纪 80 年代后期摩根斯坦首席经济学家 Steven Roach 提出计算机的大量使用并没有对经济绩效产生影响开始，特别是诺贝尔经济学奖的获得者索罗提出著名的论断："除了在生产率统计方面之外，计算机无处不在"之后，在学术界掀起了关于"信息技术生产率悖论"（Productivity Paradox of Information Technology）的广泛争论。Strassman 研究了信息技术投资对美国企业经济绩效指标的影响，研究结果发现企业信息技术和设施方面的投资与企业绩效之间基本不相关。美国西北大学的教授 Robert Gorden 根据美国经济周期的变化对投入重新分类调整，然后以 1870-1996 年的美国经济为研究对象，结果显示 IT 对全要素生产率的影响与第二次产业革命相比可以忽略不计，说明在这个阶段主要是第二次产业革命促进了美国经济的增长，因而否认了 IT 对生产率的推动作用。Jorgenson 和 Stiroh 以 1990 年以来的美国经济为研究对象，发现 IT 资本的投入推动了这一阶段美国经济的发展。这一现象在其他一些发达国家的信息化进程中也有所体现。赵勇、陈冬研究表明，在 20 世纪 70-80 年代美国、英国、德国、法国和日本等世界最大的经济实体，其人均信息技术资本投入力度不断增强，而生产率增长幅度却下降到了 1%-2%。进入 20 世纪 90 年代后半期，研究者的研究结果发生了逆转，更多的研究结果肯定了 IT 的运用对整体经济产出的贡献。

Hitt 和 Bryn-jofsson 对美国 367 家大公司的 IT 投入对公司生产效率的影响进行研究显示，1990 年是一个分界点，1990 年之前存在"生产率悖论"，1990 年以后"生产率悖论"消失，也就是说 1990 年之前 IT 的投入对这些公司的生产效率没有显著的影响，但到了 1990 年以后 IT 的投入对生产率的影响极其显著。

Shao 和 Lin 在实证研究中将 IT 投资分别作为生产要素和企业特征，发现 IT 的投资对企业的绩效有正向影响。Jorsenson 和 Stiroh 对美国 1995-2001 年的经济增长和生产率增长情况进行研究，显示美国劳动生产率平均增长率为 2.02%，其中 0.85% 是由信息技术资本深化贡献的。Dewan 和 Kraemer 研究表明：信息技术投资的回报，对西方经济发达国家来说是显著的，但对经济欠发达国家来说则不显著。Sang-Yong 等运用索洛剩余和时间序列分析，对 20 个国家进行了研究，表明信息技术投资对许多发达国家和新兴工业化国家的经济增长是有利的，但对发展中国家并没有贡献。Pohjola、Kraemer 和 Dedrick 等的研究结果具有极其重要的意义，认为"生产率悖论"现象在每一个国家和地区的经济发展过程中都可能存在，在美国存在过的 IT "生产率悖论"也相继在后发国家中出现。信息技术投资与生产率之间存在相关关系，但因为 IT 投资存在一定的门槛效应，而使"生产率悖论"的存在具有阶段性，发展水平不同的国家和地区，在不同的阶段会存在一定程度的 IT "生产率悖论"，但随着时间的推移，当信息技术发展突破了这个门槛，"生产率悖论"现象将逐步得以解决。

二、国内研究动态

近年来，我国有关信息化对经济增长的影响的研究也有不少，俞立平对中国 1978-2009 年的经济增长和生产率增长情况进行研究，显示信息化的贡献具有历史演变性，中国改革开放初期的十多年存在"生产率悖论"，信息化对经济增长贡献为负，从 1993 年开始为正。张之光等基于我国相关数据，从国家层面检验了 IT 资本对我国经济增长及生产效率的影响，认为我国并不存在 IT 的"生产率悖论"现象。靖飞和俞立平采用状态空间模型以及脉冲响应函数和方差分解研究信息化与经济增长关系的动态变化，结果表明，在改革开放初期，由于"生产率悖论"，信息化对经济增长的贡献为负，随着信息技术的普及和发展，"生产率悖论"消失。张广胜以 2003-2010 年时间序列数据作为样本区间，利用熵权法、模糊物元分析法分别测评了农村信息化水平，并运用 VAR 模型分析各年农村经济水平与农村信息化发展之间的关系。

信息技术的飞速发展，推动了传统农业向现代农业的转变，但是是否真的像我们期望的那样加速了农村经济的发展？我们知道中国农村的信息化发展水平要远远落后于第二、第三产业，中国农村经济是否也存在所谓的"生产率悖论"呢？近年来有不少关于农村信息化与经济增长关系的研究，如张鸿和张权分析了我国 1993-2002 年的农村信息与农村经济增长数据，发现农村 IT 的投入巨大地推动影响了农村经济的发展。赵晖、温学飞通过对宁夏灌区农村投入产出关系研究发现，农村信息化指数对农业经济的增长呈现正相关，说明在宁夏灌区农村信息化建设，逐渐显现出促进作用。甄苗等在对现有的农村信息化水平评价研究的结果进行了梳理的基础上，把信息化水平测度作为切入点，突破前人在该领域的研究方法，在后续研究中将从政府投入产出和农民满意度两个方面，选取 DEA-Tobit 分析法和 Logistic 回归分析法，确定研究指标及影响因素，对农村信息化水平测度及影响因素进行了全面而深入的研究。

一些学者着重研究了信息化对农业产业化的影响。农村信息化是农业产业化的推进器，农村信息化必须要以一定程度的农业产业化为前提，因为只有在一定程度农业产业化的基础上才能够实施农村信息化（卢光明，2007）。缪小燕认为农村信息化的注入，能使农业基础设施装备信息化、农业技术操作自动化、农业经营管理信息网络化，有利于促进农业科学技术的创新与进步以及农业科技成果的推广与应用；有利于提高农业生产经营的国际化程度与市场化水平；有利于战略性地调整农业生产与农村经济社会结构；有利于农业的产业化经营；有利于对农业生产经营进行有效的宏观调控和促进其可持续发展；有利于各类农业生产经营要素的优化配置；有利于农业生产资源的节约和有效利用等。郭晓燕等认为农村信息化可以加强农业的抗风险能力、提高农产品的科技含量和附加值、改变现有的生产经营模式、提高政府对农业的科学决策和调整农业产业结构等，最终实现农民增收。白硕也提出农村信息化能促进农民增收，主要表现为：网络信息使农民的传统生产观念和生产方式大为改变，促进了农副产品的流通，为农业的发展提供了巨大的市场空间，激发了农民学习科学技术知识的积极性，促进了现代农业信息技术和生产技术的推广。俞乔、童晓渝通过实证研究分析了信息化与农村发展之间的关系，他们认为在信息化时代农村地区趋于边缘化，信息贫困制约着农村经济的发展，信息化对于增加农民收入具有重要作用。此外，王文强认为农村信息化改变了农业宏观管理方式，农业的信息化发展可以为政府提供便捷而高效的宏观管理模式与手段，借助信息技术实现农业产业化管理方式的重大转变。刘芬认为信息化发展为农业旅游业带来新的活力。

一些学者对农村信息化与城乡统筹发展的关系进行了研究，有学者指出农村信息化建设是我国信息化建设的重要内容，同时影响着城市与农村之间的经济、社会等各方面的协调发展，农村信息化建设是促进城乡经济社会统筹协调发展的有效途径，加强农村信息化建设，能有力推进新农村建设，优化城乡之间固有的二元化经济社会结构，逐步缩小城市与农村之间的发展差距，有利于城乡之间的协调发展和共同富裕。陆益民认为加强农村信息化建设是城市和乡村之间统筹发展的重要内容和保障，表现为信息化是传统农业向现代农业发展和转变的"转换器"；信息化同时也是农村发展的"倍增器"，主要是通过信息化促进农村基础设施的优化升级、以倍增效应推动农村经济社会的发展；信息化还是农村公共服务的"助推器"，能有效提升农村公共服务效率，进而促进农民民生的改进。有学者指出"统筹城乡发展、统筹区域发展、统筹经济社会发展、统筹人与自然和谐发展、统筹国内发展和对外开放"中，无论哪一个"统筹"都跟信息化紧密相关，从本质上讲，信息化就是统筹，统筹城乡发展就必须推进信息化。

大多数学者就信息化对农村经济社会发展的影响和作用进行定性研究和简单的理论概括，也有部分学者开始探索从实证角度和运用定量方法研究农村信息化水平对现代农业发展的作用机理、内在联系等方面。邓培军、陈一智综合运用理论与实证的方法研究了信息化对农村经济增长的促进作用，其实证分析结果表明，信息化水平与农业生产总值之间具有明显的正向关系，前者每提高1%，后者就增加 0.733%。张鸿等运用多元线性回归方法研究农村信息化对农村经济增长的影响，他们研究得出结论，在确保劳力投入及资本投入等其他因素不变的情况下，信息化水平的提高能导致农业产出的增加，表现为前者每提高 1%就会使后者平均提高 0.735%。李治宇、胡志全对农村信息化与农业经济发展的因果关系进行了检验，结果显示，我国农村社区信息化的发展对农村经济具有显著促进作用，农村信息化发展与农村经济发展互为因果关系，农业经济的发展会带动农村信息化的发展，农村社区信息化的推进有利于农业经济的发展。高梦滔等采用 GMM 工具变量方法估算了农户的信息服务利用率对农户收入和贫困发生率的影响，结果表明农村社区信息服务利用水平对于农户增收和降低贫困发生率都有积极的意义。于淑敏、朱玉春运用双对数模型检验农村信息化与农业全要素生产率（TFP）之间的关系，结果显示农村信息化对农业全要素生产率具有显著的正向促进作用。

第四章　农村信息化的国内外发展状况

第一节　国外农村信息化发展状况

发达国家在完成农业工业化、实现农业机械化之后，广泛开展了农村信息化工作，从农业硬件基础设施的操作、农业生产技术的推广利用，到农产品市场的经营管理，无一不渗透着现代信息技术的应用。目前西方一些发达国家已经开展了基于互联网的农产品市场贸易，近几年，在农村信息化技术方面处于世界领先地位的国家主要有美国、德国、日本、法国等。美国是农业信息技术的"领头羊"，日本、德国、法国等发达国家紧随其后；印度、韩国等发展中国家虽然起步较晚，但发展较为迅速。这些国家根据本国和本地区的实际情况因地制宜地开展农村信息化建设，并逐渐形成了自己的特色，在利用农业信息技术提高劳动生产率、资源利用率、农民增收、生态环境保护等方面取得了令人瞩目的成就。

一、美国农村信息化发展现状

美国是世界上农业现代化程度最高的国家之一，现在全美从事农业生产的劳动力仅占美国总人口的 3%，却能在供养本国人民的基础上，大量出口国外，这得益于其高水平的农村信息化建设。随着互联网的普及应用，美国农业出现了全方位高速农业商务活动和高质量信息服务的因特网农业。通过利用计算机网络系统，农场主足不出户便可了解诸如农产品价格、国内农产品市场销售情况、最新农业科技、近期气象状况等。同时，农场主还可以在网上销售农产品，购买农业生产资料，进行农业生产技术咨询等活动。为了满足发展农村信息化的需求，美国政府以其雄厚的资金实力，从农业信息技术应用、农业基础设施建设和农业信息资源开发利用等方面全方位推进农村信息化建设。在农村信息化推广方面，美国构建了以政府为主导，国家农业统计局、世界农业展望委员会、经济研究局、农业市场服务局和外国农业局五大信息机构为主线的农业信息网,形成了完整、健全、规范的农业信息服务体系。在对农业补贴和财政转移方面,美国不是直接去补贴农产品的生产环节,而是通过支持农村信息化建设的方式促进农业生产。正是由于有了政府的组织、管理和投入,美国的农村信息化才达到了相当高的水平,这不仅保障了美国农业健康稳定的发展,而且所提供的农业科技信息也为世界所共享,对世界农产品经济贸易起着重大的促进作用。

美国农村信息化有以下特点:一是农村信息化基础扎实。作为现代发达资本主义国家的代表,美国无论是信息化的起步时间还是信息科技手段的发展程度都居于世界领先地位,市场经济的全球化发展、互联网在农业领域的迅速普及、科学技术设备的不断优化都为美国农村的信息化建设打下了扎实的基础。二是长足的发展动力。美国已经形成了高度市场化和信息化的社会发展模式,农产品的生产销售和农业的发展受市场和信息的影响较大,要想保持农业的可持续发展,必然要了解市场供求与动向,因此,农业发展对信息化的较大需求和较高要求成为了美国农村信息化建设的长足动力。三是先进的信息采集、发布体系。美国的农村信息化的采集、发布分为两个体系,上有国家政府部门定期或不定期的发布农业有关的统计数据、政策动向和信息等,下有科研机构、学校、地方服务机构、民间组织等搜集技术、市场信息,并提供咨询、指导等服务。四是较为健全的制度建设。美国的法制建设较为先进,这一点同样反映在农业领域。美国从保护农民利益、规范农业建设、引导农业发展的角度建立了一系列法律规范,形成了较为完善、健全的法制体系,不仅为农村信息化建设提供了方向指引,更为建设进程中的问题解决提供了原则和规范。

二、德国农村信息化发展现状

德国作为欧洲信息化发展的成功典型,其方式是通过利用电脑软件登记每块地的规格和价值,从建立村庄、道路的信息系统入手,逐步发展成为目前较为完善的农业信息处理系统。其中州农业局开发和运营的电子数据管理系统,能向农户提供农作物生长情况、病虫害防治技术以及农业市场信息等;进入 21 世纪以来,精准农业技术进入应用,饲养技术和食品安全等领域的信息化呈现出百花齐放的态势。"3S"技术在德国农业中初步进入应用,农业机械采用 GPS 系统来定位,定位技术会自动确定地块的相关位置,根据实地情况,准确地施用化肥和农药。在种植业方面,信息技术可使投入最佳化,既可减少生产费用 20%-30%,又有利于环境保护和农业的持续发展;在养殖业方面,饲养牲畜和家禽的农场普遍应用信息技术,农场的牛、羊、马,甚至鸡、鸭等身上(颈项、耳朵、腿、脚)都系有电子识别牌，在喂饲料、挤奶时，可以获得动物的饮食状况、产奶量等记录，以便发现问题和采取适当的改进措施等；在食品工业中，食品安全可追溯技术得到了广泛应用。商店出售的食品，从肉、蛋到各类水果，在包装盒上或者直接在食品上都贴有可供识别的条形码或者数字，主要显示食品的来源地和生产方式。电视文本显示服务系统和植保数据库系统，可为农户提供农业技术信息服务。德国政府一直以来把加大计算机网络技术普及力度，作为发展农村信息化的关键步骤之一。所有学校均开设计算机和网络技术课程，一方面有利于提高农村劳动力的文化程度，另一方面还可以通过学生使用因特网将最新的农业信息传达给农户。同时政府还注重有关农业的模拟模型技术、计算机决策系统技术、精确的农业生产技术等关键技术的研发和集成，并形成了自身的优势，这些技术的有效利用都为德国农村信息化的发展提供了强有力的保障。德国在制定信息技术发展战略时，将原则定为促进经济增长、提高竞争力和增加就业机会，后来又增加了可持续发展的原则。

三、法国农村信息化发展现状

法国是欧盟最大的农业生产国，也是世界第二大农业食品出口国和第一大食品制成品出口国，农业信息化问题备受政府关注。官方的农业信息技术服务受政府财政支持，不收费；政府曾免费向农民提供外形酷似电脑，却比电脑更小巧的基于公用交换网通信的远程信息设备，俗称"迷你电脑"。农户可以用于查询气象预报、电话号码、交通信息以及许多行业及商业数据等。政府正是通过这种工具让农民了解和熟悉计算机，并建立了信息网络的概念。现在，迷你电脑正在逐步被淘汰，越来越多的农民开始利用电脑实施精细农业和全程实时监控技术。为了帮助青年农民利用互联网，政府将普及互联网行动与农村文化娱乐活动联系在一起，建立了"Internet 接力点"项目，一方面为每个青年农民提供上网获取信息的机会，另一方面也给他们提供了利用计算机进行工作或娱乐的权利，以此达到提高农民信息技术素质的目的。

在农业生产中，信息和通信技术的应用程度很高。主要是利用通信卫星技术对灾害性天气进行预报，对病虫害灾情进行测报；利用专家系统进行自动化施肥、灌溉、打药等田间管理；利用信息技术对土壤环境进行精确的数据分析，根据种植品种的具体需求，调节和改善种植环境。在农产品的生产、收获、储藏和加工等各个环节实现了计算机全程实时监控。

法国农业信息化的发展特点是多元信息服务主体共存，在法国农业部的《农业网站指导》中收录的具有代表性的涉农网站就有 700 多个。服务主体虽然很多，但服务对象、服务内容、服务规模却有所不同，并且彼此之间具有很好的互补性。在服务内容上有各自的侧重点，在服务对象上有各自的群体，这样形成了良好的互补性，并成为推动本国农业信息化的主要动力。国家农业部、大区农业部门和省农业部门，负责向社会定期或不定期地发布政策信息、统计数据、市场动态等。法国农业合作联盟、全国青年农业工作者中心、小麦及其他粮食生产者总会、全国葡萄酒联合会、全国养牛联合会、全国奶制品经济行业中心、水果及蔬菜行业技术中心、全国农产品加工工业协会等行业组织和专业技术协会，负责收集对本组织有用的技术、市场法规、政策信息，为组织本身及其成员使用，一般只收取成本费。粮食生产合作社、葡萄生产合作社等营利性机构提供的农业信息服务，通常是在生产者价格和社会平均利润的范围内收费。信息网络和产品制造商也在推动农业信息化进程中发挥了重要作用。制造商以优惠的价格和周到的服务鼓励农民购买信息产品及网络设备，还以投资的形式来改善农村的信息基础设施条件。软件开发商瞄准农村市场，适时开发了一系列的应用软件，并将这些系统集成于袖珍计算机上，生产出各种便携式产品，受到了农民的欢迎。

四、日本农村信息化发展现状

日本作为亚洲地区的发达国家，其农村信息化也取得了显著的成效。计算机技术在农业生产部门已高度普及，农林水产省的农副产品情报中心已与全国的蔬菜批发市场、畜产市场联网，向各县农协发布农副产品价格、产地、市场交流等情报。各县还建立了与农户联系密切的农业技术情报系统。农业生产部门采用计算机对家畜的品质、饲料配方、饲养等进行分析和管理。近几年，日本政府在努力开发研究农业信息资源的同时，农村基础设施建设也得到突飞猛进的发展，如开发网络信息服务所要求的各种网络接口，收集农业信息，针对当地地势、地貌、气候、资源等因素，构建具有针对性的农业服务网站，找出了有效的农村、农业信息利用的方法等。在农村信息人才资源建设方面，日本在加大对教育投入力度的同时，不断加强农业信息利用者的培训教育，通过多种途径将最新的市场需要、农业科技、农产品价格等传达给农户。随着农村计算机网络资源的构筑与完善以及农村与城市间农产品市场信息通信的实现，日本逐渐将传统的农业经济发展模式转变为由农产品消费者和农产品生产者共同合成的、崭新的互联网农业经济模式，促进了日本农村经济的发展。

日本农村信息化呈现以下特点：首先，日本政府十分重视农村信息化体系建设，重视农村信息化的市场规则及发展政策的制定，重视农业基础设施的建设；其次，建立了完善的农业市场信息服务系统。日本的农业市场信息服务主要有两个系统组成，"一个是由'农产品中央批发市场联合会'主板的市场销售信息服务系统；另一个是由'日本农协'自主统计发布的全国 1800 个'综合农业组合'各种农产品的生产数量和价格行情预测系统"。凭借这两个系统提供的准确的市场信息，每一个农户都对国内市场乃至世界市场每种农产品的价格和生产数量有比较全面而准确的了解，并据此调整生产品种及产量。最后，高度重视农业科技生产信息支持体系的构建。日本的农户自身基本不具备科技开发能力，生产所需的各种科学技术大多来自于国立和民间的农业科研机构。为此，日本十分重视信息技术在农业科技推广中的作用。

五、韩国农村信息化发展现状

韩国作为农村信息化起步较晚的国家，农村信息化建设采取了"追赶型"模式，注重农业信息技术应用的实效。农民信息管理系统主要开发和提供农业管理项目；新型农业技术信息数据库为农民提供新的农业技术信息和生产决策；农场信息技术系统主要向农场主、农户发布作物生长条件、害虫预测信息、特殊地区农户实用技术和农村生活等信息；农业土壤环境信息系统为农民提供详细的原始土壤图的制备、土壤酸碱性程度、稻田和旱地土样分析等信息；农场生产环境信息系统提供实时天气预报信息。韩国农村信息化的一个突出特点是利用多媒体远程咨询系统培训农民，政府采用先进的便携式摄像机和无线通信设备进行田间演示教学，由专家现场解答农民提出的问题，有效地解决了农民在农业生产中所遇到的各种困惑，解除了农民的后顾之忧。

韩国提出了"信息化示范村"的概念，且要成为信息化示范村，必备的条件有：一是该乡村必须拥有一些具有足够影响力的硬件，例如本地的特产或各种旅游度假资源，并且这些特产或者资源能够通过建设信息网来电子商务交易，进行广泛的广告宣传，并能够以这些特产和资源为根本，为农民带来切实的收入增长。二是"信息化示范村"所在的地方政府，必须能够积极地支持信息化建设，并能够提供相应的优惠政策以及设施等。政府能够联合企业等资源，为信息化建设提供大量的资金。例如，建成一个信息化村约需经费 33 万–38 万美元，其中，70%由行政自治部拨款资助，30% 由地方政府承担，农民不用增加额外负担。施工由主承建公司三星 SDS 和 9 个区域的 12 家地方公司组成联合体，并吸收当地居民参与共同进行。建成以后由相关技术部门和行政部门组织验收，以确保施工的质量以及正常运行。三是当地村民必须具有一定的文化水平，特别是对信息化具有强烈的渴望与需求。韩国"信息化示范村"建设的具体内容为：高速的信息网络的建立。村级信息中心的设备包括互联网、电话网，电脑，打印机等，保证居民家庭一家一台电脑。根据村规模大小的不同来进行电脑的发放，最大的村能够达到 100 台，小的村发也可以保证数十台。并且按照目前韩国信息化村的规定，最开始电脑的所有权归村里所有，四年之后即可归农户所有。目前已建立 305 个村级信息中心。该中心主要承担以下几项任务：首选是信息技术培训中心，作为信息技术培训的场所为村民提供培训；同时也是文化生活的场所，能够提供电影，多媒体等资料，也可以当做学生学习的教室；还可以作为活动中心，为村民开会交流、娱乐互动提供了场所；同时，每个村都要建立了本村的主页，而且政府建立了一个综合主页，通过综合主页把 305 个村的网页集合起来。根据当地居民的需要的不同，收集政策、文化教育、医疗卫生、商业、金融、市场等有关信息，也包括历史、文化、特产、企业、观光旅游等信息；值得注意的是，网页上也可以进行电子商务，实现网上购物等操作。韩国还积极地对村民进行信息化培训，使他们的信息化水平不断提高，目前，已经有数十万的村民接受了培训。

六、印度农村信息化发展现状

印度的农业信息是在研究和应用领域中逐渐产生和发展起来的，其最初目标是在相关的农业部门之间有效地利用网络通信技术来增加农业产值、产量，及时为农民提供信息服务。印度的国家农村信息化也包括利用网络通信技术来提高现代化农业的发展。印度农业信息的发展历程包括农业研究中电子数据处理技术和计算机技术的应用，农业研究信息系统的建立，互联网的使用，在农业研究、教育和农业推广中新的信息通信技术应用的研究。

印度农村信息化存在以下特点：首先，政府高度重视。政府宏观上的正确决策和引导是印度农村信息化发展的主导力量，为现代农业的发展提供良好的政策支持。目前，印度国家政府，包括农业部、农村开发部和信息技术部之间的网络服务平台已经建成，通过国家的信息中心与各地区农业政府部门的网络紧密联系在一起，及时传送各种农业信息。国家信息中心的网络与印度克拉拉邦区级机构和玛哈拉斯特拉邦一个地区的 70 个村庄实现了连接。其次，加强农村网络体系建设。印度各农村地区已经建成比较成熟的数据库和信息网络平台，为农户提供各种信息服务。中央政府农村开发部、中央农村开发行动理事会和国家农村开发学院等部门的网站已经开通。并建立了以农业部为中心的网络会议系统。国家信息中心已经开发完成，并向各个地方政府的农业部门提供各种有助于农业生产的应用软件。在全国农业市场数据库系统的平台上，印度信息技术部所属国家信息中心陆续建立了若干个专业性的农业信息数据库系统，其中包括农业经济和统计网络、农业市场信息网络、农业研究信息系统网络、农业信贷信息网络、农业图书信息网络、动物生产和卫生信息网络、自然灾害管理信息网络、作物信息网络、渔业信息网络、化肥信息网络、花卉信息、网络、土地信息网络、植物保护信息网络、种子信息网络和农业推广信息网络。最后，鼓励社会力量参与农村信息化建设。印度农村信息化在建设中最主要的特点就是有很多的社会力量参与。印度政府在制定现代农业发展的相关政策中，鼓励和动员社会力量积极参与到农村信息化的建设中，充分发挥各种非营利组织、教育机构和企业界的助力优势，通过政府投资、个人资助和公司支持等多元化的、灵活的投资模式解决农村信息化建设中的资金问题，确保农村信息化建设的可持续发展。

七、菲律宾农村信息化发展现状

菲律宾的农村信息服务机构是由国家到地方相关的农业部门所组成的，最高的权力机构叫做全国顾问指导委员会，负责菲律宾农业市场信息系统的总体建设，是由国家贸易及工业委员会、农业部农业统计局和农业市场化领导小组的有关负责人组成。其主要任务是制定该系统建设的总体目标及基本原则，对系统建设中的规划、开发、分析、设计和实施等有关问题进行决策。在菲律宾，很多部门和机构共同协作来建设农业市场信息系统，而且在各组织中资源共享，由指导委员会作为全国农业市场信息系统建设的专业顾问。在建设农业市场信息系统的初期，全国顾问指导委员会就撮合各有关单位通过签订合作协议的形式，加强信息交流与共享，同时还把从事信息服务的主要机构吸收进来，也签订相应协议，这些部门将提供数据搜集、市场分析和信息传播等服务。

第二节　国外农村信息化实践模式与经验启示

一、国外农村信息化的实践模式

（一）美国——国家宏观调控的运行模式

美国政府通过建立强大的政府支撑体系为信息化创造了良好的发展环境。为了确保农村信息化有关工作的顺利进行，美国政府制定了大量的法律法规以及相关政策，形成了比较完善的法律体系，全方位地规范和引导农业生产的健康发展，从而保护了农民的正当利益，健全了政府的领导工作，维护了农业市场秩序，保证了农民公平交易。在信息共享方面，政府对农村科技信息实行"完全与开放"的共享政策，通过政府资助、生产、拥有的方式推进农村科技信息的传播和实施。同时，政府还提供了一系列优惠政策，如政府辅助、税收优惠、政府担保等，刺激了资本市场的运作，推动了农村信息化的快速发展。

（二）日本——资源节约和资本技术密集型模式

日本是以资源节约和资本技术密集型的模式发展，其中主要依靠政府的全面干预和强有力的宏观调控政策推动农村信息化。长期以来，日本政府非常重视对农业信息技术的投资、相关政策的制定，以及科研与技术的推广与普及。首先是根据实际情况制定一系列规章制度、运行机制及发展政策，促进日本农村信息化的有序运行。其次是建立较为完善的农业市场信息服务体系，日本的农业市场信息服务体系主要由两个系统组成：一个是由"农产品中央批发市场联合会"主办的市场销售信息服务系统，海关每天对各种农产品的进出口通关量进行实时联网发布，农产品生产者和销售商可以方便地从网上查出每天、每月、每年度各种农产品精确到公斤的销售量；另一个是由日本农业协会自主统计发布的对各种农产品的生产数量和价格行情预测系统，凭借着这两个系统提供的精确市场信息，每一个农户都对国内市场乃至世界市场行情、农产品价格以及生产数量了如指掌，从而可以根据自己的实际能力确定和调整生产品种及产量，使生产处于一种情况清晰、高度有序的状态。同时，为了能让农民通过互联网享受到信息技术服务，有效地提高农村计算机的普及率与应用性，日本政府还将农户购买计算机纳入了国家补助金范围之内，加大了农村信息化信息终端设施建设。

（三）印度——公私共享的合作模式

近几年，印度在农村信息化建设方面经过多次尝试，最终形成了适合本国的发展模式，农村信息化建设也取得了一定的成绩。印度发展农村信息化是由中央政府建立各种基本发展项目，广大农民帮政府负责项目的实施工作。印度政府实施的"知识信息计划"，主要目的是将信息技术服务于广大农村地区。该项目采取前期工作由政府承担，而实施运行则由农民自治组织负责，真正做到在农村信息化基础设施不够完善的条件下帮助农民享受到信息服务，同时也培养了一批农民信息技术人才，确保农村信息化建设的可持续性。

二、国外农村信息化建设的经验启示

通过比较分析国外农村信息化发展模式的经验做法，我们不难发现，世界各国，无论是发达国家，还是发展中国家都立足于本国国情，在政府的积极引导下，从国家发展战略的高度不断推进农村信息化建设。随着世界科技水平和农业装备水平的不断提高，各国农业信息发展模式也有了相应的改变，农业信息服务内容、服务方式、服务主体和基础设备等逐步改善，国外农村信息发展模式为我国农村信息化的发展和农业现代化的演进提供了宝贵的经验。

（一）加强政府的宏观调控力度

从国外农村信息化的发展情况来看，政府部门的集中领导对于国家信息化体系的高效运作起到了至关重要的作用。欧美等国家政府大力强化对农村信息化的组织管理及协调各部门信息化建设，在农村信息化的建设过程中不断加强宏观调控力度，建立了强有力的领导体系。例如，美国政府非常注重农业行政管理体统的建设，目前已形成以农业部及所属的国家农业统计局、经济研究所、海外农业局等机构为主的信息收集、分析、发布体系。法国政府对国内农村信息化发展高度重视，不仅加大互联网等信息化基础设施的投入还向农民提供低息贷款，定期或不定期地向社会发布相关市场动态和农资信息。日本政府根据本国国情建立了一个完整的贯穿中央和地方的农业情报系统，以此保证各群体能及时有效地获取和发布农业信息。我国作为一个发展中国家，农村信息化水平相对还比较低，中国政府作为农村信息化建设的宏观指导者，必须加大对农村信息化建设的扶持力度，协调分工各部门工作，落实各部门权责，鼓励社会各界积极探索农村信息化发展模式，为农村信息化的顺利实现提供保障。

（二）注重农村信息化基础设施建设

农村信息化模式的有效实施依赖于农村信息化基础设施的完善，农村信息化基础设施的完善为农村信息化发展模式的创新提供条件，近年来，农业信息资源的开发利用逐渐成为农村信息化基础设施建设的核心内容。美国政府非常重视农业基础设施建设，不仅汇集大量基础投入用于多项农村信息化硬件建设，还每年投入 10 亿美元经费用于支持国内农村信息化事业的发展。法国政府加大互联网建设投资额度，旨在加快信息高速公路建设的步伐。日本为了进一步推进农村信息化建设，制订了详细的 21 世纪农林水产信息化战略计划，希望借助这一计划能使日本农业信息通信基础设施水平上升到一个新的层次。随着农业信息技术的深入发展，农村信息化的实现程度越来越影响着一国的综合竞争力，相比于发达国家，我国在农村信息化基础投入和农业经费投入上都还远远不足，农产品的市场竞争力相对还比较落后，中国作为一个农业大国，必须紧跟时代步伐，完善农村信息化基础体系建设，考虑到农村信息化服务的社会效益性和公益性等特征，各级政府部门必须加大对农村信息化服务体系建设的资金投入，并鼓励社会各界广泛参与农村信息化建设。

（三）引入多元农业信息服务主体

农业生产经营的个体不同必然导致农业信息服务主体的不同，而各农业信息服务主体在服务内容的提供上都有所侧重，又导致其在运行中必然形成多样化的服务形式，要实现农村信息化发展模式的顺利实施必须引入多元农业信息服务主体，例如，美国的市场服务信息由政府网站提供，而其电子商务服务则由农业网络公司提供。法国形成了政府部门、民间组织、科研机构等多元化的信息服务格局，计算机网络、通信设施、电视媒介等正成为农民进行农业信息咨询的重要工具。韩国自上而下的设立了集科研、推广和培训于一体的三级农业服务体系用于促进其新农村运动的开展。日本不仅鼓励民间组织提供农业市场信息，还大力依托互联网运营商深化农业科学技术的使用。中国应借鉴国外农村信息化的发展经验，积极引导各行各业、科研部门及专业技术协会形成多元信息服务主体，以因地制宜，优势互补，利益共享作为出发点，有效地规避市场风险，进而推进国内农村信息化服务。

（四）建立健全农村信息化管理体制

从国外农村信息化的发展历程来看，信息化建设程度高的国家都非常注重建立健全农村信息化法律体系，对农业信息的分类及选取都有统一的标准，并在积极维护农村信息化服务主体权益的同时倡导各主体之间信息共享、资源共建。以美国为例，为了保障农业市场信息的真实性和标准化，美国对农业信息的发布进行了严格的立法管理，要求市场信息的发布必须统一标准、统一格式及使用规范的术语。此外，美国还积极倡导农业信息资源的共建共享，不断完善农村信息化管理体系，既限制对机密信息的传播又反对信息资料垄断，实现信息资源使用效益的最大化。就目前来看，中国农村信息化法制建设还处于比较薄弱的阶段，信息传播缺乏时效性及准确性，农业信息筛选标准不一，相关部门在农业信息资源的分配问题上存在较大的矛盾。因此，在农村信息化体系建设过程中，中国必须重视农业信息立法，有效实现信息资源流通与共享的公平有序，为农村信息化的健康奠定扎实的基础。

第三节　我国农村信息化发展状况

我国农村信息化建设虽然起步较晚，但发展较快，现代信息技术已经迅速渗透到农业的各个领域。20世纪80年代以来，我国先后开展了数据库与信息管理系统、专家系统、遥感技术、决策支持系统、地理信息系统等技术应用于农业、资源、环境和灾害等方面的研究。1994年，我国提出了跨世纪的农村信息化工程——"金农工程"，由此正式拉开了农村信息化的序幕。"金农工程"主要包括建立农业监测预警系统、农村市场与科技信息服务系统、农产品和生产资料市场监管信息系统、开发整合国内外农业信息资源以及建设延伸到县乡的全国农村信息服务网络等。与此同时，政府各部门的政策、科技服务等农业信息也不断向农村延伸，电视、电话、计算机等农村信息化基础设施建设也逐步向农村推进。尤其是随着"三农"工作的不断加深，农业部、信息产业部、中组部、广播电视总局等十几个部门，先后启动了"三电合一"工程、"村村通工程"、"科技特派员"工程、农村党员现代远程教育工程、"12316"工程等项目。科技、水利、气象等部门以电子政务为核心，也都建立了面向农村、农业、农民的信息服务和培训网站。农村信息网络基础设施建设取得阶段性成果。据2011年《中国信息化年鉴》显示，2010年全国光缆线路长度净增166万公里，达到995万公里；固定长途电话交换机容量减少41万路端，达到1644万路端；局用交换机容量（含接入网设备容量）减少2707万门，达到46559万门；移动电话交换机容量净增6433万户，达到150518万户；基础电信企业互联网宽带接入端口净增4924万个，达到18760万个；全国互联网国际出口带宽达到1098957Mbps，同比增长26.8%。如今，从农业生产到村务管理，从农村文化教育到文化生活，信息化已逐步应用到农村的方方面面。有效解决信息服务"最后一公里"的难题，实现农民增收，缩小城乡差距，构建社会主义和谐社会，保持国民经济平稳较快发展，利用现代信息手段建设农村信息化就显得尤为重要。

一、农村信息化基础设施明显改善

（1）农村广播电视网络建设。现代化传媒是信息化社会的一个重要介质，而广播电视作为现代社会最普遍的传播媒体，是农村传媒建设的第一步。自1998年我国启动"广播电视村村通工程"后，农村的广播电视覆盖率逐年攀升。根据农业部发布的《中国农业农村信息化发展报告》所提供的数据显示，截止到 2010 年，全国广播、电视综合人口覆盖率分别从 1997 年的 86.02%和 87.68%提高到了 2010 年的 96.78%和 97.62%，提升幅度显著。其中，北京、天津、广东、浙江等省（市）更是已基本实现村村通广播电视，人民群众能够通过收听收看广播电视节目了解社会信息，实现了信息的有效传播。

（2）农村电信网络建设。在启动农村广播电视建设后，伴随着电话成为日常沟通、联络的主要手段，我国 2004 年起组织中国移动、中国联通等 6 家运营商，在全国范围内开展了以发展农村通信、推动农村通信普遍服务为目标的重大基础工程——"村村通电话工程"。经过数年的不间断发展，农村电信网络建设取得显著成效，根据工信部发布的《2011 年全国电信业统计公报》所提供的数据显示，截止到 2011 年，全国 100%的行政村和 94.6%的 20 户以上自然村开通电话。同时，我国农村固定电话拥有量较去年有所下降，为 65 部/百户；农村移动电话拥有量为 120 部/百户，农村移动通信水平稳步提升。

（3）农村互联网建设。互联网的迅速崛起发展成为了农村信息化建设必不可少的一部分。截至 2011 年，全国能上网的乡镇比例达到了 100%，其中能宽带上网的比例达到了 98%。同时，根据中国互联网络信息中心（CNNIC）发布的《第 30 次中国互联网络发展状况统计报告》所提供的数据可知，我国农村网民规模达到 1.46 亿，占整体网民的 27.1%，相比 2011 年底略有回升。抽样调查显示，我国农村居民计算机的拥有量已上升为 10 台/百户，农村互联网应用水平显著提高。

二、农村信息资源开发成效显著

（1）根据农业部发布的《中国农业农村信息化发展报告 2010》提供的数据显示，截至 2010 年，农业部在全国农业系统建设了近 40 条信息采集渠道，自上而下涵盖了种植业、畜牧业、渔业、农垦、农机化、乡镇企业、农村经营管理、农业科教、农产品市场流通等主要行业和领域；部署信息采集点 8000 多个，建立了信息采集指标体系和报送制度，通过远程联网采集、报送农村各行业和各领域的生产动态、供求变化、价格行情、科技教育、自然灾害、动物疫情、农民收入、质量安全、资源环境等信息。

（2）农业信息网站平台建设。"以国家农业部建设运行的'中国农业信息网'为龙头、各省级人民政府农业部门信息网站为骨干、各种社会力量举办的农业信息网站为依托的全国农业农村信息网站体系迅速发展壮大"。截至 2010 年，农业网站总数达 31108 个，比 2009 年增长 40.7%。覆盖部、省、地、县四级政府的农业网站群基本建成，农业部初步建立起以中国农业信息网为核心、集 30 多个专业网为一体的国家农业门户网站，全国 31 个省级农业部门、超过 3/4 的地级农业部门和近一半的县级农业部门都建立了更新较为及时的局域网和农业信息服务网站。

（3）农村信息数据库建设。目前我国自建的 1038 个数据库中，农林数据库达 100 多个，约占世界农业信息数据库综述的 10%。科技部已经建成国家农业科学数据中心，具体包括：作物科学数据库群、资源与环境科学数据库群、草地与草业科学数据库群、农业科技基础数据库群、动物科学与动物医学数据库群等 12 个数据库群。"农业部也相继建设了包括农产品贸易、农产品价格、农产品市场行情、渔业技术、农机、农村经济统计、农业政策法规、农产品生产动态、农业科技与人才、农村能源与环保在内的 50 多个数据库。"各省级人民政府下属农业部门也相继建设涵盖农村生产、供求、价格、科技、政策等领域的数据库系统，几乎涵盖了农村各个方面的信息，为农村信息服务提供了数据资源保障。

三、农村信息技术应用水平提升

近年来，农业信息技术的应用正从单项应用向综合集成应用过渡，农业物联网技术在一些地方开始试点性应用，现代信息技术在农业各环节中的应用逐步深入，诸如农业专家系统、农业信息管理系统、"3S"技术和智能控制技术等。其中，农业专家系统经过数十年的发展，据国务院关于推进社会主义新农村建设的若干意见中显示，"目前共研发出 5 个具有自主知识产权的农业专家系统开发平台，200 多个实用农业专家系统，涉及 25 种农作物 18 种畜禽水产品种，建立了推广应用计算机网络 35 个，辐射推广已遍布全国 29 个省市，成为信息技术应用的成功典范。"而"3S"技术在土地规划、对地测量、农产品品质检测、面源污染检测、森林防火、气象预报、动物防疫、渔政指挥、农情调度等方面得到广泛应用。

四、农村信息服务体系基本建成

国务院关于积极发展现代农业扎实推进社会主义新农村建设的若干意见论述，截至 2009 年 12 月，"100%的省级农业部门设立了开展信息化工作的职能机构，97%的地（市）级农业部门、80%以上的县级农业部门都设有信息化管理和服务机构，70%的乡镇成立了以乡村信息站、农资服务站、农民培训学校、农村党员现代远程教育点、农村批发市场信息服务站、农业科技服务站和广播站等不同类型的城乡镇信息服务站。"

此外，农村信息员队伍不断壮大，素质日益提升。而农村基层信息服务组织也不断发展，农民专业合作经济组织、专业技术协会、农民经纪人等相继涌现。经过"十一五"的建设，"县有信息服务机构、乡有信息站、村有信息点"的格局基本形成。

第五章 河南省农村信息化发展现状分析

第一节 河南省农村信息化总体发展状况

20 世纪 80 年代以来，信息化发展水平已经成为衡量一个国家、地区社会发展状况的重要指标。如今信息化技术的发展和推广是推动世界经济社会向现代化发展的重要动力。跨入 21 世纪后，信息化的浪潮席卷的全球。以计算机、互联网、移动通信、数据存储技术为主的现代信息技术的发展日新月异。在发达国家，农村经济的发展是和农业息息相关的，现今农业的现代化发展从机械化、化学化和电气化向信息化方向逐步转移，信息化是当今农业的发展趋势，是推动农村经济的发展的主要推动力。因此，知识、信息成为农业发展的重要资源。随着信息时代的来临，发达国家仍然希望通过信息化保持其经济的发展，发展中国家则希望依靠信息化加快其经济增长，缩小与发达国家的差距。

进入科技信息时代，互联网是信息化发展中极为重要的发展因素之一。地区经济发展越发达，互联网普及率相对来说也越高。因此，中国地区之间经济发展水平的落差将直接影响农村地区信息化的发展速度。2014 年国际电信联盟的有关数据中：世界固定（有线）宽带订阅每 100 个居民中国排名 59；活跃的移动宽带用户每 100 个居民中国排名 78；家庭网络在部分发展中国家中国排名 33；使用互联网的个人比例中国排名 86，使用互联网的个人比例中国排名 40。

据《中国互联网网络发展状况统计报告》（简称 CNNIC）2014 年研究，截至 2013 年 12 月，中国网民中农村人口占比 28.6%，规模达到 1.77 亿，相比2012年增长 2101 万人，农村网民规模增长速度为 13.5%，城镇网民规模增长速度 8.0%，由此可以发现我国城乡网民规模的差距继续缩小。虽然这几年来，在中国城镇化的进程的推进过程中，我国农村人口在总体人口中的占比持续下降，但我国农村网民在总体网民中的占比却保持上升，这反映出农村互联网普及工作的成效。2013年，中国农村居民的互联网普及率为27.5%（见图5-1），延续了2012年增长的趋势，我国城乡互联网普及差距进一步减少，农村地区依然是现今中国网民规模增长的动力。同时进一步可以看出中国农村信息化的普及和中国城镇化之间是成正比的，和农村经济的发展也是成正比的。2014年国际电信联盟的有关内容中显示《中国电信产业发展规划》2011–2015年的内容。这说明国家政策在2011年出台后至今，虽然中国信息化水平有一定程度的增长，但中国信息化水平仍旧较低。

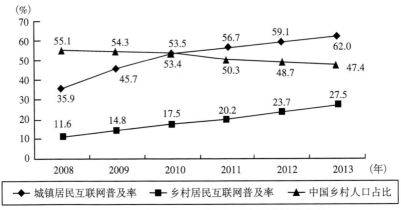

图5-1 中国城乡居民互联网普及率和城镇化进程

河南省作为中国的人口第一大省，耕地面积曾经居全国第3位，在2001年粮食总产量居全国第1位，这些数据不仅说明着河南省农业的辉煌，同时也代表着河南省农村数量以及农民数量在全国排名是前几名。城镇化的进程与农村经济的发展在河南一直都是一大难题。

在2013年，为贯彻落实党的十八大和十八届三中全会精神，大幅提升河南省信息化水平，促进信息化与工业化、城镇化、农业现代化同步发展，在12月22日河南省人民政府发表了关于《加快推进信息化促进"四化"同步发展的意见》（豫政〔2013〕68号）。河南省对信息化和经济的发展在政策上是非常支持的。同时2014年中国互联网络发展状况统计报告中显示2013年末：河南省网民数为3283万人排名全国第5位；网民增速为15.0%排名全国第5位；但普及率为34.9%排名全国第27位。第5位到第27位之间的差距证明着河南省信息化程度是非常低，现今也相对较低。这说明着河南省的信息化水平依旧有非常大的发展空间和发展潜力。

2013年河南省在党的十八大提出促进"四化"同步发展的新部署下，明确了全省要在加快信息化进程中持续探索"两不三新"四化协调的科学发展路子，不断加大对农村信息技术、设施的投入力度，全省基本建成了从省到市、县、乡的信息网络服务平台，初步形成了从省到乡的农村信息工作体系，更加凸显信息化在农村经济中的重要地位，也是对信息化给农村经济带来的历史性机遇的准确地把握。尽管近几年加快了农村信息化的进程，但是由于河南省农村信息化建设起步晚，基础差，具有庞大的人口基数，河南省农村信息化总指数在全国和中部六省排名分别处于倒数和末尾，而且在发展中难免会出现一些不容忽视的问题，针对这些问题，提出合理的解决方案，迫在眉睫。

根据农村信息化的定义，农村信息化是通信技术和计算机技术在农村生产、生活和社会管理中实现普遍应用和推广的过程。进入科技信息时代，互联网成为信息化发展中极为重要的发展因素之一。根据 CNNIC 2014 年互联网研究报告：互联网发展程度与地区经济发展水平呈正相关关系，地区经济发展越发达，其互联网也越发达，而且互联网普及率也越高。因此，中国地区之间经济发展水平的落差将直接影响农村地区信息化的发展速度。因此，在评价农村信息化水平高低的过程中，具有代表性的一个评价指标是农村网民数，以及农村互联网普及率。本部分将从农村网民数入手，来比较分析河南省与全国，河南省与江苏省以及浙江省的农村信息水平，进而得知河南省的农村信息化总体发展状况。

一、河南省与全国平均农村信息化水平比较分析

首先，让我们来看一下中国近十年的农村网民数。根据近十年的 CNNIC 的数据，笔者找到了 2005-2014 年十年来中国农村互网民数量和中国城镇网民数量，进而计算分别得出近十年来农村网民数所占比例，如图 5-2 所示。

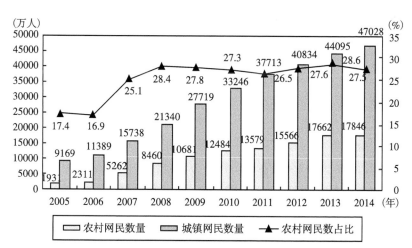

图 5-2　2005-2014 年中国农村网民数与城镇网民数规模对比

由图 5-2 可以看出，截至 2014 年 12 月，我国网民中农村网民占比 27.5%，规模达 1.78 亿，较 2013 年底增加 184 万人。这表明全国平均农村信息化水平 2014 年比 2013 年有所增长，但是从增长幅度来看，2013-2014 年有所下降。下面从整体上来看，农村网民数近十年来一直在增长，2005-2009 年是涨幅较快的几年，2010 年以来农村网民数增长缓慢，在整体网民规模逐年收窄、城市化率稳步提高的背景下，农村非网民转化难度也随之加大。未来需要进一步的政策和市场激励，推动农村网民规模增长。同时也表明了近十年全国农村信息化水平一直有所增长，前五年增长速度明显，近几年全国农村信息化水平增长遇到了瓶颈，需要有所突破与创新。

再来看一下农村互联网普及率，根据近十年的《中国互联网络发展状况统计报告》，笔者找到了近十年城镇与农村互联网普及率的数据，进而做出了中国城镇与农村互联网普及率的折线图，如图 5-3 所示。

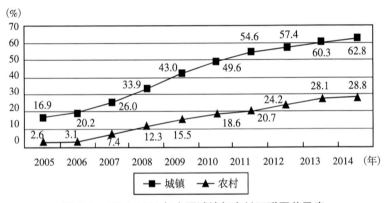

图 5-3 2005-2014 年中国城镇与农村互联网普及率

由图 5-3 可以看出，中国的农村互联网普及率在不断提高。尽管农村地区网民规模和互联网普及率都在不断增长，但是城乡互联网普及率差异仍有扩大趋势，2014 年城镇地区互联网普及率超过农村地区 34 个百分点。由此可以看出，中国农村信息化水平在不断提高，但是与城镇信息化水平的差距还是不容忽视的，并且中国农村信息化水平与城镇信息化水平的差距还在逐年增加，提高中国农村信息化水平需要继续努力。城乡间存在差距一方面是由城镇化进程在一定程度上掩盖了农村互联网普及推进工作的成果造成的，另一方面则是由地区经济发展不平衡造成，这也是城乡差距的主要原因，如何解决城乡"数字鸿沟"需要继续探索。

其次，来比较河南省与全国农村的信息化水平，即来分析比较近几年河南省与全国农村的网民数。由于河南省农村网民数难以求得，在此以河南省网民数代表河南省农村网民数，同时以全国网民数代表全国农村网民数，使两者进行比较，根据近十年的《中国互联网络发展状况统计报告》（CNNIC），得到近十年的数据，得到河南省网民数与全国网民数规模对比图（见图5-4），以及河南省网民普及率与全国网民普及率对比图（见图5-5）。

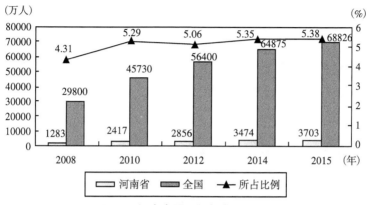

图5-4 河南省网民数与全国网民数

由图5-4可以看出，河南省网民数在逐年增长，并且河南省网民数在全国网民数中所占比例虽然涨幅缓慢，但也在逐年增长，因此可以看出，河南省农村信息化水平自2008年以来在不断提高，同时河南省农村信息化水平在全国农村信息化水平进程中所占的比重也在逐年加重。

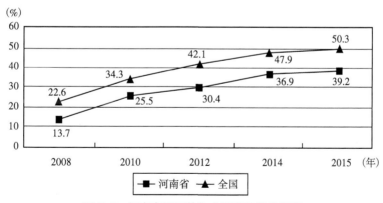

图5-5 河南省网民数与全国网民数普及率

由图5-5可以看出，河南省的网民普及率自2008年以来在不断增加，基本上与全国网民普及率的增长趋势保持一致，但明显的是，河南省基本上每年与全国的网民普及率相差10个百分点左右。由此可以看出，河南省农村信息化水平在逐年提高，与全国的增长趋势保持一致，但显著的是，河南省的农村信息化水平依旧赶不上全国平均农村信息化水平，并且还有很大的提升空间，因此需要政府、企业、公民团结一致，共同为河南省农村信息化水平进一步的提高做出努力与奉献。

根据以上的比较与分析，中国农村网民数在逐年增加，农村网民所占比例在不断加重。因此，河南省农村信息化水平与中国农村信息化水平都呈增长趋势，河南省农村信息化水平达不到中国的农村信息化水平的高度。同时还看出当前中国农村信息化水平依然没有达到很高的水平，2015 年最高也仅达到了 50.3%，河南省的农村信息化水平相对来说更低，2015 年最高也仅达到 39.2%。因此，无论是河南省农村信息化水平还是全国农村信息化水平都有待进一步提高。

二、河南省与浙江省农村信息化水平比较分析

在上一节中我们比较了河南省与中国的农村信息化水平，在本节中我们来比较一下河南省与中国较发达地区的农村信息化水平，这里选择了农村信息化水平较高的一个省——浙江省，鉴于省及农村网民数数据的难以获得性，笔者依然用省内网民数代表省内农村网民数，进行对比与分析。根据近十年的《中国互联网络发展状况统计报告》（CNNIC），笔者找到了河南省与浙江省的网民数，画出了河南省网民数与浙江省网民数对比图（见图 5-6），同时，又找到了河南省网民普及率、浙江省网民普及率、中国网民普及率，并将三者进行对比，如图 5-7 所示。

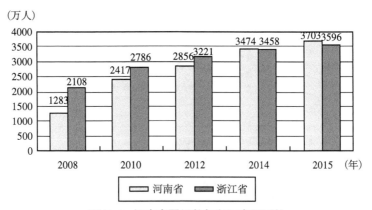

图 5-6　河南省网民数与浙江省网民数

由图 5-6 可以看出河南省网民数在逐年增多，网民数量从 2008 年的 1283 万人到 2015 年增长到了 3703 万人，在 2015 年从数量上超过浙江省网民数 107 万

人。由此可以看出，河南省农村信息化水平在近八年内不断提高，在提高的数量上甚至要超过浙江省。

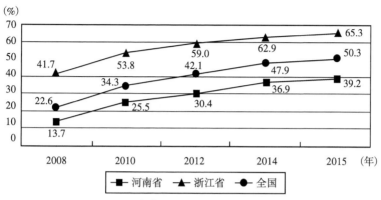

图 5-7 河南省、浙江省与全国网民普及率

图 5-7 比较了河南省与浙江省以及全国网民普及率。首先，从折线图可以看出三条折线都呈上升的趋势，说明无论是全国、河南省还是浙江省，网民普及率都在逐年加大，进而代表中国农村信息化水平、河南省农村信息化水平以及浙江省农村信息化水平都有不断提高的趋势。其次，比较河南省与浙江省的网民普及率，可以明显地看出来，浙江省网民普及率远远高于河南省网民普及率，并且每年基本上相差 25 个百分点左右，这表明了河南省农村信息化水平远远低于浙江省的农村信息化水平，河南省有待于向中国发达地区吸取精华，提高经济水平，提升自己的信息化水平。最后，三条折线显示，浙江省的网民普及率一直居于中国平均网民普及率水平之上，每年相差 15 个百分点左右，河南省的网民普及率一直居于中国平均网民普及率水平之下，并且每年大致相差 10 个百分点左右。由此表明了，浙江省农村信息化水平一直处于较高的水平，并且一直处于中国平均农村信息化水平之上，河南省农村信息化水平一直处于相对较低的水平，并且一直处于中国平均农村信息化水平之下。通过以上对比可以看出，河南省的农村信息化水平与经济发达地区的农村信息化水平差距较大，有较大的提升与改善空间。

第二节 河南省农村信息化发展基本现状

河南省是国家的核心粮食主产区，肩负着国家的粮食安全重任，农业发展需要现代化的经营方式，需要先进的农科技术和信息化的现代物流，建设农村信息平台是发展现代农业的基础和出路，发展河南农业的当务之急是大力推进农村信息化。但是河南省作为中部一个经济不发达省份，农村信息化建设一直处于比较落后的水平。农村经济基础薄弱，2011 年农村居民人均家庭纯收入全国平均水平为 6977.3 元，而河南省仅为 6604 元。农村贫困层面大，计算机和互联网的普及率低，"数字鸿沟"已成为制约其经济和社会发展的主要屏障。农民上网捕捉信息条件还不够完备，实现农业信息进村入户，突破农村信息"最后一公里"等问题一直是困扰政府和广大农民的一个瓶颈。针对这一现状，近年来，河南省努力把农村信息化建设与全省农业和农村经济发展相结合，认真研究探索农村信息实现网络化传播的途径，确保农村信息的时效性、真实性和针对性，积极开发真正能够适用广大农村的农村信息服务体系，把解决农村信息"最后一公里"作为实现农村信息化的突破口，树立典型，使农村信息化进村入户。通过农村信息化，使农民致富，从而乐农、务农；通过农村信息化，提高河南农业的现代化水平，培养现代农民，建立新型、高效的农产品营销信息化网络，形成信息化农村社会服务体系。现阶段河南省根据不同对象，不同地理环境因地制宜初步形成了一些适合各个层面需要的信息服务平台，为欠发达地区信息资源开发与利用奠定了基础。

一、政府主导的农村信息基础设施建设不断加强

农村信息化基础设施是农村信息化建设的根本，是政府推广信息化技术应用和开展信息服务必需的支撑条件。河南省政府自实施"数字河南"建设以来，着力打造"数字农村"，大力推进农村信息化建设，农村信息基础设施建设不断加强。农村地区信息基础设施体系日趋完善，高标准完成了国家"三电合一"（电话、电视、电脑有机结合）项目农业农村信息化试点工作，建设了"12316 三农"热线省级综合服务平台，热线服务覆盖全省，宽带网络覆盖了全省 99% 的行政村，提前完成自然村电话"村村通"工程。服务体系初具规模，累计建设乡镇和行政村信息服务站点 50875 个，实现了全省行政村以上全覆盖，发展农村信息

员 2.1 万人。累计建设乡镇信息库 1300 个、村信息栏目 13000 个,行政村覆盖率达到 100%。"金防工程"累计建设平安互助网点 3.45 万个,覆盖了全省 78% 的行政村,接入农户达到 190 多万户。

表 5-1 反映的是河南省 2001-2012 年百户家庭电视数、电脑数和电话数(单位:台、部/百户),图 5-8 是河南省农村信息化水平发展的重要指标,百户家庭的电视数、电脑数、固定电话数和移动电话数在 2001-2012 年的变化。可以看出十多年中河南省农村的百户电视数略有上升,但变化不大;百户电脑数是每年递增的,2001-2008 年,递增的幅度不大,从 2009 年开始农村的拥有电脑的家庭大幅度增加,尤其是近一两年递增速度急速加快,但总量并不是很多,截至 2012 年百户电脑拥有量只有 16.2 台;农村百户移动电话数从 2001 年开始是直线上升的,尤其是从 2006 年以来增速非常快,到 2012 年百户电脑拥有量已达 194.5 部;百户固定电话在十年中经历了先上升到 2007 年的最高点 53.4 部/百户,然后开始下降,说明移动电话的大幅度上升,替代了一部分固定电话。

表 5-1 河南省 2001-2012 年百户电视、电脑和电话

单位:台、部/百户

年份 指标	2001	2002	2003	2004	2005	2006	2007	2008	2009	2010	2011	2012
电视数	99.6	103.6	107.7	109.1	103.1	108.2	109.7	110.9	109.1	110.3	110.6	112.2
电脑数	0.07	0.09	0.13	0.19	0.32	0.57	1.02	2.2	2.7	4.1	7.5	16.2
固定电话数	25.4	28.9	37.24	39.57	43.62	51.33	53.4	47.7	43.9	35.5	34.3	25.5
移动电话数	22.6	27.6	33.6	40.9	49.8	60.6	73.8	100.2	114.1	126.2	151.7	194.5

资料来源:2002-2013 年各年《中国农村统计年鉴》。

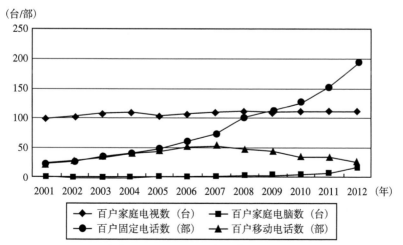

图 5-8 河南省 2001-2012 年百户家庭电视、电脑和电话数

二、构建了多级多样的农村信息化服务平台

近年来，河南省一直高度重视农村信息化建设，不断加大对农村信息化建设的投入力度，构建了省、市、县、乡、村五级信息服务平台，18 个直辖市和 142 个县级部门都建立了农业信息网。建立了包含科研院所、涉农企业等河南农村信息采集体系，建立了省级以及市县级的农村信息共享系统。全省 18 个直辖市和大部分县都成立了农村信息服务机构，初步形成了从省到乡的农业信息工作体系，建成了从上到下的农业信息工作体系。这些成就都为河南省农村信息化的发展、推进社会主义新农村建设做出了积极贡献。

河南省构建了多种渠道、多种形式的省、市、县、乡、村五级信息服务平台。建立了以电话、农村信息机、互联网、广播电视、卫星移动通信等多终端设备形式应用为基础的公共信息网络平台。建立了一批多介质的农村信息资源数据库。并建立了多个大型农村信息网站，包括河南农副产品、河南畜牧业、河南省农业信息网、河南新农村信息网等。这些资源库和应用平台可以提供农产品供求信息、价格查询、农村政策、农业科技知识、农村医疗及就业等信息，进一步推动农村信息化的发展和经济的平衡发展。

三、农村信息化服务体系渐趋完善

农村信息服务体系是由为农民提供信息服务的组织、队伍、模式和机制构成的有机整体。河南省已经基本建立起以河南农业信息网、河南农网等网站为基础信息平台，基层信息员与信息通信网络相结合的信息传播通道，农村综合信息服务站点与农民专业合作社组织、大户示范点、各类协会为信息获取终端的自上而下的农村综合信息服务体系，该信息服务体系承载着各涉农部门综合信息向农村基层延伸的重要功能。各类涉农信息服务试点均产生了良好的效果，信息技术在农村农业生产以及流通的各个领域得到了广泛的应用。

农村综合信息服务站点与农民专业合作社组织相结合的农村综合信息服务体系，就是依托农村合作组织信息化应用的非常有效的一种模式。这种模式有的采用会员制，有的采用协会成员和农户的分工合作制（即协会利用信息化方式替农户销售农产品，而农户只负责生产）。如许昌鄢陵的花木交易中心采用的是会员制，农民可以采取注册会员的方式和信息服务商建立起长期的双向交流。花木交易中心的服务商收取会费后，根据会员的需求和会员档案中工作、爱好、产品等资料，提供最新、最权威的专业知识和相关信息。信息服务商提供信息获得服务费，农民通过信息致富，政府也能增加税收，通过信息化实现了多赢效果。

农村信息服务体系的重点项目建设取得成效，河南省农村党员远程教育网络建设模式在全国推广。为了推动偏远地区的信息化建设，为农村信息化服务提供设施和人员、资源依托，河南许多地方开始实施对农村党员干部进行远程教育，借助于远程教育系统为当地农村提供相关信息化服务。济源市山区丘陵面积占全市的80%，为解决因渠道不畅而信息闭塞的问题，建成了"市有中心、镇办有站、村村有点"的三级信息服务体系，率先在全省实现村村有信息服务点的目标。建成的484个信息服务点遍布全市16个镇办，使全市42万农民足不出村，就可享受到免费的信息查询、发布等服务。信息服务点与党员远程教育站点同处一室，共有一个阵地；共有一个牌子，即"新农村公共服务中心"；共用一个管理员，即信息员和远程站点管理人员不重复设置；使有限的资金发挥最大的效益，实现场地、人员、设备的最大共享。

四、农村信息化平台与资源建设成效明显

农村信息化平台与农村信息资源作为农村信息化的数据支持，在整个过程中起着至关重要的作用。在中央的多份政策文件中已经明确提出，充分利用和整合农业信息资源，加强农村信息服务。农村信息资源的建设是农村信息化的基础和突破口。当前，新农村建设如火如荼，传统农业也逐渐向现代农业靠拢，在此背景下，农村信息资源的建设尤为重要。近年来，河南农业网站、农业数据库、农业信息系统及农业信息平台建设方面快速发展，极大地推动了河南省农村信息化建设。通过对信息技术的熟练掌握、开发利用涉农信息资源，并加之有效地整合与信息资源共享，已经取得实效。

河南省构建了多种形式的农村信息化服务平台。河南省建立了一批以广播电视、电话、互联网、农村信息机、卫星移动通信等多介质形式的农村信息资源数据库，建立了包括河南农副产品、河南畜牧业、河南省农业信息网、河南新农村信息网等多个大型农村信息网站以及公共信息应用网络平台。这些资源库和应用平台构成了多种形式的农村信息化服务平台，方便农民了解农村政策、查询农产品供求和农村医疗及就业信息、学习农业科技知识，进一步推动农村信息化的发展和经济的平衡发展。与此同时，河南省建成了省、市、县、乡、村五级信息共享平台。中共十八大以来，河南省委省政府不断加强对农村信息化建设的投入力度，构建了省、市、县、乡、村五级信息服务平台，18个直辖市和142个县级部门都接入了农业信息网。全省18个直辖市和大部分县都成立了农村信息服务机构，省、市、县级的农村信息共享系统初步形成，建成了从省到乡自上而下的农业信息工作体系。建立了由科研所、涉农业企业等组成的河南农村信息采集体

系。这些成就都为河南省农村信息化的发展、推进社会主义新农村建设做出了积极贡献。

五、多种形式的农村信息化服务应运而生

低成本、多渠道的便利性服务。基于农民的收入状况，在农村信息化初期阶段，为农村提供低成本、多渠道的便利性服务，如建立电子邮件服务系统、手机短信服务系统、语言电话热线服务系统等。手机与农村信息机联通就是一种既便利、又节约的信息服务方式，是一种非常受农民欢迎的应用方式。农村信息机是在普通移动电话终端的基础上，集成了方便农民使用的手写输入电子屏幕、自动启动大喇叭等电子控制技术。农村信息机主要有三大功能：信息上传下达，"电子黑板"村务公开，"大喇叭"广播。在农村，手机的普及率容易提高，且使用方便。通过手机与农村信息机联通，把农务信息及时发送给农民；农民的需求通过手机信息发送给农村信息机，谋求帮助。漯河市孟寨镇的综合信息服务主要就是通过信息机与村民的手机联通，实时发布各种信息，服务信息包括涉农政策法规、种植养殖技术、供求交易等。

政企联动，量身定制适农电脑。根据农村需求配置电脑，降低电脑价位，为农民量身定制电脑不失为一种市场战略，既利于商家开拓市场，也为农民带来了实惠，一举多赢。在河南省信息产业厅的推动下，英特尔公司和海尔公司共同为河南农村推出了一款新型低成本电脑产品——"家乐乐"电脑，这种电脑适合农村的使用环境，可以快速在普通农户中推广应用。

充分发挥信息大篷车的宣传引导作用。大篷车是集科技兴农、信息惠农、应用培训于一身的农村计算机知识培训专用车，是为农民提供的一种信息技术培训和体验方式。信息大篷车是农村信息化初级阶段向农民提供信息化技术培训和体验的一种经济实惠的方式。不少企业和高校把自己的电脑装在车上，为农民提供免费咨询、技术培训等服务，流动宣传信息化的意义。漯河、许昌等地利用信息产业部捐赠的信息大篷车，开展免费送信息、送科技培训活动，深入到农村田间地头，向农民宣传农村信息化，开展电脑技能和网络应用培训，加强农村信息员培训工作。许昌地区的信息大篷车已经开展培训 37 场次，授课村庄 42 个，听课群众 3 100 人次，影响辐射农民 10 万多人次，播放科技投影 10 余场次，组织农民收看人数达 5 000 多人次，大大加强了农民对农村信息化的认识。

"三门峡模式"。随着农业产业结构的调整和农业新型生产方式的出现，三门峡市委、市政府意识到农业信息服务滞后、农产品市场竞争力不强、农业生产技术落后等情况越来越成为三门峡农业经济发展的瓶颈。自 1999 年以来，三门峡

政府积极探索农村信息化发展模式，把农村信息化建设列入政府工作的主要内容，鼓励涉农院校加强对农业科技人才的培养，加大对农村信息化基础设施的投资力度，把解决农村信息化传播的"最后一公里"问题作为信息化进村入户的关键突破口，为农民能够及时、准确地接收农业资讯和获得农业技术知识提供了保障。三门峡市大力发展"三电一厅"平台，坚持从实际出发，不断创新，多策并举，借助互联网、电视、电话等媒介摸索出了多种助农增收的农业信息发展模式，多元服务主体和多渠道的农村信息化传播途径对促进农业经济的发展取得了一定的成效。首先，三门峡市通过农业龙头企业、农业专业经营合作组织、农产品批发市场、农业经纪人和农业种养大户的辐射带动，不断扩宽农产品销售渠道，实现农业信息资源共享，提高了农产品的竞争力和农业生产水平。其次，利用传统媒体信息服务和信息网络协会带动，实现以网养网，使得三门峡农业信息服务进入良性发展轨道。例如，在推进农村信息化的过程中，农业信息部门积极开展与移动公司、电视广播媒体、通信公司等的合作，利用宣传橱窗把农业信息、农业科技知识传播到农户。

此外，科技特派员和远程教育+信息服务的服务模式也在开展。科技特派员的任务就是根据农民生产过程中遇到的实际问题和科技需求，开展具有针对性的综合知识培训和专业技术推广，指导广大农民学科学用科学，提高了农民的科学素质，推动了农业的科技创新。发展远程教育+信息服务的服务模式也很重要，农村提供信息化服务需要有相应的信息化设施和人员以及资源，将远程教育与信息服务很好地结合起来，为农村信息化提供合适的场地、人员和设备，这样可以使有限的资源发挥最大的效用。

第三节　河南省农村信息化发展遇到的问题

为了调查河南农村信息化的现状，于 2013 年在全省范围之内发起问卷调查，回收共计 543 份。从问卷获得的数据更能直接地体现河南省目前信息化的发展状况。结合本书的研究目的，利用 SPSS16.0 对部分调查结果和从《中国农村统计年鉴》得到的数据进行了分析，得出如下分析结果。

首先，在 543 份问卷中分别对不同地方不同家庭的人信息调查。其中男士314 位，占全体的 58%，女士 229 位，占全体的 42%，如图 5-9 所示。

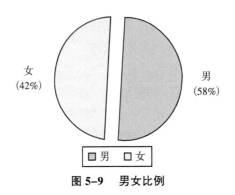

图 5-9　男女比例

一、信息化人才缺乏

一般来讲，信息化人才应该具备广博的基础知识和一定的文化水平，具有寻找、评价、利用和有效交流信息的技术，具备较高的信息获取，信息分析、识别和处理能力，而且还应拥有将各类信息知识、技术进行整合的能力。

在该条件下，高学历的文化程度可以说明河南省信息化人才的现有状况。然而，文化程度的高低与年龄的大小对信息化有着间接相关。体现在问卷中的 543 位调查者中：18 岁及以下的共计 17 位，19–29 岁的共计 187 位，30–39 岁的共计 119 位，40–49 岁的共计 167 位，50 岁及以上共计 53 位。其中作为 19–49 岁之间是作为农村的劳动力中重要的组成部分，同时也是将信息化运用到农村经济发展的主力军。他们的文化程度可以从表 5–2 和图 5–10 中看出 19–29 岁的以初中、高中、本科及以上为主，30–39 岁的以初中、高中与中专为主，40–49 岁的共计 167 位以高中、初中、小学及以下的为主。从总体上看文化水平主要集中在小学及以下、初中以及高中，其中以初中、高中为主。农村劳动力的文化程度主要集中在初中与高中。

表 5–2　不同年龄学历的分布

单位：人

年龄	本科及以上	大专	小学及以下	初中	高中	中专高职	总计占比（%）
18 岁及以下			2	3	9	3	3.13
19–29 岁	44	26	8	55	36	18	34.44
30–39 岁	11	7	18	43	19	21	21.92
40–49 岁	5	8	47	75	25	7	30.76
50 岁及以上	1		18	22	12		9.76
总计占比（%）	11.23	7.55	17.13	36.46	18.60	9.02	100.00

资料来源：调查问卷资料整理。

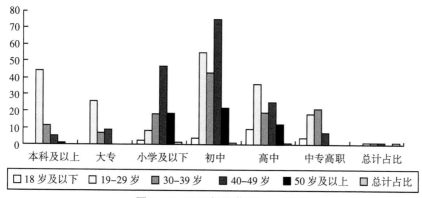

图 5-10　不同年龄学历的分布

图 5-11 为 2000-2012 年中河南省农村居民文化程度大专及大专以上每百人中的人数。虽然在这十几年中河南省农村居民文化程度逐渐提升；但是每百人中的人数极少，在 2012 年时最高为 2.9 人，该数据客观表明河南省农村居民中信息化人才所占的比重小、增长速度小，从总体观测其变化程度是不明显的。

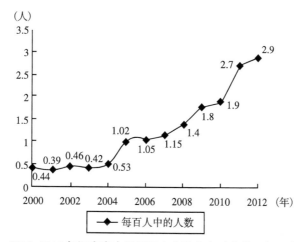

图 5-11　2000-2012 年河南省农村居民大专及大专以上学历每百人中的人数

通过该数据表明对于河南省农村信息化程度中信息化人才也就是高水平文化程度（大专及大专以上）对其在这十几年中农村信息化水平的发展的影响效果极微，甚至可以忽略不计。

二、信息化基础设施条件落后

信息化基础设施主要指拥有信息的载体以及信息交流与咨询功能的工具或者场所，是作为信息化水平的测度中必不可少的条件。

从表 5-3 我们可以了解到在 543 份问卷中大部分人都拥有手机与电视，从而可以了解到绝大部分人都有一定的信息获取工具。

结合表 5-3 和图 5-12 我们可以判断出拥有固定电话、手机、电视、有线电视、电脑是初中学历占大部分；其次除电脑是初中、高中与本科及以上的拥有较多外；剩下的拥有数就是小学及以下及高中较多。信息化可以间接的在互联网的拥有量体现出来；互联网是以电脑与手机为载体从而发挥作用，电脑与手机的拥有量在农村信息化设施中占有重要地位。由于农村劳动力的文化程度主要集中在初中与高中，该数据体现出农村信息化设施主要集中在农村的劳动人口上。同时体现河南省农村信息化设施是影响河南省农村信息化水平的重要关键因素。

表 5-3 不同学历的信息化基础设施拥有量

学历	固定电话（部）	手机数（部）	电视（台）	有线电视（台）	电脑数（台）	总计占比（%）
本科及以上	24	46	53	36	42	37.02
初中	81	148	167	96	75	104.42
大专	20	31	26	19	22	21.73
高中	40	80	82	52	51	56.17
小学及以下	33	73	82	44	23	46.96
中专高职	24	36	37	26	25	27.26
总计占比（%）	40.88	76.24	82.32	50.28	43.83	

资料来源：调查问卷资料整理。

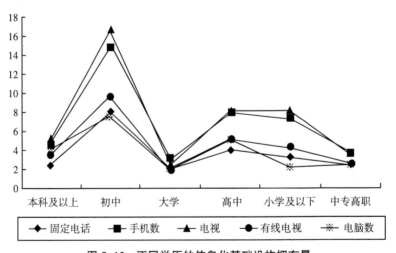

图 5-12 不同学历的信息化基础设施拥有量

从表5-4中可以发现，只有小部分人认为电脑是必需品，这代表农村电脑普及和网络信息的普及是相对降低的。这也表明为何农村居民对电脑的认知与认可是持不乐观的态度的原因。同时也是造成河南省农村信息化水平不高的原因之一。

表5-4　电脑的重要性

电脑的重要性	必需品	可有可无	没有必要	其他
人数占比（%）	29.10	44.20	9.58	16.94

资料来源：调查问卷资料整理。

　　结合表5-5、表5-6、表5-7可以得出河南省农村农业信息化的水平不高，造成只有较少部分的人会去阅读收听农业技术信息和农业市场信息，极少部分的人会去使用农业信息网，农村农民对农业信息的获取是不了解，同时也不懂得如何去获取信息用在农业上。这与所在农村是否有信息服务站有关，以及河南对农业信息化的普及程度是相关的。再结合表5-4，同时也说明了互联网方面中的信息化因素对河南省农村经济的影响甚微。

表5-5　阅读、收听内容

阅读、收听内容	技术信息	技术信息市场信息	市场信息	其他
人数占比（%）	9.94	9.39	10.50	70.17

资料来源：调查问卷资料整理。

表5-6　对农业信息网了解程度

农业信息网了解程度	从来没听说过	经常使用	用的不多	只听说过
人数占比（%）	51.01	0.37	5.89	42.73

资料来源：调查问卷资料整理。

表5-7　所在乡村是否有信息服务站

所在乡村是否有信息服务站	没有	有
人数占比（%）	81.40	18.60

资料来源：调查问卷资料整理。

　　从表5-8与表5-9中可以看出，在对希望国家对信息服务支持力上的态度中有七个人是完全不需要的，这可以去猜测选择完全不需要的人是对信息是作用是一点都不了解的。但大部分是希望国家支持大部分甚至是完全支持，这证明这当地农村经济的不发达以及对农村信息化的热衷度并不高、对信息服务的不了解、对信息的需求小。以至于不愿意花钱去获取信息。

表 5–8　希望国家对信息服务支持力度

希望国家对信息服务支持力度	50%左右	不清楚	绝大部分支持	完全不需要	完全支持
人数占比（%）	18.78	7.55	45.30	1.29	27.07

资料来源：调查问卷资料整理。

表 5–9　是否愿意花钱获得信息

是否愿意花钱获得信息	不愿意	愿意
人数占比（%）	66.48	33.52

资料来源：调查问卷资料整理。

　　从表 5–10 中我们可以了解到在 543 份问卷中对于限制农村获取信息的因素中缺乏适合自己的信息、不知道到哪里找信息、信息不及时以及害怕假信息可以归纳为对获取准确的信息途径不了解，个人经济条件与个人文化素质不高为个人条件的因素。因子对于限制农民获取信息的因为主要为信息获取途径的推广程度不高，个人因素对信息的获取的限制。

表 5–10　限制农民获取信息的因素

限制因素	缺乏适合自己的信息	不知道到哪里找信息	信息不及时	害怕假信息	个人经济条件	个人文化素质不高	不清楚
人数占比（%）	36.46	56.91	26.70	33.52	27.99	33.33	2.21

资料来源：调查问卷资料整理。

　　前几年，中央和地方都比较重视对城镇信息化建设的投资，很少关注农村信息化，这就造成了农村的信息化基础设施比较薄弱，农业信息化网络和传播体系不健全，而且导致农业信息技术的研究开发不足、信息服务落后和农村信息资源稀缺，农业信息化程度不高，农村信息服务产业化水平低，信息进村入户难，且地区间发展不平衡等后果。虽然，这几年来，河南省一直高度重视农村信息化建设，不断加大农村信息化建设力度，但仍存在基础设施落后、信息质量良莠不齐等问题。目前省内农民有计算机和会用计算机的比率仍然很低，电视和广播仍然是农民获得信息的主要渠道，计算机网络和传统媒体在推进农村信息化的过程中还没有实现扬长避短、优势互补。

三、农民缺乏利用信息的意识

由表5-11可以看出没听说过和听说过不了解农业信息网的比重为93.5%，使用过但用的不多的人地比重只有6.5%，说明人们基本都不知道农业信息网。由表5-12可以看出听说过和听说过不了解"12316"（农业综合信息服务平台）的比重为94%，使用过的比重只有6%，基本上可以说只有很少的人知道"12316"（农业综合信息服务平台）的存在。通过这些数据可以看出，农村信息化的普及程度还存在很大的问题，人们利用信息的意识需要加强。

表5-11 对农业信息网的了解程度

		频率	百分比（%）	有效百分比（%）	累计百分比（%）
有效性	从来没听说过	90	53.6	53.6	53.6
	只听说过，不了解	67	39.9	39.9	93.5
	使用过，用的不多	11	6.5	6.5	100.0
	合计	168	100.0	100.0	

表5-12 对"12316"（农业综合信息服务平台）了解程度

		频率	百分比（%）	有效百分比（%）	累计百分比（%）
有效性	从来没有听说过	111	66.1	66.1	66.1
	只听说过，不了解	47	28.0	28.0	94.0
	使用过，用的不多	9	5.4	5.4	99.4
	很熟悉，经常使用	1	0.6	0.6	100.0
	合计	168	100.0	100.0	

河南省的农业还是以个体经营、小农生产为主。经济基础上的小农生产，决定了单一的农业生产者不知道究竟需要何种信息，农业生产者对信息需求不强烈。只有少数尝到信息致富甜头的农民经纪人、农业大户、有知识的农村青年能够积极地利用网络信息；大部分农民的文化素质偏低，缺乏利用信息的意识，没有利用信息技术的知识和能力。

四、农村信息缺乏针对性和实效性，应用性较差

河南省的农业信息资源数据库建设还处于发展阶段，农业信息化资源开发不足和利用率低，农业信息的加工、分析、利用及农业信息市场的培育等发展较慢。有的农业及涉农部门都拥有各自信息资源，由于还没有建立有效地统筹协调管理机制，信息共享度低。造成信息资源浪费大，难以整合统一，制约了信息资

源效用的发挥。而且，目前许多农村地区还没有完善的信息产品市场，农业信息服务体系不完善和信息服务手段落后，信息发布的渠道不畅，农民获取信息的途径少，信息接收方式落后。很多农民接收信息的主要途径还是广播、电视和报纸。广播和电视传播速度快，信息不可以任意回放；报纸传播速度慢，不过可以重复阅读。但是，这些都是把信息传递到农民手中，农民没办法反馈需要，就不能为农民提供服务。这些信息交流方式和信息传递速度使不少信息丧失了时效性和对问题的针对性，农民也不能很好的应用。

五、农民遇到农业生产方面的问题的求助渠道

由表5-13可以看出，当农业生产遇到问题找政府部门帮忙的人数的比重为9.7%，找农业部门帮忙的人数的比重为17.6%，找邻居、亲戚、朋友帮忙的人数的比重为34.0%，自己上网查询的人数的比重为20.8%，电话查询的人数的比重为13.2%，没有办法解决的人数的比重为4.7%，可以看出遇到问题大家都会通过各种途径找解决的方法，说明人们还有部分利用信息的意识。但是，34.0%的人更加相信邻居、亲戚、朋友，这是最传统的方式。不过大家对农业生产的认识水平都差不多，所掌握的信息也是有限的。因此，建议农民农业生产遇到问题最好还是向政府、农业部门或者网络和电话咨询等，找专业性强的人求帮助，可以避免不必要的损失。

表5-13　求助途径

		响应		响应人数的百分比（%）
		次数	百分比（%）	
农业生产问题找谁帮忙	政府	31	9.7	18.6
	农业部门	56	17.6	33.5
	邻居、亲戚、朋友	108	34.0	64.7
	上网查询	66	20.8	39.5
	电话咨询	42	13.2	25.1
	没有办法解决	15	4.7	9.0
合计		318	100.0	190.4

六、农民采用农业信息遇到风险的处理办法和风险承受能力

由表 5-14 可以看出农民采用农业信息遇到风险，向政府部门求助的比重为 36.1%，要求服务部门承担的比重为 28.3%，事先去保险公司投保的比重为 19.9%，听天由命自己承担的比重为 15.7%。从各部分所占的比重可以看出，知道任何事情都是存在风险，需要事先做好准备的农民只占 19.9%，剩下的 78.1% 都没有没有风险意识，或者是抱着侥幸的心理。应该加强农民的信息风险意识，提前做好准备，将可能的损失降低到最低。政府部门和信息服务部门应该承担起这份责任，提高农民的风险意识和防范措施。

表 5-14　风险处理方式

		响应	
		次数	百分比（%）
采用信息遇到风险，怎么办？	向政府求助	60	36.1
	服务部门承担	47	28.3
	听天由命，自己承担	26	15.7
	事先去保险公司投保	33	19.9
合计		166	100.0

由表 5-15 可以看出能承受的人数仅占 8.4%，勉强能承受风险的比重为 50.3%，不能承受风险的比重为 41.3%。这个结果更加验证了农民的风险意识很低。任何事情都有风险，不能因为事情存在风险就不去做。农业方面采用新技术、新品种等也会存在一定的风险，但是也要积极地去接受这样的风险。但是政府部门和服务部门可以向农民普及信息化的好处和风险，以及风险解决办法，让农民正确理解风险，解决风险，而不是去回避风险。这样才能促进农村信息化的建设，进一步提高农村信息化的水平。

表 5-15　风险承受能力

		响应		响应人数的百分比（%）
		次数	百分比（%）	
风险承受能力	能承受	14	8.4	8.4
	勉强能承受	84	50.3	50.3
	不能承受	69	41.3	41.3
合计		167	100.0	100.0

从以上的分析中我们可以得出，河南省推行信息化的进程还需要加大力度。对农村居民宣传信息化的政策需要完善。才能及时地把握住信息化给农村经济带来的历史性机遇。

第六章　河南农村信息化的需求与供给分析

对于河南农村信息化，基于经济学的角度其最基本的概念就是信息的供给和需求，由此将引发三个基本前提：①农村信息化的需求是什么？供给又是什么？根据信息化的内涵，农村信息化的需求和供给并不仅仅是技术，更重要的是技术应用，当前政府部门和有些理论研究认为有了高信息技术和电脑等硬件设施，信息化就实现了，其实这仅仅是供给和需求的最低层次。因此，对于河南农村信息化而言，供给和需求可以分为两个层次：首先是技术和设备的供给和需求，其次是技术和设备应用的供给和需求。②农村信息化中供给的主体是谁？需求的主体又是谁？农村信息化的需求主体最主要的就是农户，而供给的主体则包括政府、市场和第三部门。③对于农户经济特性的假定，根据一般的经济学原理，假定农户有限理性，即在一定条件之下，追求自身利益最大化。政府的经济特性很不确定，西方经济学一般假定它为追求政治利益最大化者。在农村信息化当中，首先，可以肯定的是政府和农户的利益是不完全一致的。其次，农户是处在弱势地位的，不仅是信息弱势，还是权利弱势。

本部分基于以上三个基本经济学假设，分析了河南农村信息服务供给和需求以及各自的影响因素，并对其服务供给模式进行了分析和评价。

第一节　河南农村信息服务需求及其影响因素分析

一、农村信息化需求主体和需求状态

根据现代信息管理理论，信息用户的信息需求有广义和狭义之分。广义的信息需求包括了用户对信息的需求、对信息检索工具与系统的需求以及对信息服务的需求；狭义的信息需求仅限于对信息客体的需求，而将用户对信息服务的需求

视为由基本的信息需求引发的一种社会需求。科亨（Kochen）将用户信息需求状态划分为信息需求客观状态、信息需求认识状态和信息需求表达状态三个基本层次（见图6-1）。客观信息需求是完全由用户生存、职业活动和发展的客观需要引发的，存在于一定社会环境下的信息需求，这种需求又因用户认识和表达上的差异，形成信息需求的认识状态和表达状态。

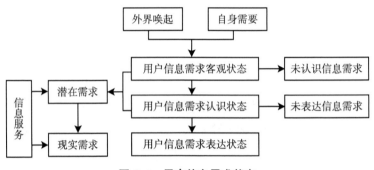

图6-1　用户信息需求状态

对于河南省农户而言，需不需要信息化？需要什么样的信息化？由于农业生产自身的弱点以及千变万化的市场经济条件，农户对于信息化的需求是不言而喻的。如上所述，农户对信息化有着一定的客观需求，这是一种完全由客观条件决定的需求状态。但由于主客观条件的限制，农户对客观信息需求并不一定有全面准确的认识，农户能正确认识到的信息需求只是客观信息需求的一部分，能表达出的信息需求只是其客观信息需求的一小部分，大量信息需求因未被正确认识和表达而处于潜在状态。这些处于潜在状态的信息需求会随着农户自身条件和外界环境的改善逐渐向现实需求状态转化，这个转化过程也是农村信息服务发挥作用的过程。在农户信息需求的不同状态下，农户对农村信息服务有着相应的需求。在农户信息需求的客观状态下，需要信息服务来提示农户充分意识到本身的信息需求；在信息需求的认识状态下，需要通过信息服务将农户因自身知识和能力的局限难以表达的需求转化为表达出的正式需求；在农户信息需求得以表达后，需要根据农户表达出的现实需求提供信息服务，才能满足农户的客观需要。但对于农户而言，只有满足其利润最大化的信息化，才是其需要的信息化。因此，基于河南省目前的经济发展状态，对于河南农村信息化的需求而言，有四个特点必须满足：一是低成本，只有在农户承受之内的信息化才能真正得以实现。二是有效益，满足农户利益最大化的信息化才能实现。三是适合农户、农业和农村发展的需求特点。四是农户最大的需求在于对信息化的应用，仅仅把技术或设备本身当作农户需求的全部是不完全的。

二、河南农村信息化需求的影响因素

（一）影响河南农户客观信息需求的因素

农户客观信息需求状态主要由农户自身的基本需求决定，同时受社会环境和自然环境等外界因素的影响。①农户角色定位。它主要包括农户类型、规模等个体特征。农户角色定位是决定其信息需求的根本因素，不同层次类型和规模的农户对信息的需求必然存在差异。例如，种植户和养殖户、种养大户和普通农户之间由于角色定位不同，信息需求也存在差异。②社会因素。社会因素是决定农户信息需求的外部环境要素，决定着农户的基本需求及由此而产生的信息需求，主要包括河南省的社会政治制度和体制、法律和社会道德、人口、教育、宗教信仰以及社会经济、科技、文化发展状况和产业结构等。③自然因素。自然因素指自然资源、环境及其他方面的自然条件因素，这些因素是影响农村社会发展自然物质要素，决定着农村社区的生活和经济结构，从而在一定社会范围内影响着农户信息需求的范围、内容、形式和途径。以上三类因素互相联系、互相影响、不可分割。社会因素和自然因素最终通过农户的个体因素决定其信息需求，同时又从总体上影响着农户的主体行为；反之，农户行为反作用于社会和自然，从而推动农户需求不断发展。

（二）影响河南农户信息需求认识与表达的因素

影响农户客观信息需求的因素必然也影响着农户对客观信息需求的认识和表达，但农户信息需求的认识与表达更直接的影响因素则来自农户本身的认知、实践以及河南农村信息服务状况。①农户信息意识。农户的信息意识指农户对信息的价值、自身的信息需要、个人活动与信息环境的关系、信息系统的功能以及对信息及信息环境的态度等方面的自觉心理反应。它使农户能够从客观需求中认识信息及信息需求，产生自觉意识作用下的信息行为，使信息认识和表达具有目的性、方向性和预见性。处于同一环境和具有相同客观信息需求的农户，其信息意识决定了信息的认知和表达。不同层次类型的农户具有不同的信息意识，如农村经纪人、种养大户的信息意识就比普通农户强烈，他们更加重视信息的作用，懂得利用信息来改善自身经济状况。②农户经济状况。农户信息需求的满足过程同时也是信息商品价值实现的过程。农户要有足够的经济实力去购买以商品形式出现的各种农村信息产品及服务。即便农村信息服务是以公共产品的形式出现，由政府和公益部门无偿提供，但是由于农村信息本身是无形的，农户需要购置电话、电视、电脑等相应的技术设备，借助这些传播载体才能知悉和利用信息。因此，农户经济状况的好坏决定着农户由潜在需求向现实需求的转化能力，河南省目前的经济状况是制约农户信息需求的重要因素。③农户认知能力。农户能否对信息需求产生客观上的合理认识是准确表达需求、寻求服务、从事信息活动的重要因素。一定的认知能力是认识和表达客观信息需求的基础，决定着潜在需求向现实需求的转化水平，所以，加强河南农村教育水平，提高农民对信息的认知能力，是农村信息潜在需求向现实需求转化的根本。④农户信息实践。农户的信息实践包括信息交流、信息传播和信息利用等活动。农户在利用信息和获取信息的实践中可以增加知识积累，加深对信息需求的认识，这种积累和提高又会成为农户新的实践基础，从而使农户的信息认识和表达状态不断优化。⑤河南农村信息服务供给状况。农村信息服务是帮助农户认识客观需求、准确表达客观需求的重要基础。河南农村信息资源开发的广泛性，农村信息服务的成本及费用、速度与效率、易用性、针对性和灵活性，农村信息服务质量和服务人员素质等，都是影响农户信息需求认识与表达的重要因素。因而河南省所开展的低成本、多渠道的便利性服务，诸如手机与信息机的联合，为农民量身制造的"家乐乐"电脑，信息大篷车的宣传引导，开展免费送信息、送科技培训活动，深入到农村田间地头，向农民宣传农村信息化，开展电脑技能和网络应用培训，加强农村信息员培训工作等，不但可以增加河南农民的信息实践，而且广泛开发农村信息资源，降低农村信息化的使用成本，增加农村信息的易用性，使农户对农村信息化的认识和表达状态不断优化，从而提高农户对农村信息化的现实需求。

农户的信息服务需求产生于信息需求之中，但并不是所有的信息需求都会转化为信息服务需求。农户对农村信息服务的需求由两方面决定：一是决定农户客观信息需求的因素，如果农户对信息获取或利用本身没有需求，也就不会对相应的信息服务产生需求；二是决定农户信息需求认识与表达的因素。只有具备了这些基本条件，信息需求才会向信息服务需求转化。

综上所述，在社会因素和自然因素一定的条件下，如果以 D 表示农村信息服务需求量，F 表示需求函数，P 表示农户角色定位，T 表示农户信息意识，E 表示农户经济状况，R、Z 分别表示农户认知能力和信息实践，S 表示信息服务有效供给，可以得到如下理论模型：

$$D = F(P, T, E, R, Z, S)$$

其中，P 对 D 具有重要意义，但是 P 一旦确定，则较少变化，因此 P 可以看作是 D 变动中的一个常量，起着"稳定器"的作用。同时，T、E、R、Z、S 与

D 同方向运动。一般情况下，农户的信息意识越强、经济状况越好、认知能力越强、信息实践越多，而且信息服务供给方面比较合理，则农村信息服务需求数量趋于增长。由于时间的关系，问卷的数据尚未整理出来，本书来不及对河南省农户的信息需求以及后面的供给及其均衡进行定量分析，这将是笔者下一步要研究的内容。

三、河南农村信息化农户行为及特征分析

（一）农户信息行为规律

信息行为是指主体为了满足某一特定的信息需求（如生产、管理、科研等活动中的信息需求），在外部作用刺激下表现出的获取、查询、交流、传播、吸收、加工和利用信息的行为。根据心理学的基本理论，人类的行为是受动机所支配的。动机是引起个体行为，维护该行为、并将行为导向某一特定目标的内在驱动力。促使动机形成的原因主要有两个：一是内在需要；二是外部刺激。农户的信息动机首先是由一定的信息需要转化而来，这种转化取决于农村信息需要的强度，只有信息需要达到一定强度，才会产生信息动机。外部刺激则来源于信息环境和农户信息意识的相互作用。信息环境包括信息资源、信息技术、信息政策法规以及各种自然、地理和社会政治经济环境等，它是形成信息动机的客观条件。在信息环境的作用下，信息意识使农户明确其信息需要并指引其信息行为的方向。农户由于自身生产、生活需要和外在环境的激励产生某种信息需求的动机，但由于外界环境刺激强度、农户信息意识和知识结构等方面的差别，不同农户的信息需求会处于不同的认识状态，这就是上文所探讨的信息需求客观状态、信息需求认识状态和信息需求表达状态。只有农户认识到并表达出来的信息需求才能形成现实需求，当农户具有现实信息需求时将产生满足需求的行为。因此，农户信息行为产生的速度、强度和其他质量指标不仅受河南省信息环境、信息技术、信息政策法规以及自然、社会、经济等外部条件的约束，而且直接由农户对农村信息需求的状态所决定。

农户的信息行为按过程的不同和活动的区别，可以分为信息需求的认识与表达行为、信息搜寻行为、信息选择行为、信息利用行为、信息的交流行为、信息的发布行为和信息的创造行为等。事实上，农户的一切信息行为都处于适应信息环境的自我控制之中，他们力图使信息行为最优化。农户的信息意识、动机、经验以及他们对外部环境、信息成果和信息服务的认识、态度等制约着信息行为，决定着信息活动决策。图 6-2 反映了农户的信息行为过程。

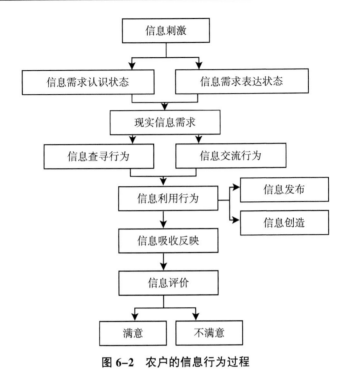

图 6-2　农户的信息行为过程

（二）农户信息查寻行为

农户为满足其信息需求，必然会在某种信息动机的支配下采取相应的行动。首先要采取的行动就是信息搜寻，即查找、寻求所需信息的活动。农户需要找出合适的信息搜寻渠道，以便高效快捷的获取所需信息。农户在搜寻信息时一般倾向于根据以往经验，选择适合自己的、相对稳定的信息搜寻路线，通过熟悉和习惯的正式或非正式渠道来采集其最容易获得的信息。因此，农户选择信息搜寻路线时一般做两方面考虑：一是信息源（渠道）的可接近程度，包括对农户物理上、智力上和心理上的可接近性。最便于接近的信息源（渠道）将被农户首先选用，而对信息源（渠道）的质量与可靠性的考虑则处于次要位置。二是信息系统的易用性。农户会选择更方便、省时、省力的信息系统和途径来获取信息。这两个方面成为决定某一信息系统或信息服务能否得到利用的重要因素。从宏观上看，农户的搜寻行为是受规则支配的，并按"分析—选择—评价"的步骤进行，这是完成搜寻任务的必要条件。从微观上看，农户凭借自身的经验、知识与偏好在评价机制作用下，会采用不同的途径获得结果，并判断每个反馈信号的价值。即使选择同一条途径，由于农户个体知识与偏好的差异会影响到其信息搜寻的效率，最终使农户达到不同的目标状态。

（三）农户信息选择行为

信息选择是对信息搜寻过程和搜寻结果的优化，在农户获得信息源提供的农村信息之后就开始信息选择活动。在信息社会，信息量极其巨大，如果不能对获取信息进行及时有效的处理，就会妨碍决策的效率和效果。因此，农户将在众多的信息中按其标准挑选出一部分信息以满足需求。农户信息选择的原则一般包括以下三个：一是相关性。就是农户从自身性质出发，选择与其需求相一致的信息。只有能解决农业生产经营决策相关问题的信息或者满足其生活、社交等的信息，才可能被农户选择。二是适用性。按相关性选择所得到的信息掺杂的冗余信息较多，农户结合自身知识结构和能力，从其特定需要出发，确保所选择的信息与其理解能力和吸收能力相一致，才能使信息价值得以有效发挥。因此，农户需要再根据适用性的原则进一步选择。三是可靠性。农户对信息的吸收利用率及从信息服务中获得的效益都是建立在信息准确与可靠的基础上的。对于农户而言，信息的准确、可靠是一项最基本的要求，不可靠的信息和可靠性不高的信息都是农户不愿意使用的，它无助于农户解决问题，甚至成为噪声干扰农户决策。总之，农户的信息选择行为应与其当前需要相一致，获取适度、精炼、准确、可靠、先进、适用的信息才是农户信息选择的最终目的。

（四）农户信息利用行为

农户获取信息的最终目的是解决其生产经营决策中遇到的问题，利用信息为自身带来最大的效益。农户选择信息后，信息便会作用于农户，在信息与农户的相互作用过程中，信息发挥作用。一般来说，信息会对农户有如下几种作用：引起农户思维；改变农户知识结构；帮助农户决策；指导农户行为；引发农户进行各种创造活动。农户在利用信息的过程中会获得包括经济效益在内的多种效益，还可能创造出新信息，有助于农村经济的发展。从综合角度来看，农户对信息的吸收利用程度取决于四个因素，包括农户对信息的关心需要程度、农户对信息的理解程度、农户受信息的影响程度、农户对信息效益的期望程度。此外，农户信息需求的满足和信息效益的发挥还与提供信息的内容、方式和时机等因素有关。只有以上因素都达到最佳状态，信息才能发挥最大效益。

由此可知，农户的信息行为是一系列行为的总和，各类决策问题都需要通过这些信息行为来促使解决，但是农户在信息需求的认识与表达—信息搜寻—信息选择—信息利用的行动过程中存在着许多障碍因素，并非所有信息需求者都有同样的机会和能力去利用信息。农户最终能够满足的信息需求仅仅是其实际需要的一小部分，提高农村信息服务绩效，为农户提供有效可靠的信息，仍是一项复杂的系统工程。政府部门以及农村信息的供应者，要根据农户对农村信息行为的过程特征提供适合不同层次的农村信息需求。

第二节　河南农村信息化服务供给及影响因素分析

一、农村信息服务供给主体

河南农村信息服务供给主体是农村信息产品及服务的生产者、开发者和提供者，由从事农村信息服务的各个领域以及各个层次的机构和人员组成，主要有如下四大类：

（一）河南各级政府和涉农事业单位的信息机构

这些信息机构通过对信息和知识的全面搜集、系统整理，向农村信息用户提供经过筛选加工的、有序而完整的信息服务。各级政府主要是指省、市、县、镇（乡）、村级政府部门。涉农事业单位的信息机构主要集中在四大系统：①农业行政管理部门的信息中心，包括：农业厅的信息中心，地、市农业局、农垦局，县级农业管理部门的信息中心或情报室；②农业科研院所的信息研究机构，主要包括省市农科院的图书馆、信息研究所、地市级农科所情报资料室；③动植物检疫系统；④农业教育系统及省内农业大学、专科院校的图书馆。

（二）涉农企业和从事信息化服务的 IT 企业

涉农企业是从事农业生产、经营、销售或者服务业务的企业，既包括各种从事农业生产的经营实体，又包括现代农业园区、饲料厂、农机厂、农产品加工厂和农贸公司等为农业生产服务的经济实体。它们主要是以技术和产品的示范、推广、培训或售后服务向用户提供农村信息产品及信息服务。IT 企业是指专门从事信息技术开发和服务的企业，它们具有专门的技术和专业人员，在农村信息服务领域中能够起到重要作用。如中国移动承担了"村村通电话"工程的任务，在农村铺电缆、架高塔，让网络信号无限延伸。中国移动还在河南省进行了"农讯通"和"农信通"等系统的相关试点，以移动短信为主要手段，为农民提供所需信息。

（三）农村合作经济组织

河南省的农村合作经济组织主要包括农村专业技术协会、行业协会、专业合作社等。它们主要通过技术引进、开发，试验示范和培训指导农户安排生产，负责供应农用生产资料及销售农产品，同时为农户提供相关信息服务。农村合作经济组织更贴近农民，具有灵活、实际、方便的特点。

（四）从事农村信息服务的个人

从事农村信息服务的个人，包括农村信息员、农业信息经纪人以及种养大户。农村信息员一般由乡镇一级的农村信息中心或者政府委派固定人员担任，服务方式相对灵活，信息服务的针对性也比较明显。农村信息经纪人是利用技能和资源帮助人们解决信息方面的问题，为农村信息供需双方提供沟通渠道及各种相关服务的人。目前，河南省农村信息经纪人队伍人数不多，这主要受农村经济发展水平所限，但它将是农村信息服务中具有潜力的农村信息服务主体形式。种养大户在农村生产经营领域对周围农户起到辐射和带动作用，其所获得的信息也具有较高的认可度和真实性。

二、河南农村信息化服务供给的一般环节

农村信息化服务供给包括信息生产和信息传播。

（一）信息生产

农村信息生产是农业信息服务供给的首要环节，指将已有的信息进行加工，从而得到新的信息产品，其包括信息收集和信息加工两个环节。一般来说，农村信息收集的范围包括：农产品的数量、价格；存量规模与增量预测；新品种上市情况和新技术开发情况；市场形势和走向；国际市场变化及贸易政策演变；气候、环境变化等。信息加工是信息鉴别、信息筛选、信息综合、信息分析、信息推导等过程的统一，它是信息收集过程的延续，有时两个过程是合二为一的。

（二）农村信息传播

经过加工生产出来的信息产品，在被信息用户接受和利用之前，需要一个传播过程。农村信息的传播方式主要有以下几种：利用互联网传播，这是最先进的方式；通过电视、电话、广播、手机、短信等形式传播，这些方式比较现代，应用也十分广泛；通过书报、杂志、墙报等形式传播；通过农业协会、研究会等农

村中介组织传播；通过政府不定期组织的"文化下乡"、"信息入乡"等形式的传播；通过亲朋好友、庙会赶集等传统形式的传播。

三、河南农村信息服务供给的影响因素

农村信息服务供给受农村信息服务性质的影响。农村信息服务的性质不同，信息生产和传播方式的选择也就不同。从整体上看，河南农村信息服务供给的影响因素主要有用户信息需求，农村信息服务成本和信息技术水平。

（一）用户信息需求

农村信息服务的最终目的是向农户提供他们所需要的各种信息，或按照用户的需要发布、传播信息。不同需求主体对农村信息服务在广度、深度、精度及信息传播方式等方面的要求各不相同。

（二）农村信息服务成本

农村信息服务成本是研究农村信息服务供给问题的基础指标，它直接决定着农村信息服务中各项目的直接出资人类型。农村信息服务成本包括硬件配置费用、信息收集费用、信息处理费用、信息发布费用、信息反馈费用、技术研发费用、人员管理费用和专业咨询费用等。对于成本很高的信息产品，私人厂商一般很难或不愿意生产和提供。如果信息服务属于社会效益巨大的公共产品或者准公共产品，则往往由政府及公益部门提供。

（三）信息技术水平

信息产品生产是以相应的技术条件作为支撑的，它不仅要在经济上可行，还要在技术上可行。以互联网传播农村信息为例，它是建立在计算机硬件技术、软件技术快速发展，网络的广泛铺设和高效运营等基础之上的。只有技术水平达到一定程度，才能有效降低信息产品生产和传播的成本，大批量向社会提供信息产品才能真正实现。

第三节 河南农村信息服务供给模式分析与评价

良好的农村信息服务供给模式有利于分清政府和市场的界限，明确政府和市

场提供农村信息服务的职责和成本分担，可以有效地提高农村信息化的效率。由于河南省经济发展并不平衡，有一定的地域差异，如何因地制宜地选择不同区域的农村信息服务供给模式，对河南省农村信息服务的持续快速发展具有重要意义。下面针对农村信息服务的属性，结合河南省农村信息化的特点，分别对政府主导型、市场主导型和第三部门主导型三种主要的农村信息服务供给模式进行分析与评价。

一、政府主导型供给模式

（一）政府主导型农村信息服务的内涵及特征

政府主导型农村信息服务是指根据国家制定的农村信息化建设发展规划，由中央和地方政府的行政管理机构按照计划方案，使用财政、人事、教育等部门提供的信息服务发展所需要的人力、物力和财力资源，对农村信息服务运行进行管理的农村信息服务供给模式。这种模式在体系结构上沿用现有的从国家农业部、省农业厅、市农业局、市县农村信息中心、乡（镇）农技推广站到基层村组织的多级农村信息服务体系。

政府主导型供给模式以开展公益性信息服务为基本特征，服务方式主要是无偿服务。首先，国家、省、市、县财政划拨信息化建设经费，由基层政府农口部门支配，组织指导信息基础设施、信息资源、信息人才等建设工作，然后把资金投入转化为农业信息的输出，以农村信息员、种养大户、供销大户为纽带，辐射带动广大农户，完成农村信息的进村到户。整个过程依赖于政府投资，基层农户不需要承担任何费用。

（二）政府提供农村信息服务的原因

之所以需要政府来供给农村信息服务，是因为政府是公共产品的最优供给者，特别是在纯公共产品的供给上，政府更是发挥着不可替代的作用。农村信息服务中的私人产品供给，可以依据一般商品在市场中的供给机制处理。经济主体可以按照自身利益最大化原则和实际需求做出生产和消费的决策和选择。然而具有公共产品性质的农村信息服务具有消费的非竞争性、受益的非排他性及效用的不可分割性，人们存有"搭便车"的心理，导致市场供给缺乏足够的激励，或者达成和实施市场交易的交易费用可能太高，阻止了个人通过市场的方式来生产足够的信息产品。因此，运用市场机制不能达到农村信息服务的有效供给水平，需要由政府负责提供。以农户为主体的农村生产经营者在市场交易时面临着严重的市场信息不对称，农户在市场交易中处于极为不利的地位。政府供给农村信息服务一方面可以降低农民信息搜寻和使用成本，提高农村信息服务市场交易的透明度，使农民在进行交易谈判、确定交易价格、订立交易合约的过程中减少不必要的损失；另一方面还可以引导农民合理安排生产计划，降低农业生产经营的市场风险。从而保护农民的整体利益，维护农业和农村经济的持续发展和长远的社会效益。

（三）对政府主导型农村信息服务供给模式的评价

政府主导型农村信息服务供给模式存在以下优点：①政府可以运用所掌握的行政权力，短时间内集中大量人力、物力、财力，保证农村信息服务体系建设所需的各种资源，建设速度快。许多在市场力量下无法解决的信息服务项目可以得到有效率的供给。能满足信息用户最基本的需求。政府可以不计较投资生产的农村信息产品是否可以对消费者收取费用，受益面广。②政府的投资经营一般不受资本数量的限制，可以通过征税来筹集资金，确保一些大型农村信息服务基础设施建设项目能够顺利供给。③农村信息用户消费不受限制，其潜在的效用可以得到充分实现。

然而，政府主导型农村信息服务供给模式也存在很多缺陷：①该种模式下投资经营缺乏竞争的压力，没有破产的风险，经营激励动力不足，效率低下，易产生"X非效率"。②政府由于没有外部竞争压力，缺乏有效的激励机制，部门内部没有追求成本极小化或利润最大化的动力，投资与生产经营成本高、效益差，致使政府成本负担过重。③由于信息不对称，政府所提供的农村信息服务不能很好地反映农民的真实需求，容易造成农村信息的供求不平衡甚至脱节；同时，由于缺乏竞争，政府所提供的信息服务质量较差，品种单一，信息用户往往处于被动接受的地位，没有更多的选择余地，从而影响到农村信息服务效果。政府主导型农村信息服务供给模式特别适合于商品经济发展严重滞后、农民组织程度不高、经济承受能力较弱、信息意识不强的贫困地区和经济欠发达地区，这种供给模式能够对农业新技术、新品种等信息的大规模宣传、扩散和使用发挥极其重要的作用。河南省经济发展在全国处于中等水平，政府主导型农村信息服务供给模式在农村信息化过程中仍起关键的作用。

二、市场主导型供给模式

（一）市场主导型农村信息服务的内涵及特征

市场主导型农村信息服务是指在某些农村信息服务领域，存在着较明显的排他性或竞争性，外部效益比较小，私人或企业通过市场的方式来生产和提供农村信息产品或服务的供给模式。市场主导型供给模式是以商业组织为实现自身利益而开展的有偿服务为基本特征的，信息服务供给主体主要包括农业龙头企业和信息企业两大类。农业龙头企业与基层农户采用具有法律约束力的订单联结起来。农业龙头企业为农户提供必要的信息服务，农户则根据订单要求的数量和质量为企业生产合格的农产品，企业根据订单或市场制定合理价格，维护农户利益，以保证下一季度订单的顺利签订。信息企业按照市场价值规律为各类信息产品合理定价，向信息用户收取信息服务费，用户根据自身需求和承受能力购买合适的信息产品。市场主导型农村信息服务供给在投资方式上有别于政府主导型的单方面无偿投入，也不同于第三部门主导型的自我投资、自我服务、自我受益的自助式投入，而是采用谁投资谁受益的双向投资机制，使参与信息服务的双方都参与信息服务活动，最后双方共同分配信息服务带来的利益。如河南有线电视，通过向农户收取一定的收视费用，可以向其提供更多的信息服务。

（二）市场提供农村信息服务的原因

农村信息服务市场供给的动力来自于营利性组织的"经济人"动机。市场机制的本质是不同的市场主体以自愿交易的方式实现各自利益的最大化。通过市场机制供给农业农村信息服务，一方面与农村信息服务的性质有关，另一方面与消费需求有关。从农村信息服务性质与特征角度来看，在某些农村信息服务领域，存在着较明显的排他性或竞争性，对于这些具有私人产品性质的信息产品，"经济人"驱动下的市场机制供给便具有了其人性基础。在政府财政或优惠政策的支持下，个人或企业提供一些具有准公共产品属性的信息服务，往往能够收回成本并获得一定的利润。同时，政府主导型模式下，农村信息服务供给短缺、品种单一、质量低下，随着农业生产的发展和农民收入水平的提高，农民会越来越不满意政府提供的信息服务，因而他们会通过"直接付费"方式，即市场交易方式来满足其超额或个性化的信息需求，这就为营利性组织通过市场供给信息服务提供了现实可能性。

(三) 对市场主导型农业农村信息服务供给模式的评价

市场主导型供给模式很好地弥补了政府主导型供给模式下农村信息服务供给不足、结构单一的弊端,具有以下优点:①弥补了政府财政资金的不足,减轻了政府的财政负担。②可以在政府的管制或引导下形成具有竞争性的准市场,能够很好地了解需求者的信息,扩大消费者的选择范围,满足人们的多样化需求,解决信息与农业生产和农业市场的脱节问题。③经营者具有相对的自主权,以盈利为目标,并自己承担风险,这就使经营者不仅具有了提高效率的动力,又具有了竞争的外在压力。这使经营者重视市场需求与信息加工技术的应用,不断改进信息产品的生产方向和产品销售方式,尽量降低信息成本,有利于信息生产的经济效果。④市场主导型的供给模式给政府公共部门提供了一个竞争的环境,促使其提高供给效率。

但是,市场主导型农业信息服务供给模式也存在若干缺陷:①企业往往只拥有少量资本,信息产品的生产规模容易受到限制,不利于资源的合理配置。企业一般难以投资较大的农村信息服务设施项目,如农村地域的分散性使非垄断性业务的固定建设投资较大,而农村地区的消费量偏小,使通信设施的单位成本大于城市,因此,私人资本在农村地区经营的积极性不高。②市场介入农村信息服务领域不能很好地维护弱势群体的利益,往往造成社会不公平现象的发生。企业以自身利益最大化为主要目标提供农村信息服务,这就使经济实力强的地区和经济条件好的农户会优先使用,而那些经济落后的地区和经济能力差的农户的信息需求则不能得到满足。③由于农户的超小规模分散经营,致使企业对农户的信息服务监管成本非常高,无法保证农户能够正确利用各种信息,充分发挥信息的作用。④由于市场提供准公共产品属性的信息服务兼具垄断性和竞争性,私人资本相对而言比较容易取得垄断地位。同时,许多信息产品和服务的质量和数量难以衡量,这使较少和较低劣的信息服务有机可乘。⑤市场提供农村信息服务也存在较大的效率损失。根据西方公共经济学的理论可知,由于公共产品的客观属性决定了公共产品的私营模式存在低效问题:一是供给不足;二是福利损失。

市场主导型供给模式适用于农民经济承受能力强、具有较强信息消费的能力,农民组织程度高、能够形成共同的信息需求,农民信息意识很强、能够认识到农业信息商品性等条件的农村地区。目前,河南农村信息服务市场仍处于初级发育阶段,农村信息资源配置中运用农村信息价格机制调节农村信息服务活动的范围和程度还很有限,法律和行政手段仍是约束和规范信息服务市场买卖行为、竞争行为,引导市场利益合理流动及分配的主要方式。从长远来看,河南农村信息服务的开展必须广泛引入市场机制，才能实现信息服务的可持续发展。政府应加大资金和政策支持，逐步完善农村信息服务市场，为农村信息服务商品化提供良好的外部环境。

三、第三部门主导型供给模式

（一）第三部门主导型农村信息服务的内涵及特征

第三部门也称为"非营利组织"、"志愿部门"、"民间组织"等，是指除政府部门和以营利为目的的市场部门之外的组织或部门，其组织特征为组织性、民间性、非营利性、自治性、志愿性和公益性。农村信息服务领域的第三部门主要是指由农业经营者自发或在政府推动、支持下组织起来的，参与主体主要由农民构成的，在农业经营者与市场之间起中介作用，代表农民利益、为农民服务的非营利性中介组织，包括供销社、农民专业合作社、专业协会、专业联合社、专业联合会等。主要由这些中介组织向会员提供专家咨询、技术培训、信息搜集等服务的供给模式就是第三部门主导型农村信息服务模式。

第三部门主导型农村信息服务供给模式是以组织成员自筹资金开展自助式信息服务为基本特征的。这种自我服务的性质决定了其服务动力来源于组织自身信息需求和利益的实现。因此，第三部门开展的农村信息服务是以自身需求作为驱动力、以实现组织成员整体利益最大化为根本目标的。第三部门不直接从事营利性活动，运作资金主要采用向会员收取会费的方式筹措，即主要由组织自筹资金，属于集体投资行为。在信息服务过程中，中介组织还可以积极寻求当地政府的财政支持，通过与其他企业或组织建立合作关系等渠道获得资金支持。组织利用活动经费投资于信息搜集、整理、聘请专家以及组织服务活动等多项工作，为会员开展全方位的服务，并带动其他农户。会员可以享受合作从事某项生产经营活动获得的利益，按照按劳分配的原则，形成投资分担、共享利益的投资合作机制。

（二）第三部门提供农村信息服务的原因

由于农村信息产品在消费中具有收益的外部性特征，造成了农村信息服务供给的市场失灵，私人一般不愿或者没有能力提供。市场更注重经济效用，一旦社会利益与个人利益发生冲突时，大多数农村信息产品的提供者会选择以个人利益为重，可能造成巨大的社会损失。私人投资也会由于受政府政策和产权界定的影响，难以大规模进入农村公共产品供给领域。政府在克服农村信息服务供给领域市场失灵的过程中，也很难克服自身的缺点。政府主导型农村信息服务供给数量有限、质量不高，难以满足农民对信息的多样性、高质量要求。政府部门往往投资短视，热衷于一些易出成绩的短、平、快的项目建设，一些期限长、见效慢的信息服务项目常被剔除出决策者的选择范围，农村、农业、农民的实际需求得不到应有关注。政府失灵和市场失灵的存在，为第三部门主导型农村信息服务供给模式的出现创造了现实需求。第三部门为政府与市场寻求最佳切合点提供了一条新的途径，能更好地满足社会多元化需求，弥补政府农村信息服务供给微观管理的不足以及市场在调节公共利益上的缺失。在国家政策的扶持下，我国农村各类非营利性中介组织不断兴起，在农业生产中发挥着越来越重要的作用，这使第三部门主导型信息服务的发展成为可能。

（三）对第三部门主导型农村信息服务供给模式的评价

第三部门主导型农村信息服务供给模式存在以下优点：①第三部门和农民有最为直接和密切的接触，真正了解农民的实际需求，有利于促进信息服务和信息利用相结合、信息应用和信息资源开发相结合，在根据需求导向制定针对性服务、在农民与政府之间建立协调机制等方面具有明显的优势。②第三部门投资分担、利益共享的投资模式，既在一定程度上保证了公平性，也弥补了政府农村信息服务体系建设的资金短缺和不足。③第三部门不以利润最大化为目标，而以自身需求为导向，倡导自愿互助的精神，动力机制的目标性强，能够产生很强的激励作用，保证了组织内部行为动机的一致性，在一定程度上抑制了市场经济所带来的唯利是图现象，弥补了市场缺陷，确保了信息的可靠性。④第三部门在组织运作上能够超越政府的官僚作风，实行多样、灵活、平等、参与式的组织结构。能够对政府"不该管"、"管不了"、"管不好"的事进行有效的弥补，在农业决策咨询、政策宣传、政策实施等方面起桥梁、纽带作用，因而在提供信息服务时有低成本、高效率、灵活多变的优势，不仅能够丰富信息产品供给的数量，提高服务质量，而且可以在一定程度上提高公共财政的投入产出比。

但是这种供给模式也有几点不足：①河南省农村第三部门本身发展严重滞后，农村中介组织数量的缺乏限制了第三部门信息服务对农民生产经营指导作用的充分发挥。②第三部门对农村信息服务的供给尚处在起步阶段，自身发展不完善，实力较弱，在资金、管理、人才以及社会认可度等方面存在诸多问题。资金短缺成为第三部门发展的瓶颈，相当一部分第三部门资金严重不足，筹资方式较为单一，无法开展正常的活动，其中有不少第三部门处在名存实亡的"休眠状态"，发展缓慢，质量不高，抗风险能力不强，挫伤了广大农民参与的积极性；

与企业和政府相比，第三部门的报酬和福利水平也明显偏低，主要依靠志愿者开展活动，难以吸引优秀的专业人才。③现有的农村第三部门基本上由县和乡镇政府来负责成立、组织开展活动和管理，它们借助政府力量自上而下建立起来，与政府在人事、财政、活动开展等很多方面有着千丝万缕的联系。许多第三部门把政府财政资金作为主要资金来源，客观上削弱了第三部门的独立性。过于严格的管理使这部分第三部门对政府处于一种依附的状态，在作用发挥上也受政府政策限制，不能独立地实现自己的组织宗旨，导致第三部门效率低下、人浮于事、对农村信息需求缺乏积极回应等现象。④第三部门缺乏合理的组织结构和科学的管理观念、方法。服务动力容易受自身需求影响，在信息用户需求不足的情况下，组织整体服务动力及运作动力都会受到影响。

第三部门主导型农村信息服务必须由政府制定相关政策，确立农民组织的合法地位，从政策、制度等方面规范农民组织行为。该供给模式适用于农村经济发展水平较高，农户具有一定信息投资能力和分析、整理、使用信息能力，农民组织程度较高的地区，以及能够通过各种手段争取政府财政补贴的地区。现阶段河南省农村进行的税费改革虽然部分解决了农民的负担问题，但由于乡镇财政紧张，导致农村公共产品供给落后于农业发展需要。第三部门筹集社会资源，可以避免政府不当干预，资金利用率较高，同时也有助于调动政府、市场营利组织、非营利第三部门以及农民个人等各利益相关者的积极性，以多元的筹资模式，承担起农村信息服务的供给责任。但作为弥补政府和市场功能不足的第三部门自身也不是万能的，也有其内部的局限性。第三部门要充分发挥其作用，必须要和其他两个部门相互依赖、共同合作。因此，在充分发挥政府主导作用的前提下，努力在政府、市场和第三部门之间建立一种良好的互动关系，积极推动农村信息服务由政府一元供给向市场、第三部门积极参与的多元供给转变，将是河南省农村信息服务发展的必然选择。

第七章 河南农村信息化发展的 基本约束分析

河南省在农村信息化建设方面虽然取得了一定的成就，但是，与目前市场经济发展的要求相比，还不能最大限度地满足农村发展的需求。如前所述，从目前河南农村信息服务供需的现实情况来看，农村信息服务的有效需求与供给均处于较低水平，由于自身因素和外部环境的制约，农户尚缺乏把"潜在需求"转化为"现实需求"的主观条件，造成农村信息服务有效需求相对不足；同时，农村信息服务供给在内容、结构、形式和机制上都存在很大缺陷，难以适应新时期农民对信息的多样化、多层次需求，造成农村信息服务有效供给相对不足，从而形成农业信息服务供需"低水平均衡陷阱"，造成社会福利的损失。

第一节 河南农村信息服务有效需求相对不足

在以农户分散经营为特征的家庭联产承包责任制下，农户是独立的生产经营主体，是否利用信息服务和怎样利用信息服务，是农户对其预期收益与投入成本比较后理性选择的结果。目前，农户利用农村信息服务的成本仍然较高，而预期收益则较低，这是造成农村信息服务有效需求不足的根本原因。根据前面对河南省农村信息需求和供给的分析并结合本书对农户信息需求状况的调查与河南省农村实际，从农民的生产规模、收入水平、文化素质等五个方面对农村信息服务有效需求不足的原因进行探讨。

一、农户生产规模的约束

农村信息服务需求与市场化程度成正比，市场化程度越高，农村信息服务需求越强。只有农业生产达到一定规模，才能使农户产生对信息的大量需求及提高信息服务效率的强烈愿望。河南省大多数农民仍然是家庭小规模分散经营，对这种生产规模小、生产效益不高的"家庭式"农业生产来说，不可能在信息方面有很大投入，限制了信息资源发挥作用的范围和效果。一是农民生产规模小，对信息技术依赖程度较低。二是信息技术的应用需要一定的生产规模。例如，根据北美的经验，目前许多国家推崇的"精细农业"只有规模在250公顷以上的农场才能发挥其作用，许多其他现代农业高新技术的采用也存在同样的问题。三是信息技术的应用要在一定规模上才能获得经济效益。农民购置计算机和花费时间、精力来学习计算机网络技术需要付出较高的成本，而农产品生产数量的不足又使农民几乎不具备与互联网上的大市场实现交易的条件，对网络信息的应用空间较小，信息应用效益不明显。这就意味着农业产业化程度低，难以形成正常的信息需求。只有规模化的农业才能有支付农村信息服务费用的能力，才能形成对农村信息服务的有效需求。

二、农户收入水平的约束

农村信息服务需求不仅取决于农户潜在的信息需求，更重要的是取决于农户对信息服务的有效需求。2011年河南省农民家庭人均纯收入只有6604元，53.34%的农户的收入在5000元以下。农户较低的收入水平限制了农户对信息服务的支付能力，并影响到其支付意愿，从而抑制了农户对农村信息服务的有效需求。从实际情况来看，农村许多信息服务费用都高于城市，如乡村话费就高于城市话费。农民如果要在家上网，首先难以承受电脑的购置费用，对于年收入只有几千元的农户来讲，购买四五千元的电脑无异于天方夜谭，加上受知识和观念的限制，在没有感受到信息化带来的真正实惠时，是不会主动付信息费用的。根据研究调查，因为价格高而买不起电脑的农户占48.85%，是制约农户利用网络信息的最主要因素。即使农户买得起电脑，在家用电话线上网，按市话0.15元/分计算，1小时也需要近10元的上网成本。若使用较便宜的ADSL宽带接入方式上网，不仅要有近500元的初装费用，而且年使用费也达720元。网络信息传播过高的基础投资和较高的使用费，超出了农户现有的承受能力，限制了农户利用网络信息的积极性，使得信息化在农村的推进举步维艰。

三、农户利用信息的高成本约束

获取信息是需要成本的，而且越发达的信息获取途径所需要的信息成本越大。农户利用农村信息服务的成本可主要分为四部分：学习信息技术的成本、应用信息服务的直接经营成本（包括各种信息的价格支出、购买信息载体的费用以及购买和使用信息的交通费、电话费、电费、服务费和维修费等支出）、利用信息的机会成本和交易成本（包括农户在市场上购买自己所需的信息产品及服务时了解市场行情的成本、鉴别信息真伪的评估成本、契约签订和执行成本等交易成本）。农民文化素质较低，对新知识、新技能理解接受能力差，学习和掌握信息技术往往需要花费很多的时间和精力，由此导致了较高的学习成本；农村信息的获取又需要借助信息载体才能实现，而农村信息服务载体（电脑、电视、电话、书刊、科教光盘等）费用的高价格形成了较高的直接经营成本；河南省农户的低收入和支出的多维性引发出较高的机会成本；农村信息服务市场不完善导致了较高的交易成本。农户利用信息的高成本约束使农户利用信息的纯收益大大降低，从而影响了河南省农户信息需求的增长。

四、农民文化素质的约束

目前，河南省农村地区的文化教育程度仍然较低，尽管推行了九年义务教育，但只是青少年受益了，而年龄较长的青壮年农民的文化水平并未得到改善，特别是河南省山区的一些贫困地区，大部分农民还只有小学文化程度，甚至更低。文化水平的低下限制了农民在信息化应用水平方面的提高，大量的农产品产、供、销以及农业技术信息对于大山深处的农民还是比较陌生的，农村信息化效应的发挥受制于较低的农民信息化应用水平。根据本书的访谈调查，对于获取信息的限制因素，40.1%的农民选择了"不懂技术不会用"，当农业生产遇到难题时，仅 3.53%的农民会选择上网查询。调查显示，农民受自身文化水平限制，对各种信息辨别能力差，"害怕假信息"已成为限制农户获取信息的第二位因素（占 35.9%）。说明农户害怕被虚假信息误导，造成生产损失，这在一定程度上限制了农户获取信息的积极性。在其他条件不变的情况下，户主文化水平越高，农户对农村信息服务的支付意愿越强。农民较低的文化素质会限制农户支付意愿，抑制农村信息服务需求的增长。

五、农民对信息化的认识不足，信息化需求有限

广大基层农户对信息化的认识不足，对网络传递信息的有效性仍然持怀疑态度，对信息网络的应用热情不高；大部分农民的观念落后，除了少数尝到信息致富甜头的农业大户、农民经纪人、有知识的农村青年能够积极地利用网络信息，大部分农民只能坐等致富信息上门，进一步导致了政府信息化投入的信心不足，农民的信息化需求有限：

（1）农民获取信息的成本较高，而农民自身的经济水平不高，这就限制了农民对信息的需求。据区域经营维修中心反映，目前农村宽带市场增长较为困难，

广大农户难以承受电脑终端价格、宽带月使用费等成本支出。农民的收入水平与信息应用水平息息相关，各种信息获取手段的费用会减缓信息进入农户的步伐。据《河南经济统计年鉴》公布的数据，2004 年河南农民人均纯收入仅为 1867 元，这直接导致农民购置设备上网不仅不现实而且也不经济。农民不仅考虑信息产品的价格，更考虑产品的效用，当信息获取成本较高而又难以有较高收益时，农民自然缺乏对信息的需求。

（2）农民信息素质不高，尚未形成充分利用网络资源的能力。信息素质是指人们对信息重要性的认识以及人们在信息活动中表现出来的各种能力的综合，它主要包括信息意识、信息能力、信息手段、信息道德等具体内容。据 2004 年《河南统计年鉴》，河南省农村劳动力中，初中文化水平及以下的占 64.46%，高中和中专文化程度的占 28.60% 和 3.96%，而大专或以上文化程度的只占 1.94%。农民的文化素质直接影响了农民的信息素质：首先，农民文化素质较低限制了农民对农业信息和信息技术的学习能力，这正是农民应用信息的前提；其次，信息的分析和利用需要较高的市场需求分析预测能力，而较低的文化知识水平限制了农民市场需求分析预测能力的提高；最后，受传统观念的影响，农民信息意识差，缺乏应用信息技术的积极性。

第二节　河南农村信息服务有效供给相对不足

如前分析，农村信息服务具有较大的正外部性，在市场机制下由私人供给会出现供应不足，从而带来效率损失，这就要求河南省各级政府充分发挥主导作用，并找到政府、市场和第三部门相结合的最佳方式。而目前三者在农村信息服务供给上的责任划分不清晰，农村信息服务供给还存在诸多问题，造成农村信息服务有效供给相对不足的现状。结合本书前面对河南省农村信息供给的分析及河南农村实际，本节从政府定位、市场建设、供给结构等方面分析农村信息服务供给相对不足的原因。

一、政府定位不明确，职能缺位和越位并存

农村信息服务具有公共产品的性质，政府应当在农村信息服务发展中发挥主导作用。一直以来，河南政府在农村信息服务领域职能缺位，资金投入严重不足，未能提供稳定的政策和法律支持，同时在一些领域对农村信息服务管理干预

过多，限制了其他信息服务主体的成长，造成农村信息服务供给相对不足的现状。一是政府对农村信息服务财政资金支持不足。农业部在1994年底就提出实施"金农工程"，但是在"十一五"规划之前，河南一直未予正式立项，致使农村信息服务发展缺乏科学规划和必要的资金保障。国家虽然每年拨付农业部2000万元资金，但是分散在全国已是杯水车薪，在其之下的县、乡、村各级信息服务机构的数量呈树状扩展，而其财政状况却层层恶化。地市级及县级计算机配置、传递、处理等设备陈旧，信息处理和技术手段落后，特别是有些县级农口部门工资发放都非常困难，更无暇顾及农村信息服务发展。农村信息服务发展缺乏资金支持和良好的信息网络体系作为支撑，农村信息服务供给水平难以大幅提高，这成为河南农村信息服务供给相对不足的直接原因。二是政府对农村信息基础设施建设投入不足。河南城乡之间存在巨大的数字鸿沟，农村信息基础设施建设的滞后阻碍了农村信息服务供给水平的提高。在通信、广播电视和互联网等信息基础设施上，农村与城市相比还存在很大差距。据《河南省统计年鉴》显示，在通信方面，2012年底农村百户固定电话为25.5部，不到城市百户固定电话的1/2，农村百户电脑仅16.2台，特别是山区农村，且不要说电话、计算机等现代信息设备，就是彩电、收录机，农村居民拥有量也远远低于城镇居民拥有量。互联网发展在城乡之间还存在较大差距，信息网络体系的质量、规模也参差不齐。根据第19次中国互联网络发展状况统计调查结果显示，农村网民普及率仅为3.1%，城镇的网民普及率是农村的6.5倍，河南这个数据会更低。广大农民完全处于"数字鸿沟"的另一端，成为网络革命中的"数字贫困"人口。在经济发达的地区，80%以上的乡、镇、村都建立了信息服务站，而在经济不发达的河南，50%以上的乡、镇、村没有信息服务站或者形同虚设。因此，目前河南农村通信、广播电视、计算机网络等农村信息基础设施还不足以支持信息服务快速发展，许多农民急需的各种信息难以到达农民手中而发挥其应有效益。三是政府对农村信息服务经营管理干预过度。政府在公共管理与服务职能缺位的同时，也存在对农村信息服务过度干预的现象。目前，许多信息服务机构都是其上级部门的二级事业单位，主要为领导决策提供公益性信息服务，营利性业务只占极少部分。即使私营的信息服务组织也往往会受到其归口管理政府职能部门的制约。农村信息服务受主管部门干预太多，会使其自主经营发展能力受到制约，不能有效地进行企业化经营管理，降低了农村信息服务的效率。政府越位生产和提供私人产品性质的农村信息服务，表面上看是增加了农村信息服务供给，但由于政府本身缺乏利润目标和压力，对市场的反应不够灵活，因此信息供给的效果并不理想，仍然无法满足用户的个性化需求。同时，政府从事私人产品性质的农村信息服务的生产和提供，客观上对企业和市场中介组织存在一种"挤出"效应，不利于更多的企业和市场中介组织参与农业信息服务。

二、农村信息化发展的体制与机制有待完善

从新制度经济学角度来看，造成农业信息服务市场低水平均衡的根源是制度建设的不完善，现行的一系列偏向城市的政策阻碍了农业信息服务的发展。城乡二元经济结构，使城市在基础设施建设、技术创新和对知识、人才的吸纳能力上占尽了"先行优势"，而农村地区由于经济基础薄弱、知识和人才匮乏、基础设施不足，在信息技术的推广应用上困难重重。从农村信息服务管理体制上来看，由于历史和体制原因，农业及涉农信息由不同部门归口管理，农口缺乏统一的信息服务管理机构。农村信息服务发展缺乏统一规划，法制建设薄弱，管理体制条块分割，缺乏强有力的协调与管理，各部门和各单位都依靠各自独立、薄弱、不规范的信息系统进行信息采集和资源开发，体系建设交叉重复，严重制约了信息及其他生产要素的合理流动和最佳配置，增加了政府协调的难度和成本，也增加了农户搜集信息的成本，降低了市场信息的效率和效益。同时，农村信息服务管理、建设和应用三者分离，如农业部负责"金农工程"的实施，工业和信息化部、新闻出版广电总局分别负责组织实施电话和广播电视"村村通"工程。又如中国电信集团公司（中国电信）、中国移动通信集团公司（中国移动）、中国联合网络通信集团有限公司（中国联通）、中国广播电视网络有限公司（中国广电）都建立独自的数字化网络体系，"三网融合"步履艰难。体制的分离造成农村信息服务缺乏统一的规划和管理，科技、文化、卫生、农业、林业等政府部门都结合各自职能推进本部门的信息化，信息资源很难社会化和大众化，也不能被其他社会职能部门共享，造成严重的"信息孤岛"现象。同时条块和多层管理体制造成信息供给与需求对接困难。部门之间、行业之间和各单位之间信息对接困难，形成信息交流与共享壁垒；在同一条块内，信息传递失真，难以获得科技、生产、市场、政策法规等方面真实、及时、有用的信息，无法利用信息化带来的便利。而且农村信息化的发展缺乏长效工作机制，有效的信息资源整合共享机制尚未形成。另外，河南农村信息资源立法滞后，在农村信息服务方面还没有专门的法律法规，尤其是信息发布标准及相关立法滞后，现有的规章制度还很不健全，影响了信息发布的权威性和可靠性。农业生产具有高风险性，产前、产中、产后都有大量的信息需求，而当前网络以及广播电视所提供的信息存在诸多问题：虚假信息四处传播，甚至有许多伤农、坑农事件，网络信息的可靠性、权威性受到质疑；信息更新不及时，传播缺乏实效性，与农事结合不紧；信息内容大而化

之，空泛单调，难以指导实际生产，这些都是信息缺乏有效组织和管理的表现。

河南省农村信息化发展"条块分割"的管理体制在一定时期内将持续存在，多头并进、多措并举，会为农村信息化的发展注入生机和活力，但是由于缺乏有效的统筹和协调，管理很难形成合力。政府、运营商、企业在农村信息化的推进过程中，各角色如何定位，各方如何根据市场机制进行协调与配合尚未形成统一的认识，农业信息服务尚未形成合理的市场机制，工作多头现象仍然突出，由于各部门各自为政，管理分散，农村信息化工作缺乏整体统筹规划。另外，农村信息化在现实中会遇到生产关系的调整问题，各部门的利益将重新分配。而且，农业电子政务的开展在大大提高农业部门管理水平的同时也会使一些传统行政方式受到挑战。此外，目前河南省农村信息化工作主要仍处于依赖政府部门推进阶段，市场机制对信息资源的基础性配置及其对农村信息化的推动作用没有得到充分发挥，涉农综合信息服务实现自我运营与自我发展的道路依然漫长。因此，如何建立并完善农村信息化工作的协调机制、市场机制以及利益机制是河南省农村信息化推动工作的一大挑战。

三、农村信息化经费缺乏

近几年来，河南农业信息化建设资金来源渠道比较单一，主要靠政府投入，随着各地信息化建设的普及，信息化建设资金投入逐渐成为政府财政支出的一项负担，农业信息化建设资金紧缺。由于资金投入不足，一些急需的农业信息数据库系统建设明显滞后，不仅阻碍了网络服务功能的深化，还妨碍了信息化的发展。同时，由于有些地方政府机构在信息服务过程中职能定位不明晰，进而造成了行政管理体制对信息服务领域的分割，降低了农业信息服务模式的整体运行效率。目前，河南省各市、县、乡宽带网络运行费用紧缺，信息采集传播费用、农业信息服务平台维护费用及各种耗材费用等均不足，仅靠政府支持已无法满足其建设需要，信息服务网络的有效运行及信息服务的深入展开均受到了影响。

农村信息化建设投资大、风险高。受农村经济相对落后、农村人口分布稀疏、地域广阔等综合因素的影响，在农村地区加大信息化建设，始终面临高成本、高风险的投资瓶颈。例如，宽带入村率要达到60%，现有的设备线路网络需要进行重新规划；代办点覆盖率要达到70%，将涉及现有农村统包点的调整和统包费用的增加，调整难度大、周期长。同时，农村通信的技术接入手段遭遇政策限制，实现普遍接入没有好的解决办法。由于农村幅员辽阔，部分区域后期维护、服务等工作也存在困难，农村光缆被盗现象严重。部分偏远区域通信基础设施铺设到位后，电话、宽带入户率难以保证，投资大而收益小。此外，由于资金投入不足，难以形成有效的人才激励机制，人才流失严重，农业科技特派员的积极性也受到了影响。

四、农村信息服务市场不完善

农村信息服务市场的建立和完善有利于农村信息的流通和使用效率的提高。政府提供农村信息服务的同时，应当充分发挥市场机制的作用，但目前河南省农村信息服务市场的发展还不完善，信息商品市场基本集中于城市，乡村一级基本没有信息商品交换、交流的场所，特别是专门针对普通农户的信息服务市场形式很少，信息传递随意性很大。根据本书对农户信息需求的调查，"不知道到哪里找信息"是限制农户获取信息的最重要因素，所占比例最高。这说明在政府职能缺位的同时，涉农企业、农村合作经济组织、农业信息经纪人等信息服务供给主体也没能在市场机制下充分发挥作用，造成农村信息服务供给相对不足。

农村信息网络很不健全，信息服务体系很不完善。联结省、市、县以及乡镇的信息网络体系虽已取得了很大发展，但仍然很不健全，影响信息化工作的有效落实和普及开展。河南农村分布比较分散，一方面加大了网络铺设的难度，另一方面巨大的网络铺设费用也给财政带来了更大的压力。目前河南省的农村信息网络已延伸到大多数县、乡，但是在县或乡与农户之间却出现了"断层"，而且政府的农业信息网络与涉农企业、农民专业合作组织的信息服务没有相互沟通，在农村尚未形成一个健全的信息网络体系。农业信息中的科技信息、政策信息和就业信息等应属于政府提供的公共物品，因而政府在对农民的信息服务中，迫切需要建立一个完善的信息服务网络体系，从而有效地为农民提供所需信息。

五、农村信息服务"最后一公里"问题

所谓农村信息服务"最后一公里"，是指如何使农业、农村、农民需要的信息进村入户，用来指导农业生产、农民就业、农村生活。虽然在农村信息化建设过程中碰到的难题不少，但大家公认的难点却是网络信息传递的"最后一公里"问题。目前，河南省网络宽带已经全部铺设到县，90%以上的行政村通了电话，为农业信息进村入户提供了条件、搭建了平台，但是网络信息要到村、到户还有一定的困难，这就是人们常说的"最后一公里"问题。

自 1979 年我国从国外引进遥感技术并应用于农业后，先后启动了"金农工程"、"农村市场信息服务行动计划"等，1996 年中国农业科技第一网——"中国农业科技信息网"开始运行。目前，河南省已经建立了农业信息中心，建成了一些大型农业信息资源数据库、优化模拟模型、宏观决策支持系统、农业专家系

统、农业生产计算机管理系统等，县、乡级农业信息中心正逐步建立。即使政府极力推动信息产品的网络供给，而信息产品就在距农民仅仅"一公里"之遥的乡镇，但是农民就是不能主动地把急需的信息产品迎接到家。"最后一公里"问题可谓是河南省发展农村信息化的瓶颈问题。

六、信息供给渠道不畅，农村信息资源匮乏

信息资源不能实现有效共享。农村信息化实际上涉及十几个部门，由于缺乏统一协调的信息管理和服务机制，信息资源在部门之间、行业之间存在分割拥有、垄断使用现象，很难共享，出现了信息重复发布、资源不能有效利用的问题。

在农村信息服务市场上，时效性、交互性强的信息来源和渠道尚未在农村得到普及，造成信息资源的闲置和浪费。从农户获取信息的来源来看，政府部门、大学和科研单位掌握着最为丰富的农业政策、市场信息和前沿科技产品的研究性成果。但由于政府部门、大学和科研机构大多设立在城市，农户缺乏与其沟通的渠道，许多宝贵资料和信息属于部门内部所有，无法被农民有效利用。电视作为农户获取信息的最主要渠道，但电视提供的信息缺乏针对性和交互性，以农民的被动接受为主，使用功能相对单一。数据显示，28.94%的农户安装了有线电视，但能够收看到中央电视台农业频道的农户只占35.90%。农村电视网络发展明显滞后，大量与农业、农村经济发展有关的信息还不能及时有效地应用于农村活动，丧失了信息的使用价值。邻居、亲戚、朋友间口耳相传是农户获取信息的第二种渠道，在农业生产中遇到难题时，大多数农户选择通过邻居、亲戚、朋友解决，但这种个人间的信息传播模式精确度较差，极易使农户受到误导。这些原始落后的信息传播方式使各个供给主体生产和提供的信息难以及时传达到农民手中，影响了农户对信息的有效利用，客观上造成农村信息服务有效供给相对不足。

农业信息资源缺乏：使用不便主要体现在两个方面：

（1）农业信息网、农技热线信息量不足，更新不够及时。我国农业信息资源建设层次较低，目前全国虽有农业信息网站2200多个，但从信息内容看，综合信息多、专业信息少，简单堆积的多、精心加工的少，交叉重复的多、特色信息少。农民的上网需求主要是查看相关农业信息，如病虫害的防治、经济作物的市场需求等。但由于目前农村信息资源分散在各行业部门，运行经费、开支渠道也各不相同，整合各行业部门的信息资源、建设统一的农村信息公共资源难度较大，直接影响了涉农信息网站的信息更新速度。在调查中发现，某网站最新的农

资信息发布时间竟还停留在 2005 年 10 月，而热线信息基本上是摘抄于书本，市场针对性不强。此外，很多农业信息热线查询复杂，需翻查对应的信息代码，且等待时间长，农民使用很不便。同时，由于信息发布的随意性，也导致信息资源的质量不高，这既增加了农民查询所需信息的难度，也使农民对信息的可靠性、权威性和利用价值产生质疑。以上这些因素都阻碍了农民对农业信息、农村信息的有效利用。

（2）涉农信息资源量大，但相对分散，差异较大，分布也比较复杂，信息共享程度低。必须整合农村信息数据资源，建立统一的农村信息数据指标体系、数据标准、目录体系和信息采集指标体系，规范信息采集流程，统一数据交换接口，全面提升涉农系统信息资源开发利用水平，克服农村信息资源粗放增长与有效信息供给不足的矛盾。要整合农村信息服务资源，加强涉农信息咨询机构、农技推广机构、涉农信息网站，以及涉农广播、电视、教育、管理等各类服务机构、服务部门之间的沟通与协调，完善涉农部门间的信息交换制度，建立涉农部门间信息共享机制，解决横向"信息孤岛"和纵向"网站雷同"的问题，有效提高农村信息服务水平。

七、信息服务供给与需求对接困难

随着我国农业市场化程度的不断提高，农户对农村信息需求的范围不断扩大，他们迫切需要了解和掌握国内外农业技术、市场、政策，以及产前、产中、产后等各方面的信息。不同区域、类型和规模的农户对信息内容、精度及质量的需求也存在较大差异，客观上要求供给者提供多样化的信息产品。而在政府主导型农业信息服务供给模式下，当前提供的信息以宏观、综合信息为主，内容单一，缺少准确可靠的供求信息、市场行情、价格预测等内容，针对性、实用性较差；信息的传播渠道不够畅通，农民从网络获取信息的能力有限，以网络为主的信息难以到达农民手里；信息供给对象的分类和针对性不足，泛泛的信息不能充分满足种养大户等较大规模经营的农户需求。农村信息服务中的供给方和需求方，都是按照自己习惯、熟悉的方式提供和接受信息服务，信息供给与需求的对接存在困难。

河南省综合性农业信息发布偏多，信息资源分布比较分散，在现有农业信息化模式的实施过程中存在信息资源的利用率相对比较低、需求供给对接困难的现象。第一，由于农业发展结构性战略调整的要求，经济发展相对比较落后的地区对信息的需求非常强烈，农业信息市场需求和供给存在矛盾；第二，目前网络平台提供的有针对性的信息资源总体来说还比较少，信息资源质量低下，各类移动运营商及政府部门在提供信息资源的过程中无法兼顾地区间的真实诉求；第三，网站缺乏针对性强的、为农民服务的特色信息。大部分网站主要是为农民提供政务、资讯类服务，如政策法规、气象预报、价格行情、供求信息等，能够为农民提供他们所急需的如种植品种、技术服务及农产品种植市场预测等方面的信息却不多。有的网站虽然有分析预测，但是提供的信息量少，并且信息滞后。此外，由于各地区农业信息化建设机构隶属不同部门监管，地区间信息资源传递渠道闭塞，农业信息资源的共享程度低，资源浪费现象严重。总的来说，现有农村信息化发展模式在信息资源需求与供给对接的问题上还需改进，各级政府部门还必须加强对农业信息资源的获取和传播渠道的监督。

八、农村信息服务人才短缺，信息服务质量较差

在农村、农业信息资源的开发利用和信息服务过程中，无论是对信息产品的结构、内容还是对信息服务的效果，人才因素都起着极为重要的作用。拥有高素质的信息开发和信息服务人才是提高信息服务质量的关键因素之一。基层农业信息服务组织是农村信息传播、普及的主要渠道，但在广大农村地区，大部分农村信息服务组织人才匮乏，无法提供高质量的信息服务。一是信息管理和信息服务人员信息化知识更新缓慢；二是信息分析人员严重不足，大量信息资源仅停留在低水平开发状态；三是基层信息服务人员中能利用计算机网络等现代信息技术的人员比例很低。河南省目前还没有建立起一支适应新农村经济社会发展要求的信息化服务队伍，现有的农村、农业信息人才比较缺乏且结构不合理，尤其是基层信息服务工作中兼职人员和工作人员缺乏基本信息知识的现象非常普遍，这与发达国家农业信息服务中服务人员精干高效、信息服务严谨科学的状况相差甚远，因此，深入推进发展这一基础薄弱、技术复杂而又要求苛刻的新兴产业，解决实用农业信息技术及产品严重缺乏的难题，是河南省农村信息化的关键环节。

在河南省农村信息化进程中，信息服务质量有待提高。农民希望农业技术推广站在加强农业生产技术指导培训的同时，增加农资供应和协调产品供销等方面的服务，满足农民对市场信息的迫切需求。这说明农业技术推广站单纯提供技术服务的职能已经无法满足农民对信息多样化的需求。农民专业协会大部分都是"有名无实"或"面临解散"，说明农民专业协会作为推广农业和农村先进适用技术、农户间交流传播技术经验的重要组织，还未有效发挥作用成为农民获取信息服务的可靠途径。同时，由于利益的驱使和监管不足，部分信息服务组织甚至把一些过时和虚假的信息提供给农民，使农民遭受很大的经济损失。信息服务质量的低下，不仅降低了农户的收益，还降低了农户参与市场信息交易的积极性，甚

至造成农户的逆向选择，最终影响农村信息服务市场的良性发展，造成农村信息服务有效供给不足。目前，河南省农业信息服务系统已初具规模，已建成省、市、县、乡四级农业信息服务平台，但是部分地区农业信息服务体系建设流于形式，重建设轻维护，并没有形成真正的信息服务主体，相关科研机构、专业协会、涉农企业等社会力量并没有充分发挥其信息服务主体的作用。各地区农业信息服务站信息服务人员缺乏培训，特别是乡镇一级的信息工作人员还存在业务素质偏低及业务能力参差不齐的情况，大多数农业信息服务人员在信息传播过程中只承担了收集和传递的责任，并未对已收集的信息进行加工处理，并且有些农业信息服务人员的信息预测及分析能力欠缺，使得农民难以获取有效的信息服务。因此，加强农村信息化服务的能力，提升农村信息服务质量是河南省在农村信息化发展过程中一个至关重要的环节。

第八章　农村信息化评价模型及指标体系构建

本章将从静态和动态两个角度对河南省农村信息化水平进行评价。静态方面，基于 2012 年的截面数据，应用层次分析法和熵值法两种方法，建立相应的评价指标体系，对河南省的农村信息化水平进行评价，并进行横向比较。动态方面，构建农村信息化评价指标体系，基于 2000-2013 年的面板数据，科学地分析与评估全国各地区农村信息化发展水平，对河南省历年的农村信息化水平进行评价，并研究其发展趋势。

第一节　农村信息化指标体系建立目标及指标选取的原则

一、农村信息化指标体系建立的目标

一个科学合理的指标体系的构建，能够准确评判各个国家和地区农村信息化的发展状况，分析比较各地区之间不同的发展模式以及发展水平，尤其通过分析比较各地区农村信息化子系统的发展状况及其成因，将有利于各地区找到与自己条件相适宜的发展模式，最终推动我国各地区农村信息化继续稳步向前发展。因此，评价指标体系构建主要基于以下三个目的：

第一，对农村信息化运行现状进行综合评价。对于农村信息化发展水平的评价主要分为横向比较和纵向比较两个方面。其中，横向比较是指不同地区、不同区域农村信息化水平的比较，通过对不同地区农村信息化水平具体指标的横向比较，得出影响不同地区农村信息化水平发展的主次因素，由此找寻出不同区域农村信息化总体发展水平或就某一子系统的建设上的差异；纵向比较则是指某一地区自身农村信息化水平各具体指标之间的比较，通过纵向比较可以判断构建的整

个农村信息化体系中不同指标间相互作用、协调发展的状况。例如，某一地区农村信息化系统中各个子系统之间的协调发展情况。

第二，判断并预测某地区农村信息化建设的变化趋势。通过连续多年的农村信息化评价数据，对某地区农村信息化发展进行横向分析，根据相关指标体系的评价数据，可以较为精准地了解各个区域农村信息化体系之下各子系统的发展与变化趋势，可全面把握各地区农村信息化各个子系统的变化趋势，从中弄清哪些是有利的，哪些是不利的，从而选出有利于农村信息化发展的因素，以促进该地区农村信息化水平的提高。

第三，为政府管理部门优化整体规划和管理决策提供可靠支持。农村信息化评价指标体系的构建可以为优化政府管理决策，尤其是农村信息化的未来发展提供科学依据。农村信息化评价指标体系的构建可以较为精准地了解某地农村信息化发展水平，提供强有力的量化指标给政府作为决策参考，并且可在一定程度上预见农村信息化的未来发展走向，进而使得政府明确发展方向和目标，从而为政府决策部门提供有力的量化依据，使政府决策、相关政策法律法规以及农村农业发展规划更具科学性。

二、信息化指标体系构建的基本原则

农村信息化涵盖了农业生产与经营、农村社会管理等各个方面，同时又受到经济、社会、政治等多个因素的影响。所以，建立能够科学客观地评价农村信息化现状、反映农村信息化发展水平的农村信息化评价指标体系具有一定难度。我国的农村信息标准化建设才刚刚起步，并没有形成科学、合理的相关理论和实践基础。因此，有必要明确农村信息化标准体系建设的主要要求：处理好"共性"与"个性"的关系。在整个标准体系中，应在各个标准间提炼出足够多的、高质量的共同属性，保证其能够充分、准确地反映各个标准间的内在联系。因此，本书在构建河南省农村信息化指标体系时遵循如下原则：

（一）科学性原则

科学性原则是制定农村信息化指标体系的首要原则，其目的是为了确保农村信息化发展水平的评价结果准确合理，能够客观全面地反映一个地区农村信息化发展的现状，以期更好地指导该地区未来农村信息化的发展。因此，为了准确客观全面地反映一个地区农村信息化发展的现状，必须使评价体系的各项指标有机配合。

农村信息化评价指标的确立应当遵循信息化的相关理论，从系统论的观点出发，根据实际情况，确定可以反映农村信息化发展水平的各项指标，保证所选取的指标具有科学性、客观性以及系统性，确保评价结果准确合理。因而在选择指标时要严格遵从科学性原则，根据具体情况，明确界定指标的含义，分层次划分指标体系，确保测度结果能够真实反映农村信息化的情况。

（二）实用性原则

实用性原则是指农村信息化指标体系要通过指标分析出农村信息化的现状，并提出切实可行的对策和建议。

（三）可操作性原则

农村信息化发展水平的影响因素众多、分布范围广、指标体系庞大，如果在构建农村信息化指标体系的过程中一味地求全求细，就会造成农村信息化评价指标操作性减弱，对客观评价农村信息化发展水平产生影响。指标体系只需围绕评价目的，保留能够全面完整地反映农村信息化的整体情况的核心指标即可。所以，本书所构建的农村指标体系不是将所有的指标全部列举，而尽量用较少的指标来反映社会信息化的整体情况。在指标体系的设立过程中，可以将相关程度较大、相互之间存在可替代性的指标合并、简化，保留核心指标，使之可以全面系统地反映农村信息化水平，并且可以客观全面地分析农村信息化建设情况。同时，尽可能采用国家统计口径，这样的统计数据便于收集，转换数据简单易行。

（四）可比较性原则

可比较性是对不同时期和不同对象进行的比较。为了便于与其他地区进行比较，在建立指标体系的时候还应该尽量使所建立的指标体系与常用的指标体系相统一，从而确保评价指标体系不同时期和不同区域的可比较性。

构建农村信息化指标体系的作用在于将农村信息化建设所包含的复杂信息转换为可度量的计量数据，来反映农村信息化的发展水平，从而客观真实地反映该地区农村信息化的发展状况，为该地区农村信息化的发展提供量化标准与依据。因此，指标的选取应具有地区可比性以及时间可比性，立足河南省农村信息化建设的实际情况，选取可以综合、全面反映河南省农村信息化发展水平的指标。而且，为了详尽地了解河南省农村信息化建设水平在全国农村信息化水平中的地位，方便与全国其他省市进行横向比较，评价指标体系的设立还应尽可能地与国内乃至国际常用的指标体系相统一，确保农村信息化评价指标体系的可比较性。

（五）目标导向原则

指标选取与评价并不是以单纯评出名次及优劣程度作为目的，更重要的是引导被评价对象向正确的方向和目标发展，利用实际成果的评价对被评价对象的行为加以控制，引导其向目标靠近，即目标导向的作用。

（六）前瞻性原则

在科学技术高速发展的当今世界，信息技术的发展也是日新月异。随着信息技术在农村的传播与扩展，信息化的内容也会随之改变，因此，构建农村信息化指标体系应能够正确把握农村信息化的发展动向，预测其发展趋势。

（七）阶段性原则

参照国内外信息化水平的评价方法和评价指标，制定农村信息化实现程度的阶段目标，以比较和分析各地市在农村信息化进程中所处的阶段，明确农村信息化建设目标，分步骤实现各地市的农村信息化。

第二节　河南省农村信息化指标体系的构建

农村信息化发展是一个动态发展的长期过程，要建立一个合理的评价指标体系才能对其做出准确的评价。国内的学者对于建立农村信息化评价指标体系做了许多的研究，陆安详等从信息资源开发利用、信息化人才、信息网络建设、信息技术应用、信息消费水平以及信息产业发展六个方面出发，建立了具有 20 项指标的农村信息化发展测度指标体系。而张喜才等也从农村信息资源建设、农村信息网络建设、农村信息化政策支持、农村信息技术应用、农村信息人才培养以及农村信息产业发展六个方面出发，建立了一个具有 23 项指标的农村信息化评价指标体系，并利用此评价指标体系对北京市农村信息化发展状况进行分析。

建立与河南省农村信息化发展相适应的评价指标体系，可以更加准确地把握和衡量该省农村信息化的发展水平，对缩小河南省与经济发达地区的农村信息化发展差距，指导河南省制定长期的农村信息化发展规划和战略，协调农村经济与局域信息化的协调发展均有积极意义。本书按照农村信息化指标体系确定的基本原则，从农村信息化的不同层面以及不同维度构建河南省农村信息化发展水平评价指标体系。该体系包含四个一级指标，分别为农村信息基础设施建设、农村信息资源建设、农村信息人才建设、农村社会信息建设。

一、农村信息基础设施建设

农村信息基础设施建设是农业信息进村入户的重要途径，是信息化可持续发展的传输平台。信息化网络建设的完善，有利于农业信息的全面传播，也有利于促进城乡之间的信息传递互动，从而提升农村经济发展的速度，缩短城乡差距。其中，推广电话、电视、电脑"三电合一"的信息服务模式，提高信息服务入户率，尤为重要。因此，本书选取彩色电视（每百户）、黑白电视（每百户）、固定电话（每百户）、移动电话（每百户）、电脑（每百户）以及农村投递路线（公里每万人）六个三级指标对河南省的农村信息网络建设水平进行评价。

二、农村信息人才建设

农村信息化建设的内容不仅仅包含信息网络设施的构建，也包含培养出较为熟练的信息技术使用者和创造者，即具有一定科学文化基础的新型农民。加快农村人才队伍建设，是推进农村信息化的关键。通过对农民和农业技术人员的培训，进一步提高他们的科学文化素质，培养出一批高学历、有高职称的新型农民。同时也要加快农村信息技术传播人员的培养。农村信息技术传播人员是信息技术的创造者和传播者，他们对于提高农村信息化起到举足轻重的作用。因此，大专以上学历农村劳动力比重、农业技术人员占农业从业人员比重、高级职称农业技术人员比重，以及农技推广服务机构从业人数占农业从业人数比重这些指标都能反映农村信息人才资源建设水平，但考虑到数据的可获得性，本书选取了农村劳动力大专及以上文化程度比重（平均每百个劳动力中的个数）这一个指标。

三、农村信息资源建设水平

图书馆、广播电视台以及报纸是农民获取农业技术信息的主要渠道，职业技术学校和农技站是培训农村信息化人才的重要场所，它们都是农村信息资源的推广平台，存储着大量的农业技术信息以及农村最新发展动态的第一手信息资料。建立较为完善的农村信息资源推广平台，有利于帮助农民及时地掌握国内外农业发展信息以及当地农情动态，还可以为农民提供农业生产过程所需的各种服务，解决其生产过程中遇到的困难，增强农民发展生产的信心，从而达到增产增收的目的，最终实现农村经济建设的继续向前发展。因此，本书从农村广播节目人口覆盖率（%）、农村电视节目人口覆盖率（%）、已通邮的行政村比重（%）、开通互联网宽带业务的行政村比重（%）、农村有线广播电视用户数占家庭总户数的比重（%）、农村劳动力大专及以上文化程度比重（平均每百个劳动力中的个数）六个方面来考察河南省农村信息资源推广平台建设水平。

四、农村社会信息建设

农村信息化的发展必定渗透到社会的各个角落，经济发展程度不同的地区，其农村信息化意识、设备、对信息重视程度也不一样。由于农村社会信息化建设试点在全国范围内铺展开来，纳入河南省农村社会信息化建设的试点乡镇将在目前电话通信网络"村村通"的基础上，完成有线电视网络、计算机宽带网络"村村通"，实现"三网"全面覆盖所有行政村，同时将建立和完善农村信息服务体系，提高农村信息化应用水平。因此，本书选取了农村居民平均每人交通通信消费支出（元）、各地区农村文化站个数（个每村）、农村居民家庭人均纯收入（元）、村民委员会个数（个每村）、农村人均用电量（亿千瓦时每万人）五个三级指标来测量各地市农村社会信息的建设程度。

第三节　河南省农村信息化水平评价体系的确定

由此，按照农村信息化指标体系确定的基本原则，在借鉴国外经验的基础上，同时参照国家信息化发展评价指标体系和统计指标体系，并结合河南省及全国各种相关资料的可获得性，本书构建了一个比较全面的农村信息化水平评价体系。该指标体系涵盖一个地区农村信息化的不同层面以及不同维度，属于较为全面、客观的农村信息化发展水平评价指标体系。该体系包含 4 个一级指标和 17 个二级指标。17 个二级指标分别为：彩色电视（每百户）、黑白电视（每百户）、固定电话（每百户）、移动电话（每百户）、电脑（每百户）、农村投递路线（公里每万人）、农村广播节目人口覆盖率（%）、农村电视节目人口覆盖率（%）、已通邮的行政村比重（%）、开通互联网宽带业务的行政村比重（%）、农村有线广播电视用户数占家庭总户数的比重（%）、农村劳动力大专及以上文化程度比重（平均每百个劳动力中的个数）、农村居民平均每人交通通信消费支出（元）、各地区农村文化站个数（个每村）、农村居民家庭人均纯收入（元）、村民委员会个数（个每村）、农村人均用电量（亿千瓦时每万人），具体情况如表 8-1 所示。

表8-1　河南省农村信息化发展评价指标体系

农村信息化指标	农村信息基础设施建设	彩色电视（每百户）
		黑白电视（每百户）
		固定电话（每百户）
		移动电话（每百户）
		电脑（每百户）
		农村投递路线（公里每万人）
	农村信息资源建设	农村广播节目人口覆盖率（%）
		农村电视节目人口覆盖率（%）
		已通邮的行政村比重（%）
		开通互联网宽带业务的行政村比重（%）
		农村有线广播电视用户数占家庭总户数的比重（%）
	农村信息人才建设	农村劳动力大专及以上文化程度比重（平均每百个劳动力中的个数）
	农村社会信息建设	农村居民平均每人交通通信消费支出（元）
		各地区农村文化站个数（个每村）
		农村居民家庭人均纯收入（元）
		村民委员会个数（个每村）
		农村人均用电量（亿千瓦时每万人）

农村信息化是一个动态发展的长期过程，从科学的角度需要建立一个更加全面、完整的指标体系才能对其做出准确的评价，但是，由于资料的可获得性，在对河南省农村信息化水平进行动态评价时，我们构建的指标体系相对比较简单，具体的指标构建情况将在第十章河南省农村信息化水平的动静态评价及地位分析中介绍。

第四节　信息化评价模型的选择

信息化技术已经渗透到社会的各个行业中，对各行各业的影响越来越大，人们也越来越重视对信息化的度量和测算。对于指标体系的评价方法大致可分为主观赋权法和客观赋权法。主观赋权法主要是指专家学者根据自身的经验对指标体系的各子指标赋权重，这种方法带有较为强烈的主观色彩，不同研究背景、不同研究领域和不用实践经验的专家各自所给出的权重可能会存在较大差异。而客观赋权法则是根据指标数据之间的数量关系对其赋予权重，这种方法克服了主观赋权法中由主观因素带来的偏差，因此，目前常常为人们所用。常用的客观赋权法有因子分析法、神经网络法、模糊综合评价法以及熵值法等。

在对信息化水平测算的探索中，不同行业提出了针对各自行业的测评方法，如 IDC 信息社会指标法、信息化指数法和波拉特法等。我国在测评信息化水平方面也取得了不错的成就，国内学者也提出了很多测评信息化水平的方法，如专家评价法、运筹学和系统工程方法（层次分析法、灰色系统评价法、数据包络分析法）、多元统计分析（包括因子分析和主成分分析等）、熵值法及模糊综合评价法等。通过对各种方法的综合分析，本书采用因子分析法和熵值法进行评价。

一、因子分析法模型

因子分析法是 1904 年英国心理学家 C.Spearman 在美国心理学刊物上发表的一篇文章中首次提出的，后来被广泛应用到经济管理、社会、医学等领域。因子分析法的主要思想是：因子载荷可理解为公共因子对变量的重要系数，与权值意义相符；一般以经过最大方差旋转后得到的因子载荷矩阵作为定权依据。因子分析法是把研究中观测的变量进行分类，将那些联系比较紧密即相关性较高的变量作为同一类别；不同类别变量之间没有太多的相关性；每一类别的变量实际上就是一个公共因子，代表了一个基本结构。根据所研究的对象，试图用最少量数的公共因子的线性函数与特殊因子之和来描述和代表研究对象原来观测到的每一个指标。因子分析法中的公共因子反映各指标之间的内在联系，表示评价指标对被评对象的相对重要程度，因此可以利用该方法对样本进行统计分析来确定各项指标的客观权重。

（一）因子分析的数学模型

因子分析与主成分分析不同的是，它试图将 p 个可观测变量（X_1，X_2，$\cdots$，X_p）通过数量较少的 m 个潜在且不可观测的公共因子（F_1，F_2，$\cdots$，F_m）来加以解释。从形式上看，它也是多元分析中降维的一种方法。

设有 m 个公共因子，由于它们是潜在且不可观测的，形式上记为（F_1，F_2，$\cdots$，F_m）。假设第 i(i = 1，2，$\cdots$，50) 项的测试分数 X_i 可表示为：

$$X_i = a_{i1}F_1 + a_{i2}F_2 + \cdots + a_{im}F_m + \varepsilon_i \ (i = 1, 2, \cdots, p) \tag{8-1}$$

这意味着我们试图通过 m 个潜在的公共因子（F_1，F_2，$\cdots$，F_m）来对第 i 小题的测试分数 X_i 线性地加以解释。

其中，系数 a_{i1}，a_{i2}，$\cdots$，a_{im} 称因子负荷，用来表达第 i 小题的测试分数 X_i 反映出的各公共因子方面的能力。

ε_i 表达了第 i 小题的测试分数 X_i 不能被 m 个公共因子线性解释的部分，称为特殊因子。特殊因子也不可观测。通常假定 $\varepsilon_i \sim N(0, \sigma_i^2)$，这里的 σ_i^2 作为特殊因子的方差，可理解为特殊因子的强度的度量。

根据前述的思路，给出因子分析的数学模型：

$$\begin{cases} X_1 = a_{11}F_1 + a_{12}F_2 + \cdots + a_{1m}F_m + \varepsilon_1 \\ X_2 = a_{21}F_1 + a_{22}F_2 + \cdots + a_{2m}F_m + \varepsilon_2 \\ X_p = a_{p1}F_1 + a_{p2}F_2 + \cdots + a_{pm}F_m + \varepsilon_p \end{cases} \tag{8-2}$$

其中，X_1，X_2，X_3，$\cdots$，X_p 是 p 个原有变量，是均值为 0、标准差为 1 的标准化变量，F_1，F_2，F_3，$\cdots$，F_m 为 m 个因子变量，m 小于 p，引入矩阵记号：

$$X = \begin{pmatrix} X_1 \\ X_2 \\ \cdots \\ X_p \end{pmatrix}, \quad A = \begin{pmatrix} a_{11} & a_{12} & \cdots & a_{1m} \\ a_{21} & a_{22} & \cdots & a_{2m} \\ \cdots & \cdots & \ddots & \cdots \\ a_{p1} & a_{p2} & \cdots & a_{pm} \end{pmatrix}, \quad F = \begin{pmatrix} F_1 \\ F_2 \\ \cdots \\ F_m \end{pmatrix}, \quad \varepsilon = \begin{pmatrix} \varepsilon_1 \\ \varepsilon_2 \\ \cdots \\ \varepsilon_p \end{pmatrix} \tag{8-3}$$

则，模型可表达为：

$$X = AF + \varepsilon \tag{8-4}$$

其中，A 称为因子负荷矩阵。

用原指标的线性组合来求各因子得分式：

$$F = X_1F_1 + X_2F_2 + \cdots + X_mF_m \tag{8-5}$$

此处，X_i 为旋转后因子的方差贡献率。

（二）因子分析法确定权重的步骤

（1）确定原有变量是否适合做因子分析。

因子分析法的分析步骤是首先甄别研究对象的原变量是否适合做因子分析；其次对因子变量进行确定；再次将因子进行旋转以获得较为明显的实际含义，使因子变量更具有可解释性；最后对因子变量进行计算得分。

因子分析是从众多原始变量中构造出少数几个具有代表意义的公共因子，所以要求原有变量之间要具有较强的相关性。如果原有变量之间不存在较强的相关关系，则无法提取出公共因子。因此，因子分析时必须先做相关分析。我们可以计算变量之间的相关系数矩阵，如果大部分系数都大于 0.3，且通过了统计检验，则原有变量适合做因子分析。

设有 n 个样本，每个样本有 p 个指标，则原始数据矩阵为：

$$X = \begin{pmatrix} x_{11} & \cdots & x_{1p} \\ \vdots & \ddots & \vdots \\ x_{n1} & \cdots & a_{np} \end{pmatrix}$$

指标之间的相关系数矩阵为：

$$R = \begin{pmatrix} r_{11} & \cdots & r_{1p} \\ \vdots & \ddots & \vdots \\ r_{p1} & \cdots & r_{pp} \end{pmatrix}$$

（2）构造公共因子。

在因子分析中确定公共因子的方法很多，本书采用的是主成分分析法。主成分分析通过坐标变换，将原有的 p 个相关变量 x_i 做线性变换，转换为另外一组不相关的变量 y_i，可以表示为：

$$\begin{cases} y_1 = u_{11} x_1 + u_{21} x_2 + \cdots + u_{p1} x_p \\ y_2 = u_{12} x_1 + u_{22} x_2 + \cdots + u_{p2} x_p \\ \cdots \\ y_p = u_{1p} x_1 + u_{2p} x_2 + \cdots + u_{pp} x_p \end{cases}$$

其中，$u_{1k}^2 + u_{2k}^2 + \cdots + u_{nk}^2 = 1$（$k = 1, 2, 3, \cdots, p$）。

$y_1, y_2, y_3, \cdots, y_p$ 为原有变量的第一、第二、第三，……，第 p 个主成分。其中，y_1 在总方差中占的比例最大，综合原有变量的能力最强，其余成分逐渐减少。主成分分析就是选取前面几个方差最大的主成分，达到提取公共因子及降维的目的。

（3）求相关系数矩阵 R 的前 m 个特征值和特征向量。

m 个特征值：$\lambda_1 \geqslant \lambda_2 \geqslant \lambda_3 \geqslant \cdots \geqslant \lambda_m$

对应的特征值向量：$u_1, u_2, u_3, \cdots, u_m$

（4）确定因子方差贡献率和累计方差贡献率。

因子方差贡献率：

$$d_i = \frac{\lambda_i}{\sum_{i=1}^{p} \lambda_i}$$

前 m 个公共因子的累积方差贡献率：

$$Q = \frac{\sum\limits_{i=1}^{m} \lambda_i}{\sum\limits_{i=1}^{p} \lambda_i}$$

一般来讲，确定公共因子个数 m 的方法有：①根据特征值的大小确定，一般取大于 1 的特征值；②根据因子的累积方差贡献率确定，一般累积方差贡献率应该在 70% 以上。

（5）m 确定之后，建立公共因子的方差贡献率形成的矩阵向量 B。

$$B = \left(\frac{\lambda_1}{\sum\limits_{i=1}^{m} \lambda_i}, \ \frac{\lambda_2}{\sum\limits_{i=1}^{m} \lambda_i}, \ \cdots, \ \frac{\lambda_m}{\sum\limits_{i=1}^{m} \lambda_i} \right)^T$$

（6）求 m 个因子变量的因子载荷矩阵 A。

$$A = \begin{pmatrix} a_{11} & \cdots & a_{1m} \\ \vdots & \ddots & \vdots \\ a_{p1} & \cdots & a_{pm} \end{pmatrix} = \begin{pmatrix} u_{11}\sqrt{\lambda_1} & \cdots & u_{1m}\sqrt{\lambda_m} \\ \vdots & \ddots & \vdots \\ u_{p1}\sqrt{\lambda_1} & \cdots & u_{pm}\sqrt{\lambda_m} \end{pmatrix}$$

由特征向量和特征值可以得到上述初始因子载荷矩阵 A。在实际分析中，为做好公共因子的命名解释工作，通常通过对 A 进行旋转，得到变换后的因子载荷矩阵 A′。常用的方法是方差极大法。

（7）确定权重。

取每个公共因子的方差贡献率形成的矩阵向量 B 和因子载荷矩阵 A′ 做乘积，经过归一化处理后即得到每一个指标的权重。则

W = A′B

W 即为指标的权重向量，再经归一化处理，即为所求权重。

二、熵值法

熵是一个物理学概念。德国物理学家克劳修斯在 1850 年首次用它来表示热力学中一种能量在空间中分布的均匀程度，是对系统混乱程度的度量。在信息系统中，熵越大表示系统越混乱无序，不确定性越大，效用值越小，携带的信息量越少，权重越小。根据熵的特性，我们可以通过计算熵值来判断一个事件的随机性及无序程度，也可以用熵值来判断某个指标的离散程度，指标的离散程度越大，该指标对综合评价的影响越大。熵值法是一种客观赋权方法，通过计算指标的信息熵，依据指标对系统的影响程度大小来决定各个指标的权重，这种方法已被广泛地应用在不同的领域。

熵值法的计算步骤如下：

（1）选取 m 个省，n 个指标，则 X_{ij} 表示第 i 个省的第 j 个指标的数值 （i = 1，2，…，m；j = 1，2，…，n）。

（2）对指标数据进行标准化处理。不同指标所代表的物理意义不同，其量纲也必将不同。量纲不同的指标无法放在一起进行计算，因此为了消除量纲不同带来的影响，在对指标进行计算之前，必将先对指标数据进行标准化处理。标准化处理之后如果出现负值或者零，要统一加上某一个正数，消除负数和零对后面的影响。具体数据标准化处理过程如下：

$$X'_{ij} = \frac{X_{ij} - \min(X_{ij})}{\max(X_{ij}) - \min(X_{ij})} \tag{8-6}$$

其中，X_{ij} 表示第 i 个地区的第 j 个指标的原始数据。

（3）计算第 j 项指标下第 i 个地区占该指标的比重：

$$P_{ij} = \frac{X_{ij}}{\sum\limits_{i=1}^{m} X_{ij}} \quad (i = 1，2，…，m；j = 1，2，…，n) \tag{8-7}$$

（4）计算第 j 项指标的熵值：

$$e_j = -k \sum_{i=1}^{m} p_{ij} \ln(p_{ij}) \tag{8-8}$$

其中，k > 0，k = 1/ln(m)，$e_j \geq 0$。

（5）计算第 j 项指标的差异系数。对于第 j 项指标，指标值的差异越大，对方案的影响程度就越大，熵值就越小。定义差异系数：

$$g_j = \frac{1 - e_j}{m - E_e} \tag{8-9}$$

其中，$E_e = \sum\limits_{j=1}^{n} e_j$，$0 \leq g_i \leq 1$，$\sum\limits_{j=1}^{n} g_j = 1$。

（6）求每个指标的权重值。利用熵值法确定指标体系中各指标的权重，其基本原理就是利用各指标所包含的信息效用系数来计算，其信息效用系数越大，对于整体指标体系的影响就越大，对评价的重要性就越大。因此，各指标体系的权重 W_j 可以如下所示：

$$W_j = \frac{g_j}{\sum\limits_{j=1}^{n} g_j} \quad (1 \leq j \leq m) \tag{8-10}$$

（7）计算各个地区的综合得分：

$$s_i = \sum_{j=1}^{n} W_j \times p_{ij} \quad (i = 1，2，…，m) \tag{8-11}$$

第九章 河南省农村信息化静动态评价及地位分析

第一节 河南省农村信息化水平的静态评价

一、基于因子分析法对河南省农村信息化水平的评价

（一）河南省农村信息化的指标体系

合理地测算农村信息化发展水平，对于正确评价一个国家或地区的农村信息发展状况是至关重要的。本节从静态角度以全国 31 个地区的农村信息化发展水平作为研究背景，分别采用因子分析法和熵值法，借助 SPSS 16.0 运算工具进行分析。结合河南省的实情及资料的可获得性，有针对性地选择了彩色电视 X_1（每百万户）、黑白电视 X_2（每百万户）、固定电话 X_3（每百万户）、移动电话 X_4（每百万户）、电脑 X_5（每百万户）、农村投递路线 X_6（公里）、农村广播节目人口覆盖率 X_7（%）、农村电视节目人口覆盖率 X_8（%）、已通邮的行政村比重 X_9（%）、开通互联网宽带业务的行政村比重 X_{10}（%）、农村有线广播电视用户数占家庭总户数的比重 X_{11}（%）、农村劳动力大专及以上文化程度比重 X_{12}（平均每百个劳动力中的个数）、农村居民平均每人交通通信消费支出 X_{13}（元）、各地区农村文化站个数 X_{14}（个每村）、农村居民家庭人均纯收入 X_{15}（元）、村民委员会个数 X_{16}（个每村）、农村用电量 X_{17}（亿千瓦时每万人）共 17 个指标作为分析因子。

（二）数据来源

评价指标的数据来源，分别是 2013 年《中国农村统计年鉴》、《中国农业统计年鉴》、《中国统计年鉴》和国家数据网等，有的数据不能直接使用，是采用一定

的方法计算得出的。其中，指标 X_6 是每个省农村投递路线除以农村人口数得到的，指标 X_{14} 是每个省农村文化站个数除以村个数得到的，指标 X_{16} 是每个省村民委员会个数除以村个数得到的，指标 X_{17} 是每个省农村用电量除以农村人口数得到的，其余指标为直接数据。

（三）KMO 和 Bartlett's 检验

为了保证因子分析法的评价结果的科学性，必须对原始变量进行 KMO 和 Bartlett's 检验，以判断原始变量是否适合做因子分析。表 9–1 反映的是本书所选指标的 KMO 和 Bartlett's 检验的结果。由表 9–1 可知，本部分的 KMO 值为 0.644，大于 0.5，说明原有变量适合做因子分析。Bartlett's 检验统计量的观测值是 508.932，其伴随概率 Sig. 为 0.000，故拒绝 Bartlett's 检验的零假设，即原有变量适合进行因子分析。KMO 和 Bartlett's 检验结果显示，我们构建的农村信息化指标体系，所选指标原变量适合用因子分析法进行评价。

表 9–1　KMO 测度和 Bartlett 球体检验结果

KMO 检验抽样适度测定值		0.737
Bartlett 球体检验	卡方近似值	508.932
	df	136
	Sig.	0.000

（四）因子变量的确定

表 9–2 是各个变量的总方差分解，由此可知，提炼出的前四个公因子，第一个因子变量包含了原指标变量信息量的 48.956%，第二个因子变量包含原指标变量信息量的 12.137%，第三个因子变量可以解释原指标变量 9.946% 的信息量，第四个因子变量可以解释原来指标变量 7.998% 的信息量，可见，这前四个因子变量可以解释所有原指标变量信息量的 79.037%。所以，这四个公因子就是我们确定的用以评价农村信息化发展水平的变量。

（五）公因子得分的计算

公因子得分可以由如下因子得分函数计算得出：

$$F_1 = b_{11} X_1 + b_{12} X_2 + \cdots + b_{1n} X_n$$
$$F_2 = b_{21} X_1 + b_{22} X_2 + \cdots + b_{2n} X_n$$
$$\cdots$$
$$F_m = b_{m1} X_1 + b_{m2} X_2 + \cdots + b_{mn} X_n$$

\hfill (9–1)

表 9-2 农村信息化指标总方差分解表

成分	初始特征值			提取的平方载荷			旋转的平方载荷		
	合计	方差百分比(%)	累计百分比(%)	合计	方差百分比(%)	累计百分比(%)	合计	方差百分比(%)	累计百分比(%)
1	8.323	48.956	48.956	8.323	48.956	48.956	6.863	40.371	40.371
2	2.063	12.137	61.093	2.063	12.137	61.093	2.634	15.494	55.865
3	1.691	9.946	71.039	1.691	9.946	71.039	2.187	12.866	68.731
4	1.360	7.998	79.037	1.360	7.998	79.037	1.752	10.307	79.037
5	0.990	5.823	84.860						
6	0.618	3.638	88.498						
7	0.482	2.838	91.336						
8	0.387	2.279	93.616						
9	0.327	1.926	95.542						
10	0.268	1.576	97.118						
11	0.172	1.013	98.132						
12	0.113	0.666	98.798						
13	0.072	0.421	99.219						
14	0.060	0.352	99.572						
15	0.035	0.208	99.779						
16	0.023	0.134	99.914						
17	0.015	0.086	100.000						

计算结果如表 9-3 所示。

表 9-3 计算因子值的系数矩阵

分析因子	系数矩阵			
	1	2	3	4
彩色电视	0.154	−0.071	−0.045	0.013
黑白电视	−0.010	−0.219	−0.033	0.408
固定电话	0.172	−0.089	0.011	−0.131
移动电话	−0.042	0.319	0.097	−0.155
电脑	0.141	0.066	−0.074	−0.054
投递路线	0.080	−0.369	0.066	−0.009
广播节目	0.004	0.086	0.010	0.246
电视节目	0.014	0.165	−0.041	0.205

分析因子	系数矩阵			
	1	2	3	4
通邮行政村	−0.122	0.037	0.031	0.569
宽带	−0.020	0.284	−0.058	0.095
有线电视	0.115	−0.020	−0.034	0.064
文化程度	0.161	0.045	−0.090	−0.163
交通通信消费	0.190	−0.062	−0.064	−0.107
文化站	−0.080	−0.033	0.509	−0.003
人均纯收入	0.157	−0.028	−0.030	−0.040
村委会	−0.083	−0.015	0.499	0.002
用电量	0.126	−0.159	0.102	0.016

$$F_1 = 0.154X_1 - 0.01X_2 + 0.172X_3 - 0.042X_4 + 0.141X_5 + 0.08X_6 + 0.004X_7 + 0.014X_8$$
$$- 0.122X_9 + 0.02X_{10} + 0.115X_{11} + 0.161X_{12} + 0.19X_{13} - 0.08X_{14} + 0.157X_{15}$$
$$- 0.083X_{16} + 0.126X_{17}$$

$$F_2 = -0.071X_1 - 0.219X_2 - 0.089X_3 + 0.319X_4 + 0.066X_5 - 0.369X_6 + 0.086X_7$$
$$+ 0.165X_8 + 0.037X_9 + 0.284X_{10} - 0.02X_{11} + 0.045X_{12} - 0.062X_{13} - 0.033X_{14}$$
$$- 0.028X_{15} - 0.015X_{16} - 0.159X_{17}$$

$$F_3 = -0.045X_1 - 0.033X_2 + 0.11X_3 + 0.097X_4 - 0.074X_5 + 0.066X_6 + 0.01X_7 - 0.041X_8$$
$$+ 0.031X_9 - 0.058X_{10} - 0.034X_{11} - 0.09X_{12} - 0.064X_{13} + 0.509X_{14} - 0.03X_{15}$$
$$+ 0.499X_{16} + 0.102X_{17}$$

$$F_4 = 0.013X_1 + 0.408X_2 - 0.131X_3 - 0.155X_4 - 0.054X_5 - 0.009X_6 + 0.246X_7 + 0.205X_8$$
$$+ 0.569X_9 + 0.095X_{10} + 0.064X_{11} - 0.163X_{12} - 0.107X_{13} - 0.003X_{14} - 0.04X_{15}$$
$$+ 0.002X_{16} - 0.016X_{17}$$

（六）因子得分及地区排名

根据因子分析法的原理，计算各地区农村信息化建设的得分公式如下：

$$F = \frac{\lambda_1}{\lambda}F_1 + \frac{\lambda_2}{\lambda}F_2 + \frac{\lambda_3}{\lambda}F_3 + \frac{\lambda_4}{\lambda}F_4$$

$$\lambda = \lambda_1 + \lambda_2 + \lambda_3 + \lambda_4 \tag{9-2}$$

其中，λ 为各公因子初始特征值的解释方差。

最终各地区农村信息化水平得分模型为：$F = 0.40371F_1 + 0.15494F_2 + 0.12866F_3 + 0.10307F_4$

各地区农村信息化水平得分情况如表9-4所示。

表 9-4　全国各地区综合排名

省　份	F_1	F_2	F_3	F_4	F	排名
北　京	2.39	1.26	−0.98	−1.15	0.91	2
天　津	0.78	0.63	0.06	0.01	0.42	6
河　北	−0.06	0.68	−0.35	0.35	0.07	9
山　西	−0.17	0.13	−0.45	0.00	−0.10	16
内蒙古	−0.23	−0.61	−0.17	−0.83	−0.29	23
辽　宁	0.53	−0.26	−0.41	−0.57	0.06	10
吉　林	−0.18	0.66	−0.24	0.10	0.01	11
黑龙江	−0.32	0.29	−0.34	0.45	−0.08	15
上　海	2.94	−1.28	1.64	0.50	1.25	1
江　苏	1.67	−0.30	−0.29	0.92	0.68	4
浙　江	2.08	−0.16	−0.78	0.51	0.77	3
安　徽	−0.41	−0.22	−0.42	1.33	−0.12	18
福　建	0.71	1.00	−0.40	−0.48	0.34	7
江　西	−0.43	0.17	−0.45	1.37	−0.06	14
山　东	0.09	0.35	0.54	0.35	0.19	8
河　南	−0.54	0.65	−0.34	0.42	−0.12	19
湖　北	−0.27	0.52	−0.10	0.56	0.01	12
湖　南	−0.61	−0.17	−0.30	−0.19	−0.33	25
广　东	−0.31	0.81	4.77	−0.16	0.60	5
广　西	−0.74	0.62	−0.19	0.25	−0.20	21
海　南	−0.93	0.29	0.22	−0.19	−0.32	24
重　庆	−0.44	0.54	−0.31	0.23	−0.11	17
四　川	−0.63	−0.43	−0.31	0.84	−0.28	22
贵　州	−0.88	−0.69	−0.16	−2.21	−0.71	30
云　南	−1.06	0.20	−0.05	−0.01	−0.40	28
西　藏	−0.28	−4.12	0.20	−0.64	−0.79	31
陕　西	−0.59	0.48	0.69	0.16	−0.06	13
甘　肃	−0.80	−0.56	−0.10	0.26	−0.40	27
青　海	−0.07	0.16	−0.29	−3.65	−0.42	29
宁　夏	−0.68	0.92	−0.24	0.11	−0.15	20
新　疆	−0.56	−1.57	−0.43	1.36	−0.38	26

从表9-4可以看出，河南省农村信息化发展水平在全国范围内处于中下游水平，排名为第19位。上海、北京、浙江、江苏、广东的农村信息化水平分别排

前5名，西藏、贵州、青海、云南、甘肃分别排后5名。可见，信息化水平与其农村经济发展水平基本一致。

二、基于熵值法对河南省农村信息化发展水平的评价

本章前面用因子分析法对河南省农村信息化水平进行了评价，为了验证因子分析的结果是否科学、准确地评价了河南省农村信息化的发展水平，下面采用熵值法对结果进行验证。因为本节是采取熵值法来验证因子分析法的结果，所以分析所使用的数据与因子分析法的数据相同，以确保分析的结果具有可比较性。

（一）标准化处理数据

选取 m 个省，n 个指标，则 X_{ij} 表示第 i 个省的第 j 个指标的数值（i = 1，2，…，m；j = 1，2，…，n）。

为了消除因量纲和数量级不同对评价结果的影响，需要对数据进行标准化处理。

$$X'_{ij} = \frac{X_{ij} - \min(X_{ij})}{\max(X_{ij}) - \min(X_{ij})} \tag{9-3}$$

根据式（9-3），对数据进行标准化处理，处理之后的数据有0，为了消除对后面计算的影响，每个数都统一加0.01。最终处理结果如表9-5所示。

表9-5　标准化处理结果

X'_{ij}	X_1	X_2	X_3	X_4	X_5	X_6	X_7	X_8	X_9
北　京	0.439	0.024	0.964	0.924	1.010	0.057	1.010	1.010	1.010
天　津	0.324	0.010	0.584	0.575	0.663	0.096	1.010	1.010	1.010
河　北	0.286	0.145	0.439	0.624	0.461	0.063	0.943	0.887	1.010
山　西	0.152	0.280	0.462	0.496	0.420	0.104	0.488	0.640	1.010
内蒙古	0.061	0.265	0.060	0.295	0.229	0.182	0.107	0.037	0.215
辽　宁	0.184	0.043	0.900	0.241	0.308	0.104	0.823	0.726	0.789
吉　林	0.235	0.036	0.331	0.729	0.315	0.151	0.861	0.775	1.010
黑龙江	0.147	0.118	0.319	0.492	0.293	0.144	0.853	0.788	1.010
上　海	1.010	0.674	1.010	0.616	0.745	0.181	1.010	1.010	1.010
江　苏	0.526	0.592	0.820	0.643	0.682	0.119	1.010	0.998	1.010
浙　江	0.825	0.587	0.858	0.695	0.726	0.090	0.965	0.948	1.010
安　徽	0.226	0.779	0.550	0.390	0.211	0.038	0.809	0.726	1.010
福　建	0.455	0.074	0.700	0.980	0.548	0.063	0.838	0.812	0.964
江　西	0.272	0.730	0.152	0.616	0.203	0.047	0.771	0.763	1.010

续表

X'_{ij}	X_1	X_2	X_3	X_4	X_5	X_6	X_7	X_8	X_9
山　东	0.198	0.316	0.398	0.598	0.478	0.070	0.853	0.701	1.010
河　南	0.173	0.216	0.197	0.562	0.307	0.037	0.823	0.714	1.010
湖　北	0.227	0.341	0.374	0.748	0.300	0.111	0.883	0.800	1.002
湖　南	0.174	0.395	0.223	0.550	0.182	0.073	0.174	0.467	0.999
广　东	0.249	0.126	0.753	1.010	0.481	0.055	0.928	0.862	1.010
广　西	0.159	0.274	0.245	0.752	0.179	0.043	0.674	0.689	0.991
海　南	0.039	0.201	0.173	0.703	0.129	0.084	0.667	0.245	0.980
重　庆	0.137	0.167	0.405	0.500	0.221	0.046	0.831	0.812	0.915
四　川	0.125	0.518	0.275	0.418	0.152	0.043	0.711	0.677	0.995
贵　州	0.010	0.052	0.056	0.376	0.075	0.012	0.010	0.010	0.592
云　南	0.073	0.088	0.010	0.660	0.095	0.093	0.652	0.578	1.010
西　藏	0.123	0.375	0.517	0.010	0.010	1.010	0.413	0.183	0.820
陕　西	0.198	0.264	0.306	0.880	0.272	0.097	0.868	0.714	1.010
甘　肃	0.121	0.345	0.231	0.549	0.174	0.144	0.734	0.640	1.010
青　海	0.129	0.146	0.480	0.798	0.134	0.010	0.406	0.393	0.010
宁　夏	0.302	0.438	0.223	0.995	0.227	0.036	0.488	0.812	0.964
新　疆	0.020	1.010	0.242	0.145	0.190	0.118	0.629	0.343	1.006

X'_{ij}	X_{10}	X_{11}	X_{12}	X_{13}	X_{14}	X_{15}	X_{16}	X_{17}
北　京	1.010	0.724	1.010	0.782	0.051	0.910	0.064	0.118
天　津	1.010	0.345	0.284	0.534	0.119	0.726	0.203	0.183
河　北	0.964	0.195	0.225	0.189	0.026	0.279	0.034	0.151
山　西	1.010	0.343	0.269	0.205	0.024	0.149	0.030	0.059
内蒙古	0.372	0.285	0.394	0.332	0.034	0.184	0.028	0.061
辽　宁	1.010	0.452	0.210	0.237	0.039	0.377	0.029	0.230
吉　林	0.964	0.449	0.143	0.260	0.037	0.318	0.032	0.047
黑龙江	0.945	0.405	0.099	0.194	0.027	0.318	0.017	0.052
上　海	1.010	0.884	0.647	1.010	0.526	1.010	0.470	1.010
江　苏	1.010	1.010	0.291	0.716	0.101	0.589	0.096	0.492
浙　江	1.010	0.814	0.432	0.857	0.038	0.765	0.064	0.319
安　徽	1.010	0.146	0.195	0.124	0.042	0.210	0.030	0.038
福　建	1.010	0.615	0.321	0.331	0.034	0.421	0.030	0.164
江　西	0.977	0.573	0.203	0.107	0.032	0.260	0.021	0.037
山　东	1.010	0.535	0.277	0.438	0.113	0.382	0.370	0.094
河　南	1.010	0.169	0.225	0.130	0.028	0.237	0.037	0.054

续表

X'_{ij}	X_{10}	X_{11}	X_{12}	X_{13}	X_{14}	X_{15}	X_{16}	X_{17}
湖　北	0.916	0.473	0.240	0.109	0.057	0.262	0.083	0.043
湖　南	0.867	0.222	0.225	0.098	0.027	0.231	0.030	0.031
广　东	1.010	0.514	0.284	0.305	1.010	0.464	1.010	0.243
广　西	0.893	0.291	0.166	0.076	0.032	0.123	0.025	0.025
海　南	0.919	0.250	0.136	0.063	0.096	0.228	0.075	0.025
重　庆	1.010	0.316	0.151	0.103	0.041	0.226	0.027	0.049
四　川	0.594	0.381	0.106	0.085	0.022	0.198	0.015	0.036
贵　州	0.537	0.259	0.129	0.015	0.025	0.029	0.019	0.026
云　南	0.593	0.181	0.106	0.089	0.026	0.078	0.017	0.032
西　藏	0.010	0.056	0.010	0.010	0.010	0.101	0.010	0.010
陕　西	0.685	0.268	0.291	0.114	0.182	0.104	0.198	0.078
甘　肃	0.297	0.032	0.217	0.064	0.021	0.010	0.017	0.036
青　海	0.762	0.026	0.180	0.248	0.021	0.075	0.015	0.020
宁　夏	1.010	0.010	0.166	0.202	0.026	0.136	0.018	0.048
新　疆	0.643	0.236	0.180	0.221	0.022	0.152	0.013	0.099

（二）计算熵值

$$P_{ij} = \frac{X'_{ij}}{\sum\limits_{i=1}^{m} X_{ij}} \quad (i = 1, 2, \cdots, m; \; j = 1, 2, \cdots, n) \qquad (9\text{-}4)$$

$$e_j = -k \sum\limits_{i=1}^{m} p_{ij} \ln(p_{ij}) \qquad (9\text{-}5)$$

首先，根据式（9-4），计算出第 j 项指标下第个地区占该指标的比重 P_{ij}；其次，根据式（9-5）计算出各个指标的熵值 e_j，其中，$k = \dfrac{1}{\ln(m)} = \dfrac{1}{\ln(31)} = 0.29$。计算结果如表 9-6 所示：

表 9-6　各个指标的熵值和权重

	X_1	X_2	X_3	X_4	X_5	X_6	X_7	X_8	X_9
熵值 e_j	0.907	0.905	0.935	0.969	0.932	0.846	0.969	0.964	0.981
权重 w_j	0.055	0.056	0.038	0.018	0.040	0.090	0.018	0.021	0.011
	X_{10}	X_{11}	X_{12}	X_{13}	X_{14}	X_{15}	X_{16}	X_{17}	
熵值 e_j	0.978	0.929	0.939	0.886	0.722	0.912	0.716	0.804	
权重 w_j	0.013	0.042	0.036	0.067	0.163	0.052	0.166	0.115	

其中，k > 0，$k = \dfrac{1}{\ln(m)}$，$e_j \geqslant 0$。

（三）求出每个指标的权重值 W_j

首先，根据式（9-6）计算出 g_j；其次，根据式（9-7）计算出各个指标的权重值 w_j，如表9-6所示。

$$g_j = \frac{1 - e_j}{m - E_e} \tag{9-6}$$

其中，$E_e = \sum_{j=1}^{n} e_j$，$0 \leqslant g_i \leqslant 1$，$\sum_{j=1}^{n} g_j = 1$。

$$w_j = \frac{g_j}{\sum_{j=1}^{n} g_j} \quad (1 \leqslant j \leqslant m) \tag{9-7}$$

（四）计算出各个省份的综合得分 S_j

根据式（9-8）得出各个省份的综合得分和排名，如表9-7所示。

$$s_i = \sum_{j=1}^{n} w_j \times p_{ij} (i = 1, 2, \cdots, m) \tag{9-8}$$

表 9-7　熵值法和因子分析法的综合排名

省　份	熵值法得分	熵值法排名	因子分析法得分	因子分析法排名
北　京	0.043	7	0.910	2
天　津	0.046	6	0.420	6
河　北	0.023	13	0.070	9
山　西	0.020	20	−0.100	16
内蒙古	0.020	18	−0.290	23
辽　宁	0.028	11	0.060	10
吉　林	0.022	14	0.010	11
黑龙江	0.019	21	−0.080	15
上　海	0.129	2	1.250	1
江　苏	0.058	3	0.680	4
浙　江	0.051	4	0.770	3
安　徽	0.021	17	−0.120	18
福　建	0.030	10	0.340	7
江　西	0.021	15	−0.060	14

续表

省　份	熵值法得分	熵值法排名	因子分析法得分	因子分析法排名
山　东	0.049	5	0.190	8
河　南	0.017	22	−0.120	19
湖　北	0.026	12	0.010	12
湖　南	0.017	24	−0.330	25
广　东	0.137	1	0.600	5
广　西	0.015	28	−0.200	21
海　南	0.020	19	−0.320	24
重　庆	0.017	25	−0.110	17
四　川	0.015	27	−0.280	22
贵　州	0.007	31	−0.710	30
云　南	0.012	29	−0.400	28
西　藏	0.034	9	−0.790	31
陕　西	0.037	8	−0.060	13
甘　肃	0.015	26	−0.400	27
青　海	0.012	30	−0.420	29
宁　夏	0.017	23	−0.150	20
新　疆	0.021	16	−0.380	26

由表 9-7 可以看出熵值法的分析结果，除了少部分省份的排名和因子分析法的排名出入较大外，其他大部分省份的排名结果基本一致。河南省在全国处于第 22 名，说明河南省农村信息化的发展水平在全国处于中下游水平。

三、小结

本节分别采用因子分析法和熵值法来测算全国各个省份农村信息化水平，并分析了河南省在全国范围内的综合排名。

根据表 9-7 两种分析方法的分析结果，除了少数省份结果出入比较大之外，其他省份在全国的排名基本一致。从表 9-7 中可以看出，北京、上海、江苏、浙江、广东等地区，农村信息化水平相对较高，主要是由于这些地区经济发达，农民的文化素质高，城镇化发展得快；而西藏、贵州、青海、云南、甘肃的农村信息化水平最低。四川、云南、青海等地区农村信息化水平非常低，这些省份经济发展水平低，资金投入力度不够，农民文化素质偏低，致使农村信息化水平比较落后；剩下的绝大多数省份，有的因为地理位置，有的因为人口因素，使它们的信息化发展受到阻碍。河南省农村信息化处于中下游水平，主要是受到人口因素、经济因素、文化教育因素等多方面的影响。河南省农村信息化基础设施落后，投入不足；农民的文化素质偏低，人才不足，缺乏利用信息的意识；农村信息化资源环境缺乏，缺少有效的传输渠道。因此，河南省需要加大信息化基础设施的投入力度，以进一步提高信息化水平。

第二节　河南省农村信息化水平的动态评价

　　前一节我们从静态角度以全国 31 个地区农村信息化作为研究背景，分别采用因子分析法和熵值法，借助 SPSS 16.0 运算工具，分别对河南省农村信息化水平进行评价并进行比较分析。研究表明，不论是用因子分析法还是用熵值法进行研究，河南省农村信息化的发展水平在全国范围内的排名基本都在 20 名左右，处于中下游水平。

　　农村信息化的发展是一个长期的动态过程，它正在成为促进社会进步和科技发展的重要手段，农村信息化建设对于缩小数字鸿沟、提高社会整体信息化水平、促进新农村建设的跨越发展具有重要意义，同时对国民经济的增长起着乘数效应，是提高农村经济增长的重要指标，我们有必要从动态的角度对农村信息化发展水平进行研究。本章基于 2000~2012 年的面板数据对河南省农村信息化发展状况进行纵向的动态研究，探讨河南省农村信息化在最近 10 多年的发展变化情况，同时为后面的研究奠定基础。

一、农村信息化指标体系的建立

　　2001 年 7 月工业和信息化部领导的工作组建立了《国家信息化指标体系构成方案》，为定量分析全国区域和农村的信息化水平提供了很好的支持。根据《国家信息化指标体系构成方案》并结合前人对信息化指标的构成与信息化指数的测评方面的研究，本节将相关文献中所运用的共有指标作为参考。在这些指标中，网络通信各项相关的指标具有较好的代表性，但鉴于数据的可得性，网络通信只是在最近五六年内开始在农村普及，只能收录 5~7 年的数据，因而本节无法采用，因此本节将基础建设和信息通信工具普及率等分为 5 个指标，即黑白电视、彩色电视、移动电话、固定电话和电脑，用这些指标来综合考察农村信息化的具体情况。另外本节采用的是 2000~2012 年共计 13 年的数据。

二、数据来源与统计量描述

本部分实证研究所需数据均来自于《中国统计年鉴》、《中国农村年鉴》、《新中国农业 60 年统计资料》以及国家数据库网站，除一些西部偏远的省份较早的数据有些不全以外，其余的省份都收录了 2000-2012 年 13 年的数据。影响农村信息化水平的指标统计量如表 9-8 所示。

表 9-8　信息化指标的统计量描述

	固定电话 （部/百户）	移动电话 （部/百户）	黑白电视机 （台/百户）	彩色电视机 （台/百户）	家用计算机 （台/百户）
样本均值	53.161	83.827	21.289	90.399	7.367
均值标准差	1.275	3.427	0.991	1.539	0.599
标准差	26.002	69.818	20.219	31.396	11.972
方差	676.107	4874.000	408.816	985.692	143.334
极差	123.790	244.270	74.620	189.042	66.700
最小值	0.210	0.210	0.030	8.958	0.000
最大值	124.000	244.480	74.650	198.000	66.700
样本和	22100.000	34788.280	8856.410	37605.809	2939.420

资料来源：《中国统计年鉴》、《中国农村年鉴》、《新中国农业 60 年统计资料》。

三、农村信息化指数测评

根据上文农村信息化指标的选取以及信息化指数测度的方法（层次分析法）的介绍，运用 SPSS 16.0 软件将数据进行处理，从而得到全国 31 个省、市、自治区及全国平均农村信息化因子的得分。

表 9-9 是 2000-2012 年全国各地农村信息化指数 KMO 检验与 Bartlett 球体检验的结果，从中可以看出这 13 年的数据是适合做因子分析的，相关系数矩阵与单位矩阵有显著差异，且其总方差分解表中所选两个因子的特征根解释了总体方差中大于 80% 的信息，表明两个因子可以反映全部的指标信息，该因子得分可以反映出全国各地农村的信息化水平。

表 9-9　KMO 检验与 Bartlett 球体检验

年份	KMO 检验	Bartlett 球体检验	显著性（Sig.）	总方差
2012	0.597	77.684	0	0.79719
2011	0.645	81.892	0	0.82142
2010	0.794	88.053	0	0.83690

续表

年份	KMO 检验	Bartlett 球体检验	显著性（Sig.）	总方差
2009	0.817	89.403	0	0.84566
2008	0.820	90.634	0	0.85389
2007	0.838	112.293	0	0.88437
2006	0.784	121.883	0	0.88558
2005	0.777	115.110	0	0.88896
2004	0.782	125.086	0	0.89551
2003	0.764	190.427	0	0.83969
2002	0.721	119.455	0	0.90112
2001	0.658	119.281	0	0.90546
2000	0.587	137.611	0	0.89531

资料来源：根据资料整理。

为了消除因子得分中的低于平均水平的负得分，将因子得分进行非负处理，再进行标准分值化处理。标准分值化后的农村信息化水平指数可以准确地说明各省农村信息化的真实水平，且该数据为各省在基于河南省条件下最终确认的农村信息化指数，该数据能准确地表明各省在相同条件下的农村信息化水平。

经过因子分析后，得出包括河南省在内的各省、市、自治区的农村信息化的因子得分，将河南省 2000～2012 年历年农村信息化的因子得分与全国历年平均水平单独拿出来进行比较（见图 9-1），可以得出河南省农村信息化水平在全国平均水平下的基本状况。

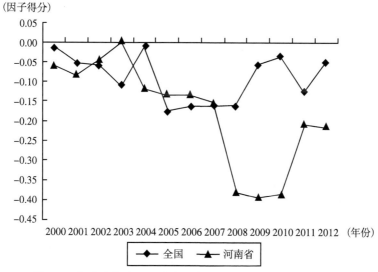

图9-1　河南省与全国平均水平农村信息化因子得分的发展趋势

从图 9-1 中可以看出 2000-2012 年河南省与全国平均水平的农村信息化得分。2000-2007 年河南省农村信息化的得分与全国平均水平的得分是交织在一起的。其中，2000-2001 年河南省得分低于全国平均水平，2002-2003 年高于全国平均水平，2004 年低于全国平均水平，2005-2007 年高于全国平均水平。其后，随着各省的农村信息化的发展，全国各地信息化水平显著性提高，但在 2008-2010 年里，河南省农村信息化水平被全国平均水平大幅度地拉开了，反映出在这 3 年间全国的农村信息化增长速度极快而河南省的信息化发展缓慢，甚至是停滞不前。直到 2011 年，河南省才有显著性的提高，可能是由于从 2011 年开始河南省出台一系列信息化相关的政策，使得河南省农村信息化水平大幅度提升。

表 9-10 是各省的因子得分排名情况。从表 9-10 中可以发现，在我国农村信息化的发展过程中，各省的农村信息化水平排名呈变动状态，然而全国平均水平的排名稳定于中间且波动不大。从表 9-10 和图 9-2 可以看出，2000-2004 年中河南省农村信息化水平分别排名在第 15 位、第 14 位、第 12 位、第 13 位和第 15 位的位置，位于 32 个省、市、自治区（31 个省、市、自治区加上全国平均）的中上水平；2005-2006 年河南省农村信息化水平排名开始明显降低到第 18 位、第 20 位，排名位于中下位置；2008-2010 年是河南省这 13 年中排名最低的 3 年，排名位置分别为第 25 名、第 27 名、第 26 名，说明这三年里河南省农村信息化水平发展缓慢、停滞不前；2011-2012 年河南省排名为第 20 名，可知河南省在这两年中农村信息化水平在国家层面上是较低的，同时表明河南省农村信息化水平仍具有较大的上升空间。

表 9-10　2000-2012 年全国各省农村信息化因子得分排名

年份／排名	2000	2001	2002	2003	2004	2005	2006	2007	2008	2009	2010	2011	2012
1	上海	上海	上海	上海	上海	上海	上海	上海	上海	上海	上海	北京	北京
2	浙江	浙江	北京	北京	北京	北京	北京	北京	北京	浙江	浙江	上海	上海
3	北京	北京	浙江	江苏	浙江	浙江	浙江	浙江	浙江	北京	北京	浙江	浙江
4	福建	江苏	江苏	浙江	江苏	江苏	江苏	江苏	江苏	江苏	江苏	福建	福建
5	江苏	福建	福建	山东	福建	福建	福建	福建	福建	福建	福建	广东	广东
6	广东	山东	广东	广东	安徽	广东	广东	广东	宁夏	宁夏	广东	江苏	江苏
7	山东	广东	江西	福建	江西	江西	安徽	江西	广东	广东	宁夏	天津	天津
8	江西	安徽	山东	湖南	广东	安徽	江西	天津	安徽	江西	广西	河北	河北
9	安徽	江西	安徽	安徽	山东	天津	天津	安徽	江西	广西	山东	宁夏	吉林
10	辽宁	湖南	湖北	湖北	河北	山东	广西	陕西	湖南	山东	江西	陕西	宁夏
11	河北	湖北	湖南	河北	湖南	湖南	湖北	宁夏	广西	天津	陕西	吉林	陕西
12	湖南	河北	河南	江西	湖北	广西	山东	广西	陕西	湖南	天津	辽宁	山东

续表

排名＼年份	2000	2001	2002	2003	2004	2005	2006	2007	2008	2009	2010	2011	2012
13	湖北	全国	全国	河南	全国	湖北	四川	湖南	四川	陕西	湖南	湖北	辽宁
14	全国	河南	河北	辽宁	天津	四川	湖南	山东	山东	四川	安徽	山东	湖北
15	河南	天津	天津	天津	河南	陕西	陕西	四川	天津	全国	四川	青海	青海
16	天津	辽宁	四川	全国	陕西	辽宁	辽宁	湖北	湖北	山西	山西	山西	山西
17	吉林	四川	辽宁	四川	广西	河北	河北	河北	全国	安徽	全国	全国	全国
18	四川	黑龙江	广西	陕西	重庆	河南	宁夏	辽宁	山西	湖北	辽宁	黑龙江	广西
19	重庆	广西	新疆	黑龙江	辽宁	吉林	重庆	山西	河北	辽宁	河北	广西	黑龙江
20	黑龙江	吉林	陕西	新疆	四川	重庆	河南	河南	辽宁	河北	湖北	河南	河南
21	新疆	陕西	黑龙江	吉林	吉林	黑江	全国	全国	新疆	吉林	青海	重庆	重庆
22	广西	内蒙古	吉林	广西	新疆	全国	黑龙江	吉林	重庆	新疆	吉林	内蒙古	海南
23	陕西	山西	内蒙古	内蒙古	黑龙江	宁夏	吉林	重庆	甘肃	青海	重庆	江西	湖南
24	内蒙古	宁夏	山西	甘肃	宁夏	甘肃	山西	黑龙江	吉林	甘肃	黑龙江	海南	甘肃
25	山西	甘肃	甘肃	山西	山西	山西	甘肃	甘肃	河南	黑龙江	甘肃	湖南	内蒙古
26	甘肃	云南	宁夏	云南	甘肃	内蒙古	新疆	新疆	青海	重庆	河南	云南	安徽
27	青海	海南	云南	宁夏	内蒙古	海南	内蒙古	青海	黑江	河南	新疆	甘肃	江西
28	云南	新疆	海南	贵州	青海	云南	青海	内蒙古	内蒙古	内蒙古	内蒙古	安徽	云南
29	贵州	贵州	贵州	海南	海南	贵州	海南	海南	云南	海南	云南	四川	四川
30	海南	重庆	重庆	重庆	贵州	西藏	云南	云南	海南	云南	海南	贵州	贵州
31	宁夏	青海	青海	青海	云南	新疆	贵州	贵州	贵州	贵州	贵州	西藏	西藏
32	西藏	西藏	西藏	西藏	西藏	青海	西藏	西藏	西藏	西藏	西藏	新疆	新疆

资料来源：根据资料整理。

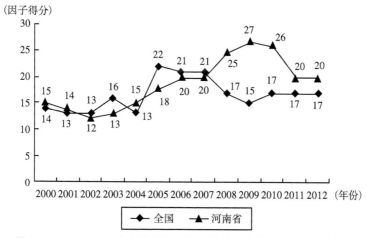

图9-2　2000-2012年河南省与全国平均农村信息化水平排名情况

此外，根据排名情况与各省的农村经济状况可以推测农村信息化与农村经济发展水平的关系。从表 9-10 中可以发现农村信息化水平处于领跑地位的省份包括江苏、浙江、上海和北京。从第 17 名至最后 1 名分析，除河南、山西、湖北、湖南、江西等地区外，其他省份为我国西部地区、东北三省以及偏远地区。西部及偏远地区是我国经济比较贫穷的地区，农村经济萧条，农村信息化水平极低。从第 1 名至第 16 名分析，除北京外历年的前 7 名中有 6 个位置被沿海各省所占据，并且变动幅度不大。南方沿海地区是经济发达地区，其农村经济发展迅速，农村经济条件较好，农村信息化水平高。这反映出农村信息化程度与农村经济水平是成正比的。而近年河南省农村信息化得分排名位于中等偏后的位置，说明河南省农村经济不发达、信息化程度不高。

　　图 9-2 是 2000-2012 年河南省与全国平均农村信息化水平排名情况，从中可以看出，2000-2007 年河南省农村信息化在全国的排名与全国平均水平是交织在一起的，可以发现河南省在 2000-2007 年农村信息化水平徘徊于全国平均水平之间。但是在 2005-2010 年，随着各省的农村信息化的发展，全国信息化水平有显著性提高，特别是在 2008-2010 年，河南省农村信息化水平被全国平均水平大幅度地拉开了，反映出在该 3 年间河南省的信息化水平发展缓慢，没有跟上发展的脚步，甚至停滞不前。直到 2011 年河南省才有显著性的提高，这与 2011 年开始河南省出台一系列信息化相关政策有关。

第十章 农村信息化与农村经济发展关系的实证研究

第一节 农村信息化的经济效应分析

在前文分析农村信息化内涵时指出，农村信息化的本质是信息通信技术在农村经济系统中逐步应用、不断改造农业生产方式和促进农村经济增长的过程，信息通信技术在农村经济中的应用水平就是农村信息化的发展水平。根据信息经济的本质、信息化与经济关系以及农村信息化与农村经济增长关系方面的研究成果，本书从农村经济系统出发，提出了新的农村信息化分析框架，如图10-1所示。

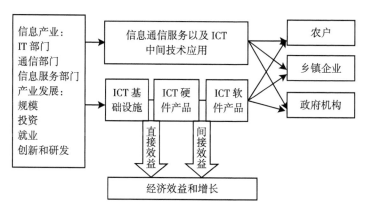

图10-1 农村信息化经济效应分析框架

该框架本质上是农村经济系统中信息技术要素的供给—需求框架，其中，左边的信息产业是信息技术的供给方，右边的农户、乡镇企业和政府机构是信息技术的需求方。信息产业部门作为信息技术的供给方，它主要由信息技术（IT）部门、通信部门和信息服务部门组成，信息产业的规模、投资、就业以及创新和研发水平反映出信息产业的整体水平，信息产业的发展和进步为经济进步提供了源源不断的技术支持，是发挥信息经济效应的原动力。信息技术产出可以分为两类：一类是信息通信（ICT）技术产品，主要包括 ICT 基础设施、ICT 硬件产品和 ICT 软件产品。另一类是信息通信服务和中间技术应用，信息通信服务主要包括电信服务、信息内容服务。信息产业提供的信息产品和服务，既包括从农村经济体系内部提供的，还包括从农村经济体系外部提供的。农户、乡镇企业和政府机构作为信息技术在农村经济领域的需求方，它们的需求可以划分为：农户家庭对信息技术产业和服务的消费和投资，乡镇企业对信息技术产业和服务的投资和相关的政府购买。农村经济体系中信息技术供求双方的共同作用，对农村经济产生了影响。

那么农村信息化对农村经济产生经济效应的机理是什么？本节大致认同国际通信联盟的看法，结合我国农村信息化、农村经济发展的现实，将信息产业部门对农村经济产生的影响分为两种：第一种是直接经济效应。直接经济效应就是指信息产业本身的产出对经济增长的贡献，其贡献的大小取决于信息产业部门的产出规模。第二种是间接经济效应。间接经济效应的产生源于农村经济系统对信息产业部门提供的产品和服务的利用，本节研究认为，农村信息化的间接效应主要源于以下几个方面：①农村信息服务。农村信息资源融合共享提升了信息资源的利用效率；农村数字科普工程提升了农民的科学文化素养。②农村的科学管理。农业生产管理智能化决策提高了农业生产决策的时效性和准确性；农业经营智能化决策优化了农业投入产出效益；农业宏观管理智能化决策提高了农业宏观管理的科学性。③对传统农业的改造与提升。农业智能装备工程提升了农业机械装备和作业控制智能化水平；精准农业工程提升了农业生产效率。国际电信联盟根据大量经济增长现实和研究成果指出，信息通信技术的真正潜力并不在于信息通信行业本身对经济的影响，更在于信息通信技术对整个经济体系的影响。

在现实中，农村信息化和农村经济的发展之间是否存在理论上的相关性？如文献所述，大多数研究均是从静态角度来研究两者之间的关系，要想了解河南省信息化与农村经济增长的关系，必须从动态角度对农村信息化与农村经济之间的关系进行深入细致的研究。鉴于此，本节尝试从动态角度对河南省信息化对农村经济的影响进行验证。

第二节 实证模型的选取

一、经济增长模型

鉴于本节的研究目的和特点，采用 C–D 生产函数（Cobb–Douglas production function）测算信息化对河南省经济增长的贡献率。C–D 函数是 20 世纪 30 年代由数学家柯布和经济学家道格拉斯共同提出的一种生产函数，它虽形式简单但在经济理论分析和应用中却有重要的地位。

原始的 C–D 生产函数是经济增长的最基本的模型，函数中有资本投入量、劳动的投入量和技术进步三个自变量。其一般形式为：

$$Y_t = AK_t^\alpha L_t^\beta \tag{10-1}$$

其中，Y_t、A、K_t、L_t 分别表示产出量、技术进步、资本投入和劳动投入。

近年来，以计算机、互联网、移动通信、数据存储技术为主的现代信息技术的发展日新月异，信息化的浪潮席卷全球，信息技术作为当今世界经济和社会发展的重要驱动力，已经成为推动世界经济和社会发展的主要动力。因此，将信息技术对经济的影响从技术进步项目中分离出来，直接将信息技术作为一个自变量加入 C–D 生产函数中来研究信息技术对经济增长的作用已成为必然。现将信息化指数作为农村经济增长的主要因素加入模型中，即 C–D 生产函数修正为如下方程：

$$Y_t = AK_t^\alpha L_t^\beta I_t^\gamma \tag{10-2}$$

其中，Y_t 表示产出，用农、林、牧、渔业总产值来表示；A 表示技术进步率，因为时间序列跨度小，可视为常数；L_t 表示劳动力，用农村劳动力人数表示；K_t 表示农村投入资本，用农村全社会固定资产投资来代替；I_t 表示信息技术投入，用前文测评的代表农村整体信息化发展水平的农村信息化指数表示。

对函数方程（10-2）两边取对数得到线性方程：

$$\ln Y_t = \ln A + \alpha\ln K_t + \beta\ln L_t + \gamma\ln I_t \tag{10-3}$$

$$\diamondsuit \begin{cases} Y'_t = \ln Y_t \\ A' = \ln A \\ K'_t = \ln K_t \\ L'_t = \ln L_t \\ I'_t = \ln I_t \end{cases}$$ (10-4)

则得到线性回归模型：

$$Y'_t = A' + \alpha K'_t + \beta L'_t + \gamma I'_t \qquad (10-5)$$

二、变系数回归模型

因为我们是以全国 31 个地区为研究背景，为了能够充分地研究河南省的农村信息化水平对其经济增长的影响，本节选择变系数模型进行研究。

一般的回归模型假定不同个体的解释变量的系数是相同的，然而在现实中，经济结构不同或者经济背景不同会导致经济结构的参数随着横截面个体的变化而变化，即当解释变量对被解释变量的影响随着截面的变化而变化时，要考虑系数随着横截面个体的变化而变化，这种回归模型就是变系数模型。

变系数模型一般形式如下：

$$y_{it} = \alpha_i + x_{it}\beta_i + u_{it} \quad (i = 1, 2, \cdots, N; t = 1, 2, \cdots, T) \qquad (10-6)$$

其中，y_{it} 为因变量，x_{it} 为 $1 \times k$ 维解释变量向量，N 为截面单位个数，T 为每个截面单位的观测时期总数，参数 α_i 是模型的常数项，β_i 为自变量的系数向量。u_{it} 为随机误差项，相互独立且满足零均值、等方差的假设。

在式（10-6）所表示的变系数模型中，其常数项和系数向量都随着截面个体变化而变化，因此将该模型改写为：

$$y_{it} = \tilde{x}_{it}\lambda_i + u_{it} \qquad (10-7)$$

其中，$\tilde{x}_{it} = (1, x_{it})_{1 \times (k+1)}$，$\lambda_i = (\alpha_i, \beta_i)$。

模型的矩阵形式为：

$$Y = \Delta X + u \qquad (10-8)$$

其中，$Y = \begin{bmatrix} y_1 \\ \cdots \\ y_N \end{bmatrix}_{NT \times 1}$，$y_i = \begin{bmatrix} y_{i1} \\ y_{i2} \\ \cdots \\ y_{iN} \end{bmatrix}_{T \times 1}$，$X = \begin{bmatrix} x_1 & 0 & \cdots & 0 \\ 0 & x_2 & \cdots & 0 \\ \cdots & \cdots & \cdots & \cdots \\ 0 & \cdots & \cdots & x_N \end{bmatrix}$，

$$x_i = \begin{bmatrix} (x_{1i})_1 & (x_{2i})_1 \cdots & (x_{ki})_1 \\ (x_{1i})_2 & (x_{2i})_2 \cdots & (x_{ki})_2 \\ \cdots & \cdots & \ddots & \cdots \\ (x_{1i})_T & (x_{2i})_T \cdots & (x_{ki})_T \end{bmatrix}_{T \times K} ; \quad \Delta = \begin{bmatrix} \lambda_1 \\ \lambda_2 \\ \cdots \\ \lambda_N \end{bmatrix}_{N(k+1) \times 1} ; \quad u = \begin{bmatrix} u_1 \\ \cdots \\ u_N \end{bmatrix}_{NT \times 1} , \quad u_i = \begin{bmatrix} u_{i1} \\ u_{i2} \\ \cdots \\ u_{iT} \end{bmatrix}_{T \times 1}$$

与变截距模型相类似，根据系数变化的不同形式，变系数模型也分固定影响和随机影响两类，即解释变量对被解释变量的影响分为固定影响和随机影响两种，相应的变系数模型也分为固定影响变系数模型和随机影响变系数模型两类。

鉴于研究的需要，将经济增长模型与变系数回归模型之间进行对比，将式（10-5）与式（10-7）结合，从而得到本节需要的经济增长回归模型：

$$Y'_t = A' + \alpha K'_{it} + \beta L'_{it} + \gamma_i I'_{it} \tag{10-9}$$

三、面板向量自回归模型

为了能够充分地研究河南省信息化与农村经济之间的相互作用关系，本节采用向量自回归模型来更准确地研究信息化与农村经济之间的互动关系。

向量自回归模型（Vector Autoregressive Model，VAR）是 Sims 在 1980 年提出的，是基于多方程联立的形式，预测和研究相互联系的多变量系统，解释各种变量的冲击对经济变量的影响。面板向量自回归模型（PVAR）的研究，始于 Chamberlain 混合数据情形的讨论。后来 Pesaran 和 Smith 研究发现，通过对面板向量自回归模型中的每个变量的个体平均时间序列数据，建立时间序列向量自回归模型，再估计模型参数，可以得到一致的估计。1998 年 McCoskey 和 Kao 等学者在 Pesaran 和 Smith 研究的基础上对该模型进行优化，使 PVAR 成为一个兼具时间序列分析和面板分析优势的成熟模型。该模型最基本的向量自回归模型的数学表达式为：

$$y_t = A_1 y_{t-1} + A_2 y_{t-2} + \cdots + A_p y_{t-p} + B_1 x_t + \cdots + B_r x_{t-r} + \varepsilon_t \tag{10-10}$$

其中，y_t 是 m 维内生变量向量，x_t 是 d 维外生变量向量，A_1，A_2，$\cdots$，A_p 和 B_1，B_2，$\cdots$，B_r 是待估的参数矩阵，内、外生变量的滞后期分别是 p 阶和 r 阶，ε_t 是随机扰动项。

为了反映河南省信息化与农村经济之间的动态互动关系，本书在面板向量自回归的基础上，采用脉冲响应函数和方差分解进行研究。

第三节　数据来源与统计量的描述

　　模型中反映农村信息化水平的信息化综合指数（I）是基于前部分农村信息化水平测算评价数据整理而获得的，模型中的其他数据分别来源于《中国统计年鉴》、《中国农业年鉴》和《中国农村统计年鉴》等统计资料。为了除去因价格浮动对农、林、牧、渔业总产值和农村全社会固定资产投资两项数据所带来的影响，以 1990 年为基期，对该两项数据进行平减，以确保模型数据的一致性。本节采用的是 2000-2012 年的数据，时间跨度均 13 年，共计 403 个数据。各项指标统计量描述如表 10-1 所示。

表 10-1　各项指标统计量描述

	农、林、牧、渔业总产值（亿元）	固定资产投资（亿元）	农村劳动力（万人）	信息化指数
样本均值	553.76	4142.27	1650.60	61.95
均值标准差	21.04	207.35	62.61	0.63
标准差	422.32	4162.47	1256.95	12.56
方差	178400.00	17330000.00	1580000.00	157.75
最大最小值之差	1904.66	24073.12	4813.99	64.67
最小值	23.42	78.97	100.68	35.33
最大值	1928.08	24152.09	4914.67	100.00
样本和	223000.00	1669335.00	665000.00	24965.64

资料来源：根据《中国统计年鉴》、《中国农业年鉴》和《中国农村统计年鉴》整理所得。

第四节　农村经济增长模型的变系数回归

　　对农村经济增长模型进行变系数回归时，为了克服异方差的影响，对式（10-9）两边取自然对数，然后再进行变系数回归。

一、固定效应模型的选取

　　由于不同的横截面数据很可能具有无法观测到的异质性，用面板数据做回归时，使用不同的效应会使回归元的估计结果产生巨大的差异。对回归元估计常用的有混合效应、随机效应和固定效应等，其中，固定效应能够控制不可观测的异质性，因而本节对模型进行的回归采用双向固定效应。

二、经济增长模型的变系数回归

在进行回归时，我们只是对农村信息化指数这个变量进行变系数，以反映出不同地区的农村信息化水平对该地区农村经济增长的影响程度，而固定资产和劳动力按常态进行回归，采用双向固定效应回归，其结果如表 10-2 所示。

表 10-2　农村经济增长模型的变系数回归结果

变量		系数	标准误差	T 统计量	概率
技术进步		1.10	0.29	3.85	0.00
固定资产		0.36	0.01	39.89	0.00
劳动力		0.19	0.05	4.08	0.00
全国各省农村信息化弹性系数	全国平均	0.13	0.04	3.23	0.00
	北京	−0.11	0.04	−3.17	0.00
	天津	−0.02	0.04	−0.52	0.61
	河北	0.24	0.04	5.60	0.00
	山西	0.02	0.04	0.56	0.57
	内蒙古	0.21	0.04	5.24	0.00
	辽宁	0.25	0.04	6.49	0.00
	吉林	0.24	0.04	6.21	0.00
	黑龙江	0.23	0.04	5.96	0.00
	上海	−0.17	0.03	−4.76	0.00
	江苏	0.26	0.04	6.43	0.00
	浙江	0.16	0.04	4.04	0.00
	安徽	0.25	0.04	5.89	0.00
	福建	0.22	0.04	5.84	0.00
	江西	0.24	0.04	6.03	0.00
	山东	0.31	0.04	7.01	0.00
	河南	0.32	0.05	6.89	0.00
	湖北	0.26	0.04	6.30	0.00
	湖南	0.27	0.04	6.31	0.00
	广东	0.23	0.04	5.62	0.00
	广西	0.28	0.04	6.78	0.00
	海南	0.30	0.04	7.50	0.00
	贵州	0.38	0.04	8.40	0.00
	云南	0.14	0.04	3.10	0.00

变量		系数	标准误差	T统计量	概率
全国各省农村信息化弹性系数	西藏	0.20	0.04	4.47	0.00
	陕西	−0.11	0.04	−2.68	0.01
	甘肃	0.16	0.04	3.89	0.00
	青海	0.11	0.04	2.64	0.01
	宁夏	−0.13	0.04	−3.50	0.00
	新疆	−0.06	0.04	−1.70	0.09
R^2		0.997	因变量均值		5.91
调整后R^2		1.00	因变量标准差		1.08
回归标准差		0.06	赤池信息量准则		−2.57
残差平方和		1.47	施瓦茨准则		−2.24
对数似然函数值		535.03	汉南和奎因准则		−2.44
F统计量		3421.69	D.W统计量		0.25
概率		0.00			

资料来源：由 Eviews 6.0 软件的变系数回归结果整理。

从表 10-2 列示的回归结果来看，R^2 为 0.997，说明拟合效果非常好；F 统计量的概率值为 0.000，说明模型方程显著。因而意味着整个模型比较合理，方程的解释效果明显，体现了最优滞后模型的特点。

根据检验结果得到信息化指数对农村经济增长影响模型如下：

$$Y_t' = 1.098604 + 0.362123K_{it}' + 0.187475L_{it}' + \gamma_i I_{it}'$$

且 γ 分别取各个地区的农村信息化系数。

则模型转化成：

$$Y_t = \ell^{1.098604} + K_{it}^{0.362123} + L_{it}^{0.187475} + I_{it}^{\gamma}$$

三、农村经济模型回归结果分析

模型的回归结果如表 10-2 所示，可以得到影响农村经济三大要素的弹性系数。固定资产投资和劳动力投入的弹性系数分别为 0.36 和 0.19，且均在 0.001 显著水平下拒绝零假设，说明固定资产投资每增加 1%，经济将增长 0.36%；劳动力投入每增加 1%，经济将增长 0.19%。再看看变系数的农村信息化指数，除了天津、山西和新疆没通过检验外，其余且绝大多数在 0.001 显著水平下拒绝零假设。全国平均水平的信息化的弹性系数为 0.13；弹性系数较大的地区分别是贵州、河南、山东、海南、广西和湖南，弹性系数分别为 0.38、0.32、0.31、0.30、0.28 和 0.27，弹性系数较小的地区分别是上海、宁夏、北京、陕西、新疆和天津，弹性系数分别为–0.017、–0.13、–0.11、–0.11、–0.06 和 0.02。

同时我们发现，北京、上海、宁夏和新疆的农村信息化弹性系数是负值，其中可能的原因是北京和上海两个直辖市对信息技术的投资已经饱和，再追加这方面的投资已经不能对经济产生刺激作用了，甚至出现了投资浪费；浙江的农村信息化水平比较高但对农村经济的弹性系数只有 0.16，与北京、上海相似，信息技术的投资对农村经济的发展刺激不大，只是还没有造成投资浪费。而宁夏和新疆的农村信息化弹性系数为负值，则是因为在这些经济欠发达地区信息资源的投资存在"门槛效应"，这些地区尚未突破投资门槛，出现了所谓的"生产率悖论"。当这些经济落后地区对信息资源的投资达到一定的水平，突破"门槛"以后，才会对当地经济产生促进作用。云南信息化弹性系数也只有 0.14，与宁夏和新疆相似，只是云南已经突破了"门槛"，对农村经济增长的促进作用刚刚显露。

综观全国各个地区的农村信息化弹性系数，河南省农村信息化弹性系数为 0.32，高于农村劳动力弹性系数、略低于农村固定资产投资弹性系数，说明河南省农村信息化与农村固定资产投资对河南省农村经济的影响比较大。河南省农村信息化弹性系数是除了贵州省以外最高的，在全国排名第二，说明每增加 1% 的信息资源投入，经济将增长 0.32%；该系数远远大于全国平均水平的 0.13，说明河南省在信息资源方面的投资回报率远远高于全国平均水平，也说明河南省信息化对农村经济增长的影响远远高于其他省份。这意味着，现阶段增加农村信息资源的投入，加快农村信息化的建设，对促进河南省农村经济的增长将具有显著的效果。

第五节　向量自回归模型的回归及结果分析

运用向量自回归模型，可以进一步揭示河南省农村信息化与农村经济之间的互动关系。

一、单位根检验

面板数据包括时间序列数据和截面数据，其进行回归的前提条件是所使用的数据是平稳的，为了避免数据的伪回归问题，有必要对变量数据进行平稳性检验。单位根检验是常用的检测时间序列是否平稳的一种方法，本节采用 Eviews 6.0 软件，对河南省农村经济水平取值为河南省的农、林、牧、渔业生产总值

（Y）、河南省农村信息水平取值为河南省信息化指数（I）的单位根进行 ADF 检验，结果如表 10-3 所示。可以看出，河南省的农村经济水平（Y）及其信息化水平（I）存在单位根，是不平稳的；对其进行一阶差分，ΔY 仍然不平稳；进行二阶差分，Δ2Y 是平稳的。河南省信息化水平 I 也不平稳，对其进行一阶差分，发现 ΔI 已经平稳。由于 Δ2Y、ΔI 两序列不是同阶单整，因而不能进行协整检验。

表 10-3　河南省的农村经济水平（Y）及其信息化水平（I）的单位根检验

变量	ADF 检验值	各个显著性水平下的临界值			概率	检验结果
		1%	5%	10%		
Y	−0.48	−4.12	−3.14	−2.71	0.8640	不平稳
I	−2.29	−4.12	−3.14	−2.71	0.1882	不平稳
ΔY	−3.86	−4.20	−3.18	−2.73	0.1690	不平稳
ΔI	−4.70	−4.20	−3.18	−2.73	0.0047	平稳
Δ2Y	−14.58	−4.58	−3.32	−2.80	0.0000	平稳
Δ2I	−7.34	−4.30	−3.21	−2.75	0.0002	平稳

资料来源：由 Eviews 6.0 软件 ADF 单根检验结果整理。

二、格兰杰因果检验

由于河南省的农村经济水平（Y）及其信息化水平（I）序列均是非平稳的，因此可以基于 VEC 模型进行格兰杰因果检验，结果如表 10-4 所示。

表 10-4　河南省的农村经济水平（Y）及其信息化水平（I）的格兰杰因果检验

因变量	自变量	滞后期	卡方值	概率
Y	I	2	0.571029	0.7516
I	Y	2	6.125690	0.2468

资料来源：由 Eviews 6.0 软件格兰杰因果单根检验结果整理。

检验结果可知，在最佳滞后期为 2 的情况下，河南省农村生产总值是其信息化水平的格兰杰原因；同理，河南省信息化水平对其农村生产总值的影响显著，是其格兰杰原因。

三、向量自回归及结果分析

根据上文的研究结果建立向量自回归模型（VAR），由于模型是一种非理论性的模型，在分析 VAR 模型时，我们一般研究一个随机新变量的冲击对内生变量的影响以及其相对重要性，这就需要采用脉冲响应函数（Impulse Response Function，IRF）和方差分解（Variance Decomposition）做进一步的动态分析，下面用脉冲响应函数来分析加入河南省信息化水平标准差的一个新息对其自身及其农村经济水平当期及未来几期的影响。回归结果见图 10-2。

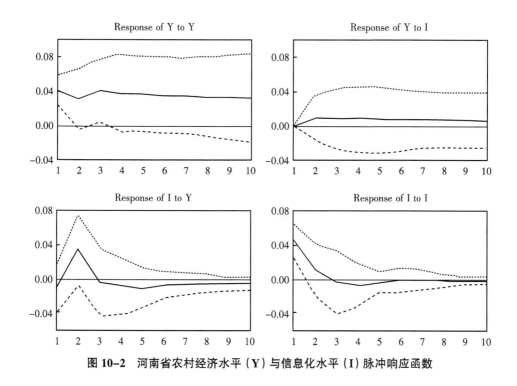

图 10-2 河南省农村经济水平（Y）与信息化水平（I）脉冲响应函数

从图 10-2 中可以看出，河南省信息化水平对其农村经济水平一个标准差的正向新息，在第一年的影响为 0，到第二年就有一个较大的积极响应，带动河南省信息化水平提高到最高点，大约是 0.1，然后冲击力度开始下降，大约在第五年趋向平稳，稳定在 0.07 左右。因而河南省农村经济水平对其信息化水平的提高在开始时有较大的带动作用，即较快的农村经济增长会对农村信息化起到促进作用，从脉冲反应来看，河南省农村经济增长对其信息化水平的提高在一定时间内保持着一定程度的延推作用。

河南省农村经济水平对其信息化水平一个标准差的正向新息，第一期为 -0.1，说明刚开始河南省信息化水平的提高会使其农村经济水平下降，在第二期就有一个较大的冲击，达到 0.38 左右的最高点，说明提高河南省信息化水平会提高其农村经济水平。随后其冲击力度开始下降，到第五期达到最低点并稳定在-0.1左右。总体情况说明，刚开始河南省信息化水平的提高对其农村经济水平的影响不大，到了第二期，河南省信息化水平的提高大大地带动了农村经济水平的提高，当河南省信息化水平提高到一定的程度后，对农村经济增长的影响逐渐降低，到最后，对其农村经济水平的增长产生一定的负作用。

上述脉冲响应函数所描述的是 VAR 模型中内生变量 Y（河南省农、林、牧、渔业生产总值）或者 I（河南省农村信息化指数）的冲击给内生变量 I（河南省农村信息化指数）或者 Y（农、林、牧、渔业生产总值）带来的影响，而方差分解则是通过分析每一种结构冲击对内生变量——河南省农村信息化指数 I 或者农村生产总值 Y 变化的贡献度，进一步评价不同结果冲击的重要性。基于 VAR 模型和渐近解析法方差分解，河南省农村经济水平对其信息化水平的方差分解如表 10-5 所示。

表 10-5　河南省经济发展（Y）与农村信息化（I）的方差分解

时期	农村经济水平方差分解			农村信息化水平的方差分解		
	S.E.	Y	I	S.E.	Y	I
1	0.04	100.00	0.00	0.05	4.77	95.23
2	0.05	96.53	3.47	0.06	36.99	63.01
3	0.07	96.23	3.77	0.06	37.10	62.90
4	0.08	96.14	3.86	0.06	37.73	62.27
5	0.09	96.27	3.73	0.06	39.40	60.60
6	0.09	96.31	3.69	0.06	40.00	60.00
7	0.10	96.34	3.66	0.06	40.42	59.58
8	0.11	96.35	3.65	0.06	40.80	59.20
9	0.11	96.35	3.65	0.06	41.22	58.78
10	0.12	96.36	3.64	0.06	41.64	58.36

资料来源：Eviews 6.0 软件向量自回归方差分析。

从表 10-5 中可见，河南省农村经济水平的方差分解中，初始影响的 100% 来源于自身，而其信息化水平对其几乎没有影响，随后自身的贡献率开始下降，并稳定在 96.4% 左右，其对信息化水平的贡献率开始上升至 3.6%，同时逐期略有下降。说明农村经济的发展对信息化水平的提高存在滞后性，且影响力略有减小。在信息化水平方差分解中，在第一期有 95.23% 的影响来自于信息化水平自身，随后来自其自身的影响比例开始下降，而农村经济对其影响逐期增强，由原来的 4.77% 增加到 41.6%，说明农村经济增长对信息化水平的提高起到决定性的作用。

可见，河南省信息化水平与其农村经济水平是相辅相成的，两者之间是互动的关系。提高河南省信息化水平能促进其农村经济的发展，但河南省农村经济水平的提高对其信息化水平的提高效果更加显著，也就是说，河南省农村经济水平对其信息化水平在大多数时期起到了推动作用，且推动效果明显。

第六节　结论

基于变系数回归，对河南省信息化对农村经济增长关系研究发现，河南省农村信息化对农村经济的弹性系数（0.32）是除了贵州省以外最高的，在全国排名第二，说明每增加 1% 的信息资源的投入，经济将增长 0.32%；该系数远远大于全国平均水平的 0.13，说明河南省在信息资源方面的投入回报率远远高于全国平均水平，也说明信息化对农村经济增长的影响远远高于其他省份，这意味着，现阶段增加农村信息资源的投入，加快农村信息化的建设，对促进河南省农村经济的增长具有显著的效果。同时，河南省信息化的弹性系数高于农村劳动力弹性系数、略低于农村固定资产投资弹性系数，说明河南省农村信息化与农村固定资产投资对河南省农村经济影响比较大。

从河南省农村经济（Y）与信息化（I）脉冲响应函数的回归结果可知，一方面，河南省农村经济水平对其信息化水平的提高在开始时有较大的带动作用，即较快的农村经济增长会对农村信息化起到促进作用，从脉冲反应来看，河南省农村经济增长对其信息化水平的提高在一定时间内保持着一定程度的延推作用；另一方面，在研究期内，刚开始河南省信息化水平的提高对其农村经济水平的影响不大，到了第二期，河南省信息化水平的提高大大地带动了农村经济水平增长，当河南省信息化水平提高到一定的程度后，对农村经济增长的影响逐渐降低，到最后，对其农村经济水平的增长产生一定的负作用。河南省农村经济水平对其信息化水平的方差分解显示，河南省信息化水平与其农村经济水平是相辅相成的，两者之间是互动的关系。提高河南省信息化水平能促进其农村经济的发展，但河南省农村经济水平的提高对其信息化水平的提高效果更加显著，也就是说，河南省农村经济水平对其信息化水平在大多数时期起到了推动作用，且推动效果明显。

第十一章 农村信息化"生产率悖论"的检验

第一节 引言与研究综述

一、引言

近几十年来信息技术的迅猛发展，促进了科学、技术、文化和经济等社会各领域的空前发展，逐渐成为人们关注的热点。信息技术作为当今世界经济和社会发展的重要驱动力，已经成为推动世界经济和社会发展的主要动力。信息化发展水平也是 20 世纪 80 年代以来衡量一个国家、地区社会发展状况的重要指标。随着我国农业和农村经济的快速发展，农村对信息的需求越来越强烈，通过各种方式提高农村信息化水平，对农村经济的发展具有积极的现实意义。最近几年，我国农村信息化建设取得了可喜的成绩，信息化水平不断提高，截至"十一五"时期末，我国农村信息化基础设施已经明显改善，"村村通电话"、"乡乡能上网"完全实现，广播电视"村村通"基本实现。"十一五"期间，中国联通累计投资35.5 亿元，共完成 14431 个"村村通"任务，超额 17%完成工业和信息化部下达的工作任务。同时，结合农村地区网络建设情况，借助功能强大的信息服务平台，通过语音热线、短彩信、互联网等多种途径进行信息传播，从"村村通电话"到宽带、移动互联网下乡，让广大农民共享现代生活。据中国互联网络信息中心最新报告显示，截至 2011 年 6 月底，我国农村网民规模为 1.31 亿人，占整体网民的 27%。此外，中国联通还从农村实际需求出发，积极开发推广 12316 农科在线、平安互助新农村、农村党员干部现代远程教育、农机远程管理等实用便捷的特色农业信息化应用，借助覆盖广泛的基础网络资源，依托功能先进的应用平台，发挥宽带及 3G 网络和智能终端优势，持续推进了信息技术在农村和农业的深度应用。

当前，我国农业正处在由传统农业向现代农业转变时期。农村信息化对促进农村的城乡建设、提高农村经济的发展潜力有着基础性作用。信息技术科技含量高、发展速度快、渗透力和带动力强。信息化在发展现代农业、促进农民持续增收、加强农村基础设施建设、加快农村社会事业发展、提高农民整体素质、加强农村民主政治建设等方面，具有十分重要的支撑服务作用。一是可作为传统农业的"转换器"。信息化对于改造传统农业、促进现代农业发展具有显著的带动作用。利用现代信息通信手段可以加快推动农业产业化和现代化进程，提高农业生产经营的标准化、集约化及组织化水平，促进农业产业结构优化升级、转变农业增长方式、有效增强农业竞争力。二是作为农村发展的"倍增器"，信息化对改善农村基础设施、促进农村发展具有明显的乘数效应。信息通信具有很强的倍增效应、扩散效应和带动效应。同时农村信息化有助于带动农业生产的现代化、科技化，农村生产力活跃化、潜力化，实现生产发展、生活宽裕、乡风文明、村容整洁、管理民主的新农村建设目标；有利于消除城乡差别，培养出有文化、懂技术、会经营的新型农民，改变传统的生产生活方式，推动农村科技、文化、社会事业的发展，促进农村经济水平的持续、快速、健康发展。可见，信息化正以其极强的适用性和渗透性广泛地应用于我国农村经济系统中，农村信息化的水平提升正通过一定的路径对我国的农村经济产生影响。本章的目的是在系统梳理国内外信息化与农村经济增长关系研究成果的基础上，从定量分析的角度，建立起包括农村信息化要素的农村经济生产函数，然后使用面板数据，通过实证的方法估计农村信息化对农村经济增长的影响，以此验证中国农村信息化是否存在"生产率悖论"。本章之所以基于中国农村信息化是否存在"生产率悖论"进行研究，主要是因为数据的可获得性的缘故，如果单单研究河南省的农村信息化的"生产率悖论"问题，数据难以获得，考虑到中国的农村信息化的发展具有同质性，基于全国数据的研究可以在相当大的程度上代表河南省的研究，所以本章是基于全国各个地区的数据进行研究的。

二、研究综述

自从 20 世纪 80 年代后期摩根斯坦首席经济学家 Steven Roach 提出计算机的大量使用并没有对经济绩效产生影响开始，特别是在诺贝尔经济学奖的获得者索罗提出著名的论断："除了在生产率统计方面之外，计算机无处不在"之后，学术界掀起了关于"信息技术生产率悖论"（Productivity Paradox of Information Technology）的广泛争论。Strassman 研究了 IT 投资对资产收益率、净投资收益率、经济附加值等企业绩效指标的影响，结果显示 IT 投资与企业绩效之间没有显著的相关性，证明 "生产率悖论" 的存在。美国教授 Robert Gorden 根据美国经济周期的变化对投入进行调整，计算美国 1870-1996 年产出与全要素生产率的增长率，发现全要素生产率的变化主要是由以电力和汽车为代表的第二次科技革命带来的，信息通信技术革命对生产率的提高或经济结构演变的作用与第二次产业革命相比可以忽略不计，因而否认了 IT 对生产率的推动作用。Jorgenson 和 Stiroh 对美国 1990 年以来经济增长和生产率增长情况进行了一系列的研究，认为美国经济的快速增长和繁荣由计算机资本对非计算机资本的替代所推动，承认了悖论的存在。这一现象在其他一些发达国家的信息化进程中也有所体现。赵勇、陈冬研究表明，美国、日本、德国、英国、法国这五个世界最大的经济实体在 20 世纪 70-80 年代，其人均信息技术资本投入力度不断增强，而生产率增长幅度却下降到了 1%-2%。进入 20 世纪 90 年代后半期，研究者的研究结果发生了逆转，更多的研究结果肯定了 IT 的运用对整体经济产出的贡献。Bryn-jofsson 和 Hitt 选择美国 1987-1991 年的 367 家大公司作为对象，研究了信息系统支出对公司生产率的影响，发现 "生产率悖论" 在 20 世纪 80 年代末确实存在，但在 90 年代初却消失了。Shao 和 Lin 分别将 IT 投资作为企业特征和生产要素，实证研究了 IT 投资对生产效率的影响，结果否认了 "生产率悖论"。Jorsenson 和 Stiroh 对美国 1995-2001 年的经济增长和生产率增长情况进行研究，显示美国劳动生产率平均增长率为 2.02%，其中 0.85% 是由信息技术资本深化贡献的。Dewan 和 Kraemer 实证分析表明：IT 投资的回报，对发达国家来说是可观的，但对于发展中国家来说，在统计上不显著。Sang-Yong 等运用索洛剩余和时间序列分析对 20 个国家进行了研究，表明信息技术投资对许多发达国家和新兴工业化国家的经济增长是有利的，但对发展中国家并没有贡献。Kraemer 和 Dedrick、Pohjola 等的研究结果具有历史性意义，认为 "生产率悖论" 现象是一种各国共有的现象，在美国存在过的信息技术 "生产率悖论" 也相继在后发国家中出现。信息技术投资与生产率或经济增长之间存在相关关系，但由于信息技术投资存在着 "门槛效应"，而使 "生产率悖论" 的存在具有阶段性，在不同发展水平国家和地区的不同阶段都会存在一定程度的信息技术 "生产率悖论"，但随着时间的推移，当信息技术发展突破了这个 "门槛"，"生产率悖论" 现象将逐步得以解决。

近年来，有关我国 "生产率悖论" 的研究也有不少，Lee 等应用基于柯布—道格拉斯生产函数的回归模型研究了 IT 投资对我国电子行业生产率的影响，结果表明 IT 投资促进了我国电子行业生产率增长，并建议我国公司增加对 IT 的投资。俞立平对中国 1978-2009 年的经济增长和生产率增长情况进行研究，显示信息化的贡献具有历史演变性，中国改革开放初期的 10 多年存在"生产率悖论"，信息化对经济增长贡献为负，从 1993 年开始为正。张之光等基于我国相关数据，从国家层面检验了 IT 资本对我国经济增长及生产效率的影响，认为我国并不存在 IT 的"生产率悖论"现象。靖飞和俞立平采用状态空间模型以及脉冲响应函数和方差分解研究信息化与经济增长关系的动态变化，结果表明，在改革开放初期，由于"生产率悖论"，信息化对经济增长的贡献为负，随着信息技术的普及和发展，"生产率悖论"消失。

但至今没有学者研究中国农村经济是否存在"生产率悖论"。信息技术的飞速发展，为农业这一古老的产业注入了新的生机和活力，推动了传统农业向现代农业的转变，但信息技术是否真的像我们期望的那样加速了农村经济的发展？我们知道，中国农村的信息化发展水平要远远落后于第二、第三产业，中国农村经济是否也存在所谓的"生产率悖论"呢？近年来有不少关于农村信息化与经济增长关系的研究，如张鸿和张权分析了我国 1993–2002 年的农村信息与农村经济增长数据，发现农村信息化的水平直接影响到农业生产的发展，并对其有巨大的推动作用。赵晖、温学飞从农村信息化的研究视角出发，通过对宁夏灌区农业总投资、农村信息化、农业从业人数与农业总产值之间的关系研究发现，农村信息化指数对农业经济的增长呈现正相关关系，说明在宁夏灌区农村信息化建设逐渐显现出促进作用。

如上文献均是从静态角度来研究农村信息化与农村经济之间的关系，要想研究我国农村是否存在"生产率悖论"，必须从动态角度对两者之间的关系进行深入细致的研究。鉴于此，本书尝试基于门槛面板回归模型，从动态角度对中国农村经济是否存在"生产率悖论"进行验证。除第一节外，本章其余各节的结构安排如下：第二节介绍本书的理论模型和研究假设，第三节是变量选取与数据来源，第四节利用相关统计数据基于门槛面板模型对信息化与农村经济增长的关系进行实证分析，第五节为结论部分。

第二节　理论模型和研究假设

一、检验模型

借鉴前文研究综述中提到的信息化与农村经济增长关系方面的研究成果，我们认为：第一，农村信息化即信息通信技术在农村经济中的应用已经成为农村经济系统中的一个新的要素；第二，农村信息化不仅促进了信息资源的积累，而且加速了信息的传播，对农村经济增长具有明显的正外部性，因而包含农村信息化要素的生产函数应该是规模报酬递增函数；第三，农村经济的增长需要信息资源的积累和信息的快速传播，因此农村信息化要素是农村经济系统的内生经济变量。因而，我们应用的生产函数的形式为：

$$Y = f(A_0, \ K, \ L, \ I)$$

其中，Y 代表各个地区的农村经济总产出，A_0 代表剔除农村信息化要素的技术进步，K 代表物质资本投入，L 代表人力资本投入，I 代表农村信息化要素。

对于生产函数的具体形式，本章仿照 Romer、Welfens 在传统的柯布—道格拉斯生产函数中，把信息技术要素作为和资本、劳动力同等重要的增长要素处理，构建一种特定经济结构的新经济增长模型，其传统的生产函数和新经济增长模型的形式可分别表示为：

$$Y_t = A_0 K_t^\alpha L_t^\beta \tag{11-1}$$

$$Y_t = A_0 K_t^\alpha L_t^\beta I_t^\gamma \tag{11-2}$$

式（11-1）又称模型（1），式（11-2）又称模型（2）。其中，Y_t 代表在时间 t 内的农村经济总产出，I 表示信息技术要素，K 表示农村资本投入，L 表示农村劳动力投入，A_0 表示剩余要素（这里可以视为独立于其余变量的常量）。

为了减少异方差，同时也便于估计，将式（11-2）两边同时取自然对数，并用新变量代替原变量。考虑到不同地区的经济差异，加入地区虚拟变量。推演过程如下所示：

$$\ln Y_t = \ln A_0 + \alpha \ln K_t + \beta \ln L_t + \text{In} I_t$$

$$Y_t' = C + \alpha K_t' + \beta L_t' + \gamma I_t'$$

$$Y_{it}' = C + \alpha K_{it}' + \beta L_{it}' + \gamma I_{it}'$$

$$Y_{it}' = C + \alpha K_{it}' + \beta L_{it}' + \gamma I_{it}' + \mu_i + e_{it} \tag{11-3}$$

式（11-3）又称模型（3），即为本章使用的统计模型。其中，C 为常数项，即全要素生产率 A 的对数，α，β，γ 分别为农村资本投入、农村劳动力和信息化的弹性系数。这也是目前学术界普遍采用的基本模型。

二、门槛回归模型

前述的等式（11-3）是线性经济增长模型，但是不少学者认为信息化与经济增长的关系可能并非简单的线性关系。为了能够发现信息化对经济增长所起到的影响，采用 Hansen 的门槛回归方法，以变量为体制（Regime）改变的转折点，模型中不同体制就是通过门槛变量大于或小于某一门槛值来表示。这种方法的优点体现在：①不需要给定非线性方程的形式，门槛值及其个数完全由样本数据内生决定；②该方法提供了一个渐进分布理论来建立待估参数的置信区间，同时还可运用 Bootstrap 方法来估计门槛值的统计显著性。Hansen 的两体制门槛回归模型可表示为：

$$y_t = \theta_1' x_t + e_t \quad q_t \leq \tau \tag{11-4}$$

$$y_t = \theta_2' x_t + e_t \quad q_t > \tau \tag{11-5}$$

其中，y_t 为被解释变量，x_t 为解释变量，q_t 被称为"门槛变量"，e_t 为残差项，τ 为门槛值。Hansen 认为门槛变量既可以是解释变量 x_t 中的一个回归元，也可以作为一个独立的变量。根据其相应的"门槛值"τ，可将样本分成两类。定义一个虚拟变量 $D_t(\tau) = \{q_t \leq \tau\}$，此处 $\{\cdot\}$ 是一个指示函数，$q_t \leq \tau$ 时，$D = 1$；否则，$D = 0$。此外，令集合 $x_t(\tau) = x_t D_t(\tau)$。因此，式（11-4）–式（11-5）可写成式（11-6）：

$$y_t = \theta x_t + \rho x_t(\tau) + e_t, \quad e_t \sim iid(0, \sigma_t^2) \tag{11-6}$$

通过这种添加虚拟变量的方式，可知 $\theta = \theta_2'$，$\rho = \theta_1' - \theta_2'$。$e_t = [e_{1t}, e_{2t}]'$，$\theta$，$\rho$，$\tau$ 为带估参数。

在 τ 给定的前提下，式（11-6）中的 θ 和 ρ 是线性关系。在此基础上，得到残差项的平方和为：

$$S_1(\tau) = \hat{e}_t(\tau)' \hat{e}_t(\tau) \tag{11-7}$$

估计得到的门槛值就是使 $S_1(\tau)$ 最小的 τ。τ 被定义为：

$$\hat{\tau} = \text{argmin } S_1(\tau) \tag{11-8}$$

残差的方差为：

$$\sigma^2 = T^{-1} \hat{e}_t' \hat{e}_t = T^{-1} S_1(\tau) \tag{11-9}$$

据上述，式（11-3）在两体制下的模型可表示为：

$$Y_{it} = \alpha_{it} K_{it} + \beta_{it} L_{it} + \gamma_{1it} \times I_{it} \times T(q_{it} \leq \tau) + \gamma_{2it} \times I_{it} \times T(q_{it} > \tau) + \mu_i + e_{it} \tag{11-10}$$

其中，q_{it} 为门槛变量，τ 为未知门槛值，$T(\cdot)$ 为指示函数，μ_i 表示个体效应，e_{it} 为随个体与时间而改变的扰动项。对于更多门槛个数的情形，模型的设定形式依此类推。

在得到估计值之后，便可以进行统计检验，检验的目的是看以门槛值划分的两组样本其模型估计参数是否显著不同。因此，不存在门槛值的零假设为：H_0：$H_1 = H_2$，同时构造 LM（Lagrang Maltiplier）统计量：

$$F = n\frac{S_0 - S_n(\tau)}{S_n(\tau)} \tag{11-11}$$

其中，S_0 是在零假设下的残差平方和。由于 LM 统计量并不服从标准 χ^2 分布，因此，Hansen 提出了通过“自举法”（Bootstrap）来获得渐进分布的想法，进而得出相应的概率 P 值，也称为 Bootstrap P 值。这种方法的基本思想是：在解释变量和门槛值给定的前提下，模拟（Simulate）产生一组因变量序列，并使其满足 $N(0, \hat{e}^2)$，其中，$\hat{e}$ 是式（11-10）的残差项。每得到一个自抽样样本，就可以计算出一个模拟的 LM 统计量。将这一过程重复 1000 次，Hansen 认为模拟产生的 LM 统计量大于式（11-11）的次数占总模拟次数的百分比就是“自举法”估计得到的 P 值。这里的 Bootstrap P 值类似于普通计量方法得出的相伴概率 P 值。例如，当 Bootstrap P 值小于 0.01 时，表示在 1%的显著性水平下通过了 LM 检验，以此类推。

Hansen 指出，当确定某一变量存在“门槛效应”时，门槛估计值 τ 与实际门槛值 τ_0 具有一致性，此时由于干扰参数的存在，会使渐进分布呈高度非标准分布。Hansen 以最大似然法检验门槛值 τ 来求得统计量的渐进分布，门槛值的检验零假设为：$H_0 : \tau = \tau_0$，其似然比统计量为：

$$LR_n(\tau_0) = \frac{S_n(\tau) - S_n(\hat{\tau})}{S_n(\hat{\tau})} \tag{11-12}$$

LR_n 同样为非标准正态分布。而 Hansen 计算了其置信区间，即在显著性水平为 A 时，当 $LR_n(\tau_0)[c(\tau_0)] = -2\ln[1 - \text{sqrt}(1 - \alpha)]$，不能拒绝 $\tau = \tau_0$ 的零假设。

三、研究假设

本章首先根据模型（2）笼统分析信息化发展水平对农村经济增长的影响，再比较模型（1），研究信息化要素是否改变了物资资本和人力资本投入对农业和农村经济增长的弹性；然后，以 LnI、LnY、LnK 和 Year（年份）分别为门槛变量并采用 Hansen 提出的 LM 检验来考察是否能拒绝线性模型（即无门槛值）的零假设。具体提出如下假设：

（1）假设信息化要素对农村经济增长起到促进作用，改变了物资资本和人力资本投入对农村经济增长的弹性系数。

（2）以 LnI 为门槛变量，假设检验拒绝信息化对农村经济增长的线性模型的零假设，存在信息化门槛效应，并假设信息化水平对农村经济增长的影响可能是负向的或者检验不通过，即存在“生产率悖论”。

（3）以因变量 LnY 为门槛变量，假设回归检验拒绝信息化对农村经济增长的线性模型的零假设，即存在经济增长门槛效应，且存在基于经济增长门槛的"生产率悖论"。

（4）以 Year 为门槛变量，假设检验拒绝信息化对农村经济增长的线性模型的零假设，即存在时间门槛效应，同时假设随着时间的推移，信息化对农村经济增长的影响逐渐增强，可能在研究初期出现"生产率悖论"。

（5）以 LnK 为门槛变量，假设检验拒绝信息化对农村经济增长的线性模型的零假设，即存在资本投入门槛效应，且存在基于资本投入门槛的"生产率悖论"。

第三节　变量选取与数据来源

本章的检验区间为 2000-2012 年的年度数据，截面个体包括 31 个省、市、自治区（包括除西藏、台湾、香港、澳门外的全国 30 个省、市、自治区及全国平均），其中：

产出 Y 采用各地区农、林、牧、渔业总产值，数据来自 2001-2013 年的《中国农村统计年鉴》。为消除价格因素的影响，对于农、林、牧、渔业总产值，我们以 2000 年价格为基准，按《中国统计年鉴》中"国内生产总值指数"的"第一产业国内生产总值指数"进行调整，将农、林、牧、渔业生产总值的名义值换算为实际值。

物质资本的投入 K，采用农村地区固定资产存量作为农村地区物质资本的衡量指标。由于在我国的农村统计中没有直接的农村资本存量统计数据，本章采用国际上通常使用的永续盘存法进行计算，公式为：$K_t = (1 - \delta)K_{t-1} + I_t$，其中，$K_t$ 和 I_t 分别表示 t 期的资本存量和新增投资，δ 为几何折旧率。根据相关研究并结合我国农村投资的实际，δ 的值假设为 5%。I_t 使用 2001-2013 年《中国农村统计年鉴》中农村地区的固定资产投资总值数据。对于基期的资本存量，本章借用霍尔和琼斯以及 Young 所采用的方法进行计算，公式为：$K_0 = I_0/(g + \delta)$，其中，I_0 为基期的投资，g 为投资的年平均增长率。为消除价格因素的影响，同样选取 2000 年为基年，使用《中国农村统计年鉴》中的各地区投资指数对其进行调整。

劳动力投入 L 采用各地区的农村劳动力人数。

关于信息化水平的衡量方法较多，本章使用代表农村信息化实现的物质载体，即农村居民家庭平均每百户主要耐用消费品电脑、彩电、黑白电视、固定电话和移动电话等的拥有量，采用因子分析法测算出不同年份各地区的信息化指数，以此表示信息化水平。本章采用这种方法的原因如下：①电脑、彩电、黑白电视、固定电话和移动电话等信息装备，是农村信息化实现的物质载体；②这些信息装备数量和装配质量能反映出当地的信息基本建设水平、信息传播的渠道以及对信息资源的利用程度，因而能较全面地反映当地的信息化水平。所有数据的统计量描述如表 11-1 所示。

表 11-1 统计量描述

指标		固定电话（部/百户）	移动电话（部/百户）	黑白电视（台/百户）	彩电（台/百户）	电脑（台/百户）	农业产值 Y（亿元）	农村资本 K（亿元）	劳动力 L（万人）
极小值		3.44	0.27	0.03	21.16	0.00	56.98	2.15	165.34
极大值		124.00	244.48	74.65	198.00	66.70	89453.05	36690.97	53729.99
标准差		25.64	69.89	20.27	30.63	11.94	9213.59	3235.87	8777.44
方差		657.14	4884.41	410.80	938.24	142.50	8.489E7	1.047E7	7.704E7
均值	统计量	54.13	85.32	21.88	91.64	7.29	3138.03	1010.28	3276.13
	标准误	1.28	3.48	1.01	1.53	0.59	458.96	161.19	437.24
偏度	统计量	0.23	0.48	0.79	0.25	2.53	6.55	7.40	5.17
	标准误	0.12	0.12	0.12	0.12	0.12	0.12	0.12	0.12
峰度	统计量	−0.62	−0.99	−0.60	0.63	6.59	46.91	64.34	25.45
	标准误	0.24	0.24	0.24	0.24	0.24	0.24	0.24	0.24
有效样本（N）		403							

第四节 实证结果和分析

一、信息化与农村经济增长关系的一般性检验

基于面板数据对模型（1）和模型（2）分别进行回归，通过 F 统计量检验和 Hausman 检验，两个模型均应采用固定效应模型，其回归结果如表 11-2 所示。

表 11-2 模型（1）和模型（2）的回归结果

变量名	模型（1）			模型（2）		
	回归系数	t 值	P 值	回归系数	t 值	P 值
K	0.3018	21.0509	0.0000	0.2954	20.1847	0.0000
L	0.0711	0.7997	0.4244	0.0720	0.8146	0.4158
I				0.1761	1.9366	0.0536

从表 11-2 可知，信息化要素对农村经济增长起到了正向的促进作用，资本、劳动力和信息化的弹性系数分别为 0.2954、0.0720 和 0.1761，说明各地区物质资本、人力资本和信息化要素每增长一个单位，可以分别带动农村经济增长 0.295、0.072 和 0.176 个单位。比较模型（2）与模型（1）的回归结果，资本投入与劳动力投入对农村经济增长的弹性系数没有太大的变化，说明信息化要素对农村资本和劳动力的投入影响并不大。

二、门槛效应检验

本章分别以 LnI、LnY、LnK 和 Year 为门槛变量，采用 Hansen 提出的 LM 检验考察是否能拒绝线性模型（即无门槛值）的零假设，发现 LnY 作为门槛变量时不拒绝零假设，即不存在经济增长的门槛效应，故下文逐个分析以 LnI、LnK 和 Year 分别为门槛变量时的检验结果。

（一）信息化发展水平门槛效应检验

首先运用 Hansen 的面板数据门槛模型，以信息化发展水平作为门槛变量，检验信息化水平对农村经济增长的影响是否存在门槛效应。首先进行单门槛检验，结果发现面板数据门槛效应检验的似然比值 LR 为 7.352，F 检验值为 8.309，相伴概率为 0.005，拒绝原假设，说明存在单门槛。继续进行双门槛检验，其 F 检验值为 10.163，相伴概率为 0.001，继续拒绝原假设，说明存在双门槛，应该采用双门槛回归模型进行回归，继续进行三门槛检验，但其中二、三阶段回归系数均没有通过统计检验，其门槛效应检验结果如表 11-3 所示，综合均衡后采用双门槛进行回归。信息化水平门槛值的筛选结果如表 11-4 所示。

表 11-3　各种门槛变量的门槛效应检验结果

门槛变量	模型	F 统计量	P 值	自举次数	1%临界值	5%临界值	10%临界值	LR
信息化水平门槛	单门槛	8.309	0.005	1000	2.873	4.258	7.234	7.352
	双门槛	10.163	0.001	1000	2.646	3.973	6.188	
时间门槛	单门槛	27.960	0.000	1000	2.601	3.512	3.667	7.352
	双门槛	5.897	0.021	1000	2.837	3.995	7.191	
资本投入门槛	单门槛	18.909	0.000	1000	2.796	3.821	7.029	7.352
	双门槛	13.296	0.001	1000	0.662	2.482	6.411	

信息化水平的两个门槛值分别为 4.0025 和 4.3871，换算成原始值后实际信息化水平门槛为 54.73%和 80.41%，这两个门槛值将中国农村信息化水平分为高、中、低三种类型，样本数据数量分别为 132 个、230 个、41 个。

表 11-4　各种门槛变量门槛值的筛选结果

门槛变量		估计值	转换为实际值	95%置信区间	
信息化水平	第 1 门槛	4.3871	80.41（%）	4.3619	4.4502
	第 2 门槛	4.0025	54.73（%）	3.9962	4.0341
时间	第 1 门槛	4.1111	2003（年）	1.0000	12.000
	第 2 门槛	11.111	2010（年）	3.1111	6.0000
资本投入	第 1 门槛	4.2957	73.41（亿元）	4.0711	4.4753
	第 2 门槛	5.9123	369.56（亿元）	5.8674	6.0919

　　根据回归结果表 11-5 可知，随着信息化水平提高，其弹性系数是下降的。信息化发展水平低时，信息化对农村经济增长的影响最大，回归系数为 0.4683；其次是中等信息化水平时，回归系数为 0.4491；高信息化发展水平与农村经济增长相关程度最小，回归系数为 0.408。因此，我们认为存在信息化对农村经济增长的高水平陷阱。信息化发展水平与农村经济增长在三个阶段都是正相关的，这验证了前面的假设（1），即：存在门槛效应，但不存在信息技术 "生产率悖论"。

表 11-5　信息化水平、时间和资本投入的面板门槛回归结果

变量	信息化水平		时间		资本投入	
	含义	门槛回归	含义	门槛回归	含义	门槛回归
LnI	信息化水平 $\tau < 4.0025$	0.4683*** (3.9543)	时间 $\tau < 4.11$	0.138 (1.417)	资本投入 $\tau < 4.296$	0.130 (1.487)
LnI	信息化水平 $4.3871 > \tau \geq 4.0024$	0.4491*** (3.9176)	时间 $11.11 > \tau \geq 4.11$	0.163* (1.687)	资本投入 $5.912 > \tau \geq 4.296$	0.165* (1.889)
LnI	信息化水平 $\tau \geq 4.3871$	0.4079*** (3.6323)	时间 $\tau \geq 11.11$	0.174* (1.822)	资本投入 $\tau \geq 5.912$	0.189** (2.159)
LnK	农村资本投入	0.2994*** (20.8603)	农村资本投入	0.221*** (12.67)	农村资本投入	0.244*** (14.55)
LnL	农村劳动力投入	0.0893 (1.0177)	农村劳动力投入	−0.023 (−0.138)	农村劳动力投入	0.068 (0.795)
F&P	F = 10.163　P = 0.001		F = 5.897　P = 0.021		F = 13.296　P = 0.001	

　　注：***、** 和 * 分别表示在 0.01、0.05 和 0.10 的显著水平下拒绝零假设。

　　虽然我国农村经济增长不存在信息技术 "生产率悖论"，但并不是线性的，呈现出信息化不同发展水平的异质性。从回归结果看，模型中资本投入和劳动力投入的弹性系数之和不到 0.4，说明农村经济增长是规模递减的，信息化水平对农村经济增长的三阶段影响，恰巧与农村经济的规模报酬递减一致。农村资本

投入与农村经济增长也是正相关的，回归系数为 0.2994，农村劳动力投入对农村经济发展的影响因没有通过检验，故不显著。比较资本、劳动和信息三种投入要素对农村经济增长的影响可知，信息化发展水平对农村经济增长的弹性系数最大，三个阶段分别是 0.4683，0.4491 和 0.4079；资本投入次之，弹性系数为 0.2994；劳动力投入对农村经济发展影响不显著。这些结果说明近期农村经济的增长更多地得益于农村信息化水平的提高。

根据以上结果，信息化水平低的地区，信息化的弹性系数最高，信息化水平每提高 1%，农村经济增长 0.4683%；信息化水平中等地区的弹性系数次之，信息化水平每提高 1%，农村经济增长 0.4491%；信息化水平高的地区的弹性系数最低，信息化水平每提高 1%，农村经济增长 0.4079%。因而，政府应调整信息资源的分配，要向信息化水平较低的地区倾斜，加强这些地区的信息化基础设施建设，以便有效地提升信息不发达地区农村经济的增长。

(二) 时间门槛效应检验

以时间作为门槛变量，仍然运用 Hansen 的面板数据门槛模型，检验结果显示，存在两个时间门槛，门槛值的筛选结果如表 11-4 所示，其门槛效应检验和回归结果如表 11-3、表 11-5 所示。

两个时间门槛值分别为 4.11 和 11.11，换算成原始值后实际信息化水平门槛为 2003 年和 2010 年，这两个门槛值将中国农村信息化发展水平分为三个阶段，三阶段的样本数据数量分别为 124 个、217 个、62 个。

根据面板门槛回归结果表 11-5 所示，在 2003 年之前，信息化发展水平对农村经济增长的影响没有通过检验，说明农村经济的发展与信息化没有什么关系；第二、第三阶段均通过检验，其中，2003-2010 年，回归结果显示，信息化水平对农村经济增长的回归系数为 0.163；2010 年之后，信息化发展水平对农村经济增长的影响程度增大，回归系数为 0.174。所以，验证了前面的假设 (3)，说明我国农村经济增长在时间作为门槛变量时存在信息技术"生产率悖论"。同样，回归结果呈现出不同阶段信息化对农村经济增长影响的异质性。从 2003 年之前的农村经济增长与信息化无关，到 2003-2010 年的弹性系数 0.163，再到 2010 年之后的弹性系数 0.174，说明随着时间的推移信息化对农村经济增长的影响越来越大。究其原因，主要是随着时间的推移信息化结构越来越合理，互联网介入农村信息化的深度增加，从而对农村经济发展起到更好的推动作用。农村资本投入与农村经济增长也是正相关的，回归系数为 0.221；农村劳动力投入对农村经济发展的影响是负值，但仍然没通过检验。

（三）资本门槛效应检验

以资本投入作为门槛变量，仍然运用 Hansen 的面板数据门槛模型，检验资本的投入在信息化对农村经济增长影响过程中是否存在门槛效应。检验结果发现资本投入存在双门槛，门槛值的筛选结果如表 11-4 所示，其门槛效应检验和回归结果如表 11-3、表 11-5 所示。

资本投入的门槛值分别为 4.2957 和 5.9123，换算成原始值后实际资本投入门槛为 73.41 亿元和 369.56 亿元。这两个门槛值将信息化水平对中国农村经济增长的影响分为三个阶段，三阶段的样本数据数量分别为 60 个、199 个和 144 个。

根据资本面板门槛回归结果表 11-5 可知，在第一个阶段 $\tau < 4.296$，信息化发展水平对农村经济增长影响没有通过检验，说明农村经济的发展与信息化关系不大；第二、第三阶段回归结果显示，信息化水平对农村经济增长的弹性系数分别为 0.165 和 0.189，均在 90% 的水平以上通过检验，同时，随着资本投入的增加，信息化发展水平对农村经济增长的影响程度增大。这说明，对农村资本投入的增加，同时带来了农村信息资本投入的增加，从而使农村的信息化水平得以提高，继而促进了农村经济的高速增长。因此验证了前面的假设（4），说明我国农村经济增长在资本作为门槛变量时，资本投入的第一个阶段存在信息技术的 "生产率悖论"。农村资本投入与农村经济增长也是正相关的，弹性系数为 0.244；农村劳动力投入对农村经济发展的影响仍然没通过检验。

第五节 结论

本章以中国农村为研究对象，首先根据包含信息化要素的新经济增长模型，笼统地分析了信息化对农村经济增长的关系，然后基于门槛面板模型，分别以农村信息化水平指标、农村资本投入和时间作为门槛变量，研究了在不同门槛变量的条件下，信息化发展水平对农村经济增长的影响，最终的研究结果如下：

第一，研究证实了信息化发展水平与农村经济增长之间存在正相关关系，其已成为影响农村经济产出的重要因素，而且全面地转变了农村经济增长的方式，但农村信息化要素并没有改变资本和劳动力投入对农村经济增长的弹性。从资本投入、劳动力投入及农村信息化的弹性系数可知，农村信息化已经成为农村经济增长的主要源泉。

第二，以信息化发展水平作为门槛变量进行检验时，信息化发展水平对农村经济增长的影响存在双门槛，在三个阶段中信息化发展水平与农村经济增长之间都是正相关关系，不存在信息技术"生产率悖论"。但是，三个阶段信息化水平对农村经济增长具有不同的弹性系数，呈现出信息化不同发展水平的异质性，而且随着信息化水平提高，其弹性系数是下降的。信息化水平低的地区，信息化的弹性系数最高，信息化水平中等地区次之，信息化水平高的地区弹性系数最低。说明我国应调整信息资源的分配，向信息化水平较低的地区倾斜，加强这些地区的信息化基础设施建设，从而有效地提升农村经济的全面增长。

第三，以时间作为门槛变量，检验结果显示存在2003年和2010年两个时间门槛，在2003年之前存在信息技术"生产率悖论"，但随着时间的推移，信息化水平突破了门槛值，对农村经济增长的影响越来越大。主要原因是随着时间的推移，信息化结构越来越合理，互联网介入农村信息化的深度增加，从而对农村经济发展起到更好的推动作用。这与国外学者认为"生产率悖论"的存在具有阶段性的观点不谋而合，即：在不同发展水平的国家和地区的不同阶段都会存在一定程度的信息技术"生产率悖论"，但随着时间的推移，"生产率悖论"问题将逐步得以解决。

第四，在资本投入作为门槛变量时，检验发现存在双门槛，资本投入的第一个阶段存在信息技术的"生产率悖论"，后两个阶段突破门槛后，信息化水平对农村经济增长的影响是递增的，说明对农村资本投入的增加，同时使农村信息资本的投入增加，从而使农村的信息化水平得以提高，继而促进了农村经济的高速增长。这说明农村信息化基础设施已经成为农村经济发展的重要基础，因此，在农村基础设施建设中，要将农村信息技术设施建设作为优先建设的重点，以进一步拉动农村经济的增长。

第十二章　其他省市农村信息化政策借鉴

第一节　农村信息化方面政府相关政策的发展历程

一、最早的农村信息化相关政策的发布

中国农业信息化建设始于 1979 年从国外引进遥感技术并应用于农业。1981年，中国建立中国农业科学院计算中心，开始以科学计算、数学规划模型和统计方法应用为主的农业科研与应用研究。1986 年，国家农业部提出了《农牧渔业信息管理系统设计》，这是中国最早的农业与农村信息化方面的政策。据此，1987年国家组建了农业部信息中心，开始重视和推进计算机技术在农业领域的试点和应用。

二、20 世纪 90 年代以来农村信息化政策大事记

1992 年春天，邓小平同志发表了南方重要谈话，提出了"三个有利于"的原则，正式发出了我国要发展社会主义市场经济的号召。当年，中共十四大在提出建设社会主义市场经济体制改革目标的同时，明确要求各级政府加强"信息引导"工作。同年，国家农业部出台了《农村经济信息体系建设工作方案》。

1993 年，国家农业部成立农村经济信息体系建设领导小组。

1994 年，国家农业部成立了专司信息服务工作的行政工作机构——市场信息司。

1995 年，国家农业部制订了《农村经济信息体系建设"九五"计划和 2010年规划》。当年，《农业综合管理和服务信息系统——金农工程》问世，由国家农业部牵头组织实施。

1996 年，我国粮食生产首次突破 5000 亿千克，国家农业部第一次召开全国性的农村经济信息工作会议，主题报告是《提高认识，明确任务，努力开创农村经济信息工作的新局面》。

1997 年，通货膨胀开始实现"软着陆"，随着整个国民经济发展进入新时期，中国拉开了农业结构性调整的序幕。

1998 年 6 月，国家农业部市场信息司改名"为市场与经济信息司"。1998 年 10 月，中共十五届三中全会通过的《中共中央关于农业和农村工作若干重大问题的决定》中对农业信息工作提出要求：完善信息收集和发布制度，向农民提供及时准确的市场信息。

2000 年 1 月，中共中央、国务院在《关于做好 2000 年农业和农村工作的意见》中要求：农业行政主管部门要尽快制定农产品市场信息采集标准和规范，完善信息发布制度，建立及时、准确、系统、权威的农业信息体系。

2001 年，国家农业部将农村经济信息体系建设领导小组改名为"农村市场信息体系建设领导小组"，并出台了《"十五"农村市场信息服务行动计划》，建立了初步的信息发布制度，形成了以"一网、一台、一报、一刊、一校"（即农业部信息中心、中国农业影视中心、《农民日报》社、《中国农村》杂志社和中央农业广播电视学校）为主体的信息发布窗口。

2005 年 10 月，中共十六届五中全会提出了建设社会主义新农村的任务，明确了有关指导思想和任务。

2006 年，中共中央发出 1 号文件《中共中央国务院关于进一步加强农村工作　提高农业综合生产能力若干政策的意见》，就关于推进社会主义新农村建设提出了若干意见。2006 年春节后，中共中央党校举办了由省部级干部参加的"新农村建设理论研讨班"。中共中央、国务院及国家各有关部门和地方各级政府高度重视新农村建设工作。国家农业部、国家信息产业部把新农村建设作为新时期的中心任务和重点工作，做了全面部署，采取了行动。如国家农业部实施"社会主义新农村建设示范行动"，创办"中国新农村建设信息网"等。国家信息产业部加大实施"村村通电话"工程的力度，计划在 2006 年年底前完成 10 600 个未通电话村的通信建设任务，使我国电话村通率再提高 1.5 个百分点，达到 98.6%；"十一五"期间在东中部地区农村基本普及互联网，实现"村村能上网"，在西部农村地区逐步推广互联网业务，确保"十一五"末全国基本实现"乡乡能上网"的规划目标。

三、20 世纪 90 年代以来农村信息化政策发布的背景分析

1992-1997 年，邓小平发表了南方重要谈话后，国家农业部先后发布了《农村经济信息体系建设工作方案》（1992 年）、《农村经济信息体系建设 "九五" 计划和 2010 年规划》（1995 年）、《农业综合管理和服务信息系统——金农工程》（1995 年）等政策文件。

1997-2000 年，我国通货膨胀实现 "软着陆"（1997 年）。中共十五届三中全会发布了《中共中央关于农业和农村工作若干重大问题的决定》（1998 年），国家科技部发布了《关于农业信息化科技工作的若干意见》（1999 年），中共中央、国务院发布了《关于做好 2000 年农业和农村工作的意见》（2000 年）。

2001 年，中国加入了世界贸易组织。国家农业部发布了《"十五" 农村市场信息服务行动计划》（2001 年）、国务院发布了 《农业科技发展纲要（2001-2010 年）》（2001 年）、国家农业部发布了《农业部关于做好农村信息服务网络延伸和农村信息员队伍建设工作的意见》（2002 年）、国家财政部印发《中央财政支持农业产业化资金管理暂行办法》（2004 年）。

2005 年至今，中共十六届五中全会提出了建设社会主义新农村的任务。国家农业部发布了 《"三电合一" 农业信息服务试点项目资金管理暂行办法》（2006 年）和《农业部关于实施 "九大行动" 的意见》（2006 年），全国人大四次会议通过了《国民经济和社会发展第十一个五年规划纲要》（2006 年），信息产业部发布了《关于推进社会主义新农村建设工作的意见》（2006 年），中共中央办公厅、国务院办公厅发布了《2006-2020 年国家信息化发展战略》（2006 年）。

四、农村信息化的相关政策的特点及趋势

主要特点是：在议程建立的过程中，官员们将问题置于公共议程，经历了具体细节由下至上、政策产生和分解由上至下的过程；在政策形成的过程中，官员们提出解决问题的具体方案，这些方案是中央的抽象战略方针和各个部委具体职能相结合的产物；在政策采纳的过程中，不同层级的方案有不同的通过方式，主要是民主集中制；在政策执行的过程中，被采纳的政策由掌握财政和人力资源的行政机构实施的过程各有其特点，相对来说，由中央通过配套政策调配资金和人员的方式居多； 在政策评估的过程中，一般按政策的法定要求行事而达到既定目标。

此外，我们可以清晰地看到两个重要的时间转折点——1992 年和 2005 年。这说明中国在农业与农村信息化方面的发展主要是由中央政府主导的，受政治经

济趋势影响，是突变式的。不过，2005 年以后，政策制定呈现出由突变到渐进、由中央政府主导到地方政府自主发展的政策路径。

第二节　其他省市农村信息化政策借鉴

近年来，我国整体的信息化建设虽然得到了快速发展，信息化已成为国民经济与社会发展的重要动力，但我们应该看到，这种发展还存在一定的不均衡性，城市与农村之间、东部与西部之间、西部各省份之间都存在不同程度的"数字鸿沟"，这一现象已成为制约中西部社会经济发展的障碍。发达地区的农村信息化的发展比较快，有较成熟的合适各自地区农村信息化发展的政策措施。在经济欠发达地区，也有一些地区在农村信息化方面有自己的特色，充分利用当地信息技术，开发利用农村信息资源，促进本地农村信息交流和知识共享，提高农村经济增长质量，推动农村经济社会发展转型的历史进程。下面介绍一些国内农村信息化发展比较好且具有代表性的省市农村信息化的政策，为河南省农村信息化下一步的发展提供一些借鉴。

一、江苏省农村信息化政策借鉴

（一）江苏省农村信息化整体情况介绍

目前，我国处于农村信息化高速发展时期，中央正全力推进农村信息化建设，从政策规划、项目安排、资金支持、人才培养等多个环节为农村信息化的发展提供保障。中国的经济大省——江苏省的农村信息化工作始终走在全国前列。近年来，在一系列"村村通"工程、"四电一站"等重大项目的推动下，农村信息化工作取得了长足的进步，江苏省为进一步加快推进农村信息化建设，在政策环境上给予农村信息化极大的支持，于 2006 年 11 月制订了《江苏信息化发展战略 2006-2020 及"十一五"行动计划》。该计划指出：到 2020 年，江苏省在率先基本实现现代化的同时，率先基本实现信息化。这为江苏省信息化发展确定了长期战略目标，对全省农村信息化发展起到了指引作用。

江苏省本着"全面达小康，建设新江苏"的宗旨推进农村信息化工作，截至 2006 年末，江苏省基本实现了 100% 行政村通电话，成为率先启动并完成"村村通电话"工程的省份之一。据江苏省第二次农业普查资料显示，截至 2006 年末，江苏省农村居民平均每百户拥有固定电话 77.2 部、手机 93.5 部、彩电 101.8 台、家用电脑 6.9 台，用本户电脑上网的户数达到 5.3 户。江苏省 100% 的行政村能够接收电视节目，99.99% 的自然村能接收电视节目，有线电视覆盖率达到 91.32%；在江苏电信展开"信息田园"工程后，农村通信网络基础设施建设日益完善；此外，农村居民家庭固定电话和移动电话的拥有量快速上升。

从 2007 年开始，江苏省在全省范围内开始了大规模的"四电一站"建设，即建立电视、电台、电话、电脑与农业信息服务站相互结合的信息传播模式。截至 2007 年底，江苏省从省至市、县各级都设立了农村信息化管理机构和相关的农业网站，过半数乡镇依托农业技术推广部门建立了农村信息服务站，配备信息工作人员共 290 人，初步形成了一支"会收集、会分析、会传播"的农村信息传播员队伍，同时还开展了"强基工程"建设，主要目的是对各乡镇、行政村的党员进行农村信息化培训。另外，江苏省还组织了多种活动提升农村信息服务，如"送科技下乡"、"农民增收科技行动计划"等活动，受到农民的一致好评。

（二）江苏省农村信息服务发展典型

江苏省农村信息服务工作一直走在全国前列。截至 2009 年 3 月，江苏省已经建成市级以上农业科技信息网站 13 个，县级农业科技信息网站 70 个，并初步建成了以一批农业信息资源数据库、优化模拟模型、宏观决策支持系统、农业专家系统、农业生产计算机管理系统为支撑的覆盖全省的农村科技信息服务体系。

根据工业和信息化部 2010 年 3 月提出的《村村通电话工程和信息下乡活动的实施意见》，江苏省已逐渐将信息基础设施建设向信息服务扩展，全面开展信息下乡活动。江苏省农业委员会有关人士明确表示，江苏省农业信息化工作在今后 5 年内将以实施农业信息服务全覆盖工程为抓手，扩展现代信息技术的应用领域，积极发展精准农业、智能农业、改制农业，以促进农业转型升级，提高农业综合生产能力、市场竞争能力和可持续发展能力。此外，江苏省委常委相关人士也表示，江苏省将大力发展农民上网培训工作，使更多的农民会用电脑、会发手机短信，与信息服务的相关政府及企业形成互动；同时，江苏省还将开发视频信息服务，让农民能通过视频进行产品信息查询、在线医疗诊断，通过这些手段为老百姓提供更个性化、更有针对性和实效性的信息服务。

在政府和领导的重视下，江苏省各区域和地区都出现了农村信息服务发展的典型个例，见表 12-1。

表 12-1 江苏省农村信息服务发展的典型个例

区域	县、村	农村信息服务发展进展
苏南	镇江丹阳市迈村	2006 年开始，挂靠单位进行农村信息化建设，建立丹阳市首个村级网站
苏中	泰州靖江市孝化村	利用远程教育平台进行培训，建立网站信息平台来公开村务、政务、财务
苏北	连云港市灌南县	建立"四电和一"农业信息综合服务平台

1. 丹阳市迈村

丹阳市迈村地处当地的城乡结合部，多年前，由于当地信息闭塞，村民思想不解放，导致村里在招商引资和工业经济方面基本还是一个"零记录"，村里每年只好寄望于挂靠单位给予的 2 万元扶贫款。

但从 2006 年开始，迈村通过挂靠单位的帮助，开始信息化的建设工作，建立了丹阳市首个村级网站。村支书王金和表示，当地的农民白天抓镰刀、晚上抓鼠标，通过信息化的手段使农民通过原来"一亩地产一辆自行车"的收入变成了"一亩地产一辆小汽车"的收入。比如，茶农陈老伯虽然已年逾六十，但是对于学习电脑的热情却依然高涨，他表示，信息化大大提高了其茶叶生产效益。当地村民从网上组织货源、购置设备、学习相关技术，将无公害草莓、特色韭菜和小葱等农产品在网上叫卖，大大提高了生产销售效益，增加了收入。

2. 靖江市孝化村

靖江市孝化村是一个信息服务综合应用的典型。在村务方面，孝化村村委会通过远程教育平台对党员进行先进性教育及对村民进行培训；村里建立了网络信息平台，在网上公开村务、政务和财务；村里还建立了取名为"孝化人之家"的 QQ 群，在此群中，村民们可以畅所欲言，为孝化村的发展献计献策。同时，孝化村还会根据网络信息及时调整农副产业的结构，让村民实现网上销售和购买。在与运营商的合作下，孝化村在主要道路上设立"全球眼"，95%的村民都安装了"平安 e 家"。最终，孝化村实现了农民的信息致富。

3. 连云港市灌南县

为了更好地发展农业生产，为农民提供方便快捷的技术服务平台，连云港市灌南县形成了"四电合一"的农村信息服务模式。一是推出农业电视栏目《新村万象》，把有关农业和农村生活方面的知识制作成图、文、声并茂的电视节目定期播出；二是推出农业电台节目，在县人民广播电台开设《三农新天地》栏目，下设"行风热线"、"农事指南"、"供求信息"、"知识讲座"和"专家咨询"这五个子栏目；三是设立咨询服务热线，重庆市开通"12316"全国农业系统公益服务统一号码，为农民提供多种信息咨询和农资打假投诉等服务；四是提升农业服务网站，通过动态数据库技术，完善"灌南农业网"的网站建设，网站实行 24 小时在线服务，与县内农业龙头企业、农村经济合作组织、种养大户和农民等建立信息互通渠道，实现资源共享，加强多方合作；五是设置农村信息资料柜，留存电视栏目录像、电台节目录音、培训相关资料和信息服务登记簿。将"电视、电台、电话声讯、电脑网络"有机结合，加强信息整合，加速信息入户步伐，提高农村参与主体和受体的信息化意识和信息化应用水平，促进农产品流通、企业增效和农民增收。

二、重庆市农村信息化政策借鉴

2007 年，重庆市成为统筹城乡综合配套改革试验区；同年 12 月，重庆市政府与中国移动签订《关于发挥移动通信优势推动统筹城乡信息化试验区建设的合作备忘录》。2009 年，市经济和信息化委员会（简称经济信息委）、市农村工作委员会（简称农委）联手率先在大足县、忠县开展农村信息化体系建设试点。经过近一年的试点探索，重庆市经济信息委、重庆市农委在试点的基础上，经过深入调研和反复论证，于 2010 年 1 月形成了《重庆市推进统筹城乡农村信息化体系建设实施方案》，并在江津区、涪陵区等 10 个区县开展统筹城乡农村信息化体系建设试点工作；2010 年 4 月又扩大了试点范围，批准黔江区、酉阳县、秀山县、彭水县、石柱县五个区县（自治县）为试点区县；2010 年 5 月，市政府办公厅印发了《关于加快推进统筹城乡农村信息化体系建设的通知》（渝办发〔2010〕146 号），拉开了全面推进重庆市农村信息化体系建设的序幕。目前，全部 15 个试点区县与中国移动通信集团重庆公司（简称重庆移动）签署了合作协议。重庆市经济信息委作为全市信息化建设的牵头部门，积极整合各方资源，出台政策推动农村信息化体系建设。中国移动积极投入，已累计投入 6.5 亿元建设"12582 农信通"平台，成立专业部门和团队，大力助推农村信息化体系建设。通过政企合力，历时三年，重庆市探索出了以"政府引导、企业参与、市场运作、服务'三农'"为核心的农村信息化建设的"重庆模式"。

对于"重庆模式"，可以这样阐释："政府引导"就是政府牵头建立联合工作机制，整合各部门资源，调动通信运营商和信息服务企业的力量，建立市场运作机制，推进农村信息化体系建设；"企业参与、市场运作"就是由运营企业建设平台、开发应用、宣传推广，制定优惠政策，降低农民、涉农企业、合作社、基层政府使用门槛，并通过参与农村信息化工作获得回报；"服务三农"就是指通过上述各项举措，整合包括政府、运营商、涉农企业、合作社在内的各方资源，以信息化的方式为农户提供包括生产、生活在内的各种信息，提高农业技术水平和农业生产效率，以更好适应农业产业现代化的发展趋势。

（一）15 区县共谋发展农村信息化

"对于渴盼致富的农民来说，信息就是财富，信息就是门路。"在 2010 年 12 月 10 日重庆市农村信息化体系建设试点区县工作座谈会上，市经济信息委经济信息化处处长易小献这样评价信息在农民生产生活中的重要性。

在这次会议上，市经济信息委不仅对区县主管部门积极开展农村信息化体系建设给予了鼓励和赞扬，还特别对重庆移动的鼎力支持作出了高度评价。重庆移动根据各试点区县的实际情况，从资金、技术、人才上积极给予支持，有力地助推了试点工作的顺利开展。

2010 年，重庆移动与 15 个试点区县均签订了合作开展农村信息化体系建设的战略合作协议，在 2010–2013 年，投入大量资金、人力、物力，依托"12582 农信通"平台开展农村信息化体系建设。

同时，会议还总结出重庆市农村信息化体系建设中最为基础和关键的一环，就是要有信息员的积极参与和辛勤工作，让大量的涉农信息在"12582 农信通"平台上快速"奔跑"，以此服务"三农"、惠及民生。其中，大学生村官是这支队伍中极为重要的中坚力量。从各试点区县的情况来看，各区县大学生村官的作用普遍得到了较好的发挥，已成为信息上传下达，连接农户与政府、市场的桥梁和纽带。

（二）重庆移动心系百万农户

重庆移动组织专业团队，努力破解资源整合难、信息共享难、网络进村难等制约信息化建设的"瓶颈"问题，解决网络延伸、资源开发、信息发布等问题，逐步完善区县信息基础设施建设，着力打造区县产业信息化、政务信息化、民生信息化、城市信息化，全力推动各区县的农村信息化体系建设工作。重庆移动在投入大量资源实现"村村通电话"、改善农村信息化基础设施的基础上，从 2006 年起，耗资 6.5 亿元建立了立足重庆、支撑全国的"12582 农信通"平台。

除了技术与资金的大量投入之外，重庆移动还整合专家、农技站、大学生村官及基层信息服务人员等人才资源，在市经济信息委的统筹安排下，与各区县政府联合将各地种养大户、大学生村官、信息员培训发展成为"农村信息化带头人"，建立工作机制与激励机制，打通信息传递渠道，确保涉农信息顺利上传下达，不断提高农村整体信息化应用水平。

如今，"12582农信通"已经在重庆涉农领域得到了规模应用，直接受益农户已经超过10万户。通过推进农村公共事业信息化发展，农村行政监管和公共服务效率得到提高，极大地促进了重庆农村信息化体系建设。

（三）农村信息化拓宽农户致富路

据初步统计，通过建立"市—区县—乡镇—村"四级信息服务体系，重庆移动"12582农信通"平台推出"12582热线"、"务工易"、"政务易"、"商贸易"等信息化应用产品，不断满足政府、企业、农户的信息化使用需求，深入支撑15个试点区县统筹城乡农村信息化体系建设。仅2010年这一年，15个试点区县政务信息化乡镇覆盖率达100%，行政村覆盖率超过65%，通过"12582农信通"平台向农户发布政策、安全、农技等信息800余万条，农户也可通过平台向政府部门查询需要的信息，有效地促进了政民互动，有效地推动了农村信息化的发展；商贸信息化覆盖涉农企业、合作社近400家，向下属种养殖户发布市场、科技、招聘等信息80余万条，逐步建立起"企业—农户"信息互动模式，通过涉农企业带动农村信息化发展，同时，通过信息化平台的引入，企业内部管理水平不断提升，收效显著；民生信息化覆盖农户150万户，农民通过手机即可查询社保、医保、水电气、就业、新闻、政策、娱乐等信息。相比以往，农户通过基层政府、涉农企业、信息化平台获得大量和增收致富有关的信息，信息化正逐步发挥它经济"倍增器"的力量。

（四）大学生村官成为"首席信息员"

如何加快农村信息化建设，让信息真正成为农民致富的好帮手。在加强农村信息网路建设的道路上，信息专家认为，要以基础电话语音系统为支持，推广"三网融合"模式，健全信息咨询平台。利用互联网采集发布信息，利用电话、语音系统为生产经营者提供咨询，利用广播、电视传播农业技术，扩大覆盖面，增强时效性。

硬件的完善配备需要人才推手充当"润滑剂"，大学生村官被寄予厚望。重庆市大学生村官以推进农村信息基础建设、提高农民信息化应用能力、整合涉农信息资源为工作重点，结合本地实际，发挥资源优势，做农村信息化学习先锋、应用标兵、宣传能手和培训导师。同时，政府重视引导大学生村官发挥知识和创新优势，让大学生村官成为"农村首席信息员"，让信息进村入户，有效地解决了"信息最后一公里"问题。通过综合信息服务站，向农民宣传信息化，开展电子图书、网络教育、信息咨询、电子商务方面的信息培训和服务，使大学生村官在农村开展工作真正找到发力点，为农村经济的转型和发展发挥积极的作用。"

三、天津市农村信息化政策借鉴

"十五"期间，天津市委市政府大力支持农业和农村信息化工作：将信息化工作列入了改善农村人民生活的工作中；制定了《天津市农业和农村"十五"信息化计划》和《天津市郊区信息化目标规划》；实施了一系列重大农村信息化建设项目。

（一）网络建设已具规模

农村信息化是一项综合、复杂、宏大的系统工程，其基础工作之一就是信息网络建设。天津市坚持以提高信息网络应用能力、延伸农业信息网络和促进农业增效、农民增收为目标，在农业信息网络建设上取得了较好成绩，先后组织和建设了多个信息化项目，如：天津农业经济信息系统、农口"政府上网工程"，天津农业与农村综合信息平台，天津市"农业信息化"工程、涉农企业信息化建设，天津市农业和农村信息化"三上网工程"、"村村通"工程，天津市"金农工程"等，并为12个涉农区县的154个乡镇的3851个行政村至少每个村安装了1台具备联网服务能力的计算机。各农口区县也相继建立了服务区域农业发展的信息平台，借此建立起比较完善的市—区（县）—乡（镇）—行政村（涉农企业）四级农业信息服务网络体系，实现了农业信息服务网络"村村通"，也为信息技术在更为广阔领域的应用奠定了基础。

（二）资源建设日益丰富

天津市通过多种途径强化了信息资源建设，依托天津科技网络平台基础环境，架构起天津市农业信息化工程农业综合服务平台，为实现网上资源的有效利用与共享提供空间，为农业技术推广、远程教育及培训系统、农产品市场信息发布系统、农业专家决策咨询系统研究、天津市农业基础地理信息系统、天津市农业基础数据库及天津市10余个农业特色网站的平稳运行提供了良好的环境。同时农口有关局、院也先后建立起一批涉农网站，建设了领域特色突出的信息资源。

（三）农业信息技术研究应用逐步深入

农业信息技术在农业生产各个环节的广泛应用，逐步实现了农业生产、管理、农业科技信息和知识等的获取、处理、传播和合理利用，这充分显示了农业信息技术在科学有效地指导农业生产上所发挥的作用。因此，农业信息技术的研究应用是天津农村信息化建设的重要内容。天津的农业信息技术研究起始于 20 世纪 80 年代，有关研究单位先后开展了遥感技术农业应用、农业资源数据库、区县综合信息库等的研究开发，并取得了一定的成果。"十五"期间，天津市又开展了地理信息系统在农业中的应用研究。综合应用网络技术、现代通信技术、单片机技术、传感器技术及"3S"技术等，开展了田间信息实时采集、区县土地利用状况分析、非接触工厂化禽畜饲养管理系统、农村村务管理系统等的研究；通过电脑农业的实施，结合天津农业生产实践，以 PAID 为平台，开发完成了关于黄瓜、小麦、玉米、水稻、葡萄、对虾、螃蟹、奶牛、猪、肉羊、淡水鱼等农产品的专家决策系统，形成了天津农村信息化建设中第一批具有自主知识产权的农业信息化产品。专家决策系统综合多种单项农业技术，实现了高层次的多项农业技术集成，起到了多层次、多角度模拟农业专家的作用，通过在生产中的推广应用，已取得显著的社会经济效益。

（四）农业信息服务形式多样

综合利用传统的农业科技信息传播手段与现代信息处理技术，在对已有农业科技信息、管理信息等集成的基础上，充分运用计算机网络技术、多媒体技术、语音转换技术、便携式信息终端技术等，为生产、经营和管理者提供多方位、个性化的信息服务。建设天津农业科技数字图书馆，在丰富网上资源的同时，为不同层面的读者提供资源共享服务；通过与政府农技推广部门、涉农企业、农业专业技术协会、种养殖大户等的有机结合，丰富了农技推广手段；开通"农业直通车"电话农技热线，组织种植、养殖领域的农技专家，为农业生产者提供咨询服务；开通"960110—农业科技语音服务"查询系统，实现农民听网的功能；建立"农民科技书屋"，将科技知识送到农家门口；开展农业短信息服务，实现科技信息服务到手。

四、广东省农村信息化政策借鉴

（一）农业农村信息化基础设施显著改善

目前广东省农村信息化基础设施在全国处于领先水平。据统计，截至 2011 年末，广东省 21320 个行政村全部接入宽带，12.8 万个 20 户以上的自然村全部通电话，广播电视"户户通"。农村居民家庭平均每百户拥有固定电话 83.38 部，移动电话 203.83 部，电脑 19.53 台，电视 120.60 台，广东乡镇区域 4 兆带宽覆盖率达 90%以上，行政村、自然村 4 兆带宽覆盖率达 80% 以上，农村宽带接入用户达 465.6 万个，较 2007 年增长 5.7 倍。根据中国农业科学院农业信息化研究所《中国农业信息化测评》"十一五"期末分地区农村信息化指数排序：广东省农村信息化指数排序仅次于上海、北京，居全国第三。

（二）信息平台建设初具规模

经过多年建设，广东省的省、市、县各级农业信息平台建设初具规模，形成多系统、宽领域的农业信息网站群，农业信息服务网络逐步向基层延伸。广东省涉农网站数量超过 1500 个，广东农业信息网覆盖了 21 个地市，并开通了广东农产品交易网、广东乡村网、广东省名牌产品（农业类）网等服务平台。"12316 三农热线"综合信息服务平台在 18 个地市开通应用，已受理咨询服务累计超过 19 万次。在惠州、广州、梅州、阳江等市，农业信息平台和服务建设成效突出，惠州市农业信息网多次被评为"全国农业百强网站"。

（三）信息技术应用初见成效

一是信息技术在农业生产、经营中逐步推广应用，涌现出多种农产品专业网站；二是信息化技术在一些大型农业龙头企业中开始推广应用，促进农业龙头企业的生产经营，如温氏集团，已建立起现代化的企业数据中心以及覆盖整个产业链的 EPR 信息系统，全面实现对企业各项生产经营业务的信息化管理；三是信息化强化了农产品质量安全的监管和农产品溯源技术的提高，如东莞市建立市农产品质量安全监控追溯信息系统，对全市农产品质量检测实行实时监控。

（四）信息服务体系逐步健全

经过"十一五"的建设，广东省的省、市、县、镇、村五级"三农"信息服务体系初步形成。全省已建成 1000 多个县（镇）信息服务中心、逾 2 万个村级信息服务站点，基层信息服务队伍超过 15000 人，入库农业专家超过 2000 人，农业信息服务能力和服务水平逐步提升。

五、安徽省农村信息化政策借鉴

（一）农村信息基础设施建设不断加强

安徽省自实施"数字安徽"建设以来，着力打造"数字农村"，大力推进农村信息化建设，农村信息基础设施建设不断加强。农村地区信息基础设施体系日趋完善。通信宽带光缆及配套的营业服务网点已实现乡（镇）和行政村100%全覆盖，提前完成了基础通信"普遍服务"的目标。数字广播和有线电视网络建设取得新进展，广播和电视农村人口综合覆盖率均超过95%。为实现100%的网络覆盖，中国移动通信集团安徽公司（简称安徽移动）仅2010年就已累计投入资金超10亿元，在全省广大农村地区新建、扩容4000多个基站。其中，累计投入"村村通电话"工程专项资金近2亿元，新建光缆、杆路2000多公里；建设并开通了安庆、池州等地偏远山区的200多个村通基站，结束了近700个自然村不通电话的历史。完善的优质网络，为农村信息化建设扫清了障碍。互联网发展速度迅猛，网民规模增速较快，年增幅达到30.2%，实现了"村村通宽带，乡乡有网站"。广播电视"村村通"工程实施以来，安徽省的广播人口覆盖率已经由1998年的89.71%提高到2012年的97.85%，电视人口覆盖率由1998年的87.01%提高到2012年的98.1%，分别提高了8.14个和11.09个百分点，多媒体数据网覆盖范围已基本满足安徽省信息化建设的需求。2010年，安徽省提前完成全部卫星接收设备安装调试。安徽电台农村广播在安徽地区位居收听率排行榜前十位，在农村市场位列三甲。安徽省民生工程协调小组办公室公布的2010年度全省33项民生工程实施情况考核结果显示，广播电视"村村通"工程群众满意度达89.83%，名列全国第二。

安徽省基层信息服务站点的建设相继启动。通过近些年来的示范试点工作，安徽省农村信息化工作初步呈现出基层站点布局的图景。首先，全省所有的乡镇已经全部完成综合信息服务站的建设工作，面向农村基层的乡镇信息员的业务管理系统也已投入运行，全面开展网上电子政务及政务公开和相关应急管理工作。其次，全省完成了50个行政村的信息化示范点建设工作。在肥西、铜陵、绩溪、定远和黄山区50个行政村全部配备电脑、星火科技自助终端等技术设备，运行反映良好。同时，分别在5个县（区）选择1–2个行政村配备星火科技语音播报终端，延伸至自然村；选择1–2个专业协会或农村合作经济组织，配备星火科技智能信息机，延伸至农户，以发挥农户现有家用电视机、手机、有线电话的功能，应用服务效果良好。最后，全面开展了万村网页工程建设活动。全省13000多个行政村都建成村级网页，有的地方已经建立村级门户网站，在新农村建设、党（村）务公开、市场信息发布、防灾减灾、气象预警和服务"三农"等方面发挥了良好作用。

（二）农村信息化平台与资源建设成效明显

近年来，农业网站、农业数据库、农业信息系统及农业信息平台建设方面快速发展，极大地推动了安徽省农村信息化建设。通过对信息技术的熟练掌握，开发利用涉农信息资源，并加之有效的整合与信息资源共享，已经取得实效。面向农民和农村基层实际，开发并建成大批量的"三农"数据库，囊括"三农"公共服务的各个方面，如种植养殖技术、农产品供需市场、劳务需求市场、农民的教育培训、涉农政策法规、气象服务等，基本满足了农村基层对涉农信息多样性、全方位、多层次需求。

同时，安徽省搭建了省级农村综合信息服务平台，以更好地服务农村信息化建设。以安徽农网、安徽星火网、安徽先锋网等现有农用平台为基础，初步搭建了一个跨部门、跨地区、跨行业、多层次、分布式的省级农村综合信息服务平台。该服务平台的特点主要有：第一，将安徽省现有的一些涉农门户网站加以整合，汇聚各部门的资源优势，充分为农村信息化服务。第二，建设了全方位、多层次、种类丰富繁多的综合信息数据库，该数据库包括了农业的标准化生产、农产品市场的供需情况、土壤与气候等情况、防洪保安等情况、农村人口资源、劳动力的职业技能培训、龙头企业与一般性乡镇企业的管理等数据。第三，充分利用多种媒体资源进行信息传播与推广，如广播电视媒体、固定电话语音、移动电话短信、手机报、政府网站、企业网站等。

此外，通过与政府有关部门、科研机构、高等院校合作，创建农业物联网综合服务平台，积极推进农业物联网建设工作。安徽省出台了农业物联网综合服务平台的建设方案，从政策上给予支持和保障，明确责任分工；确定了从农业物联网云资源共享环境、传感器、数据仓库、用户网络体系四个方面对农业物联网进行重点建设；积极开展农业物联网示范县建设，主要在经济作物、粮油、畜禽、水产、果蔬等产业进行物联网综合应用示范。

（三）农村信息化服务体系日趋完善

农村信息服务体系是由为农民提供信息服务的组织、队伍、模式和机制构成的有机整体。安徽省已经基本建立起以安徽农业信息网、安徽农网、安徽党员干部先锋在线网、安徽星火科技四大门户网站为基础信息平台，基层信息员与信息通信网络相结合的信息传播通道，农村综合信息服务站点与农民专业合作社组织、大户示范点、各类协会为信息获取终端的自上而下的农村综合信息服务体系，该信息服务体系承载着各涉农部门综合信息向农村基层延伸的重要功能。各类涉农信息服务试点均产生了良好的效果，实施了如"三电合一"、"星火科技"、"万村千乡"、"文化下乡"等项目或活动。信息技术在农村农业生产以及流通的各个领域得到了广泛的应用。以安徽省首创并推广到全国的"农业信息专家系统"

为代表，各部门开发出一批涉农专业信息系统，并在实践中取得了良好效果。

安徽省建立起较为完善的农村基层信息服务体系。首先，各市、县涉农部门均成立了信息服务机构，为农业生产、农村市场提供全方位的信息。其次，已经初步形成一支覆盖全省的农村信息化工作队伍，全省各乡镇拥有省级认证的农村信息员共计500多名。再次，全省大部分乡村建有便民服务机构。目前，全省93.3%的乡镇建立了便民服务中心，78.9%的行政村有了便民服务代办点，这些便民服务机构贴近农村和农民生活，为农民喜闻乐见，已经成为乡村综合信息服务站服务基层的有力保障。最后，农村信息服务方式呈现多样化。农技专家通过"星火科技12396"和"12316"等信息服务热线向农户提供在线农技知识咨询及普及服务，同时开展了通过广播、电视、报刊、电话、手机短信等方式使信息进村、入户、到企活动，大大提高了安徽农网信息的覆盖面。

安徽省开发了一系列促进农村信息化的服务系统。通过近年来组织的技术攻关活动，研发应用了一系列促进农村信息化发展的服务系统。中国科学院合肥智能机械研究所开发了国内首个农业专业搜索引擎"中国搜农"，并得到广泛应用。安徽农业大学开发了作物病虫害预测、作物病虫害诊断与防治、畜禽疾病诊断防治等专家系统，并进行了大面积的推广应用。安徽农网开发了基于3G手机访问的"农网"、"专家诊断"、"远程培训"、"农村电子商务"等应用系统，可使信息服务传送到每一个使用手机的用户的手里。安徽星火网研发了"县乡村电子政务信息系统"，在全省79个县（区）开通使用。安徽山立公司开发出全程代理服务系统，并得到有效应用。合肥工业大学、安徽省农业科学院等研制了水稻主要病虫害诊治专家系统等。

六、四川省农村信息化服务模式借鉴

近年来，四川省农村信息化建设加速推进，涌现了诸多富有特色的信息化服务模式，这些模式，可为河南省建立高效、长效的农村信息化服务模式提供借鉴。

（一）运营商助推农村信息化模式

近年来，中国电信集团公司四川分公司（简称四川电信）投入大量资金用于农村基础网络建设，推进"宽带下乡工程、村通工程、家家通信息工程"。截止到2010年底，新增908个通宽带乡镇，全省47371个行政村中实现26054个行政村通宽带，行政村通宽带覆盖率达到55%。农村电话用户数达到1020万户。以电子政务、乡镇OA办公系统等核心应用，提升农村基层政府信息化支撑；以通过"平安乡镇"、乡镇总机、乡镇彩铃、视频会议等信息化应用，满足县、乡、村多样化信息需求。

中国移动通信集团四川分公司（简称四川移动）建立了村级服务站体系，为用户提供"农信通"、"新农通"等特色信息化应用平台。该平台主要结合地理、气候和农业产业特点，为广大农户、农民工、涉农干部、农业园区等提供农业政策、农产品市场、农业科技、灾害预警、外出务工以及农村教育、卫生、医疗等"三农"实用信息服务。农民通过手机短信就可以接收到这些资讯。

中国联合网络通信集团有限公司四川分公司（简称四川联通）推出了"12316农科在线"、"平安互助"等信息化业务。"12316农科在线"是以"呼叫中心+权威农业专家"为核心的农村综合信息化服务平台。服务内容包括病虫害防治、牲畜兽医服务、农资价格咨询、供求发布、农作物技术咨询、农资投诉、政策法规咨询、"农家乐"节目等。农民可通过语音、短信、宽带、电视等多种方式通过呼叫中心与权威农业专家保持随时随地的沟通。平安互助系统则集报警、紧急求助、喊话、互助等多种功能于一体，旨在提高农村治安防范水平。

（二）以地方政府为主导的模式

政府作为农村信息化统揽全局的主体，担负着建立权威信息网络体系和基础设施的责任。而地方政府作为真正的"父母官"，则更强调有效落实、具体到点的问题。目前，农村信息化其中一个重要方面是电子政务在农村的延伸，是政府有关农业和农村公共管理职能的信息化。随着"成都市基层公开综合服务平台"的开通，成都市在四川省政务信息化方面走出了一条有特色的路线。该综合服务平台可查询的内容大到村务公开、财务公开、党务公开、办事服务、统筹城乡重点工作改革进展情况，小到招聘求职、邻里互助等生活实用信息。农户通过登录网站，可以查询成都各区县、村镇基本概况，了解通知公告和财务开支明细等。此外，该平台通过发布特色农业信息，也为村镇打开了需求供应窗口，吸引商家前来采购。该模式为其他市、县信息化建设提供了一个很好的参考标准。在宽带普及率迅速提高的今天，这有利于农民"走出"农村，达到实现信息化的最终目标。

（三）以科研机构为依托的多主体合作模式

该模式以科研单位为主要的技术依托，与政府信息部门、运营商合作，搭建"惠农"应用平台，共建服务体系。

四川省雅安市对该模式进行了试点。四川农业大学以农业信息化建设作为农业技术推广的主渠道和重要载体，使其服务于农业企业、农民专业合作组织、产业基地，实现农业生产的信息化、智能化管理。在电信部门、广播电视局、科学技术局等部门的合作下组建了由雨城星火科技网、电视网络专家系统、农民"科技110"声讯服务系统组成的信息化系统。以政府投入和向用户提供有偿信息服务费相结合的方式运行。

雅安雨城星火科技网中心网，上与国家、四川省星火科技网衔接，下与乡镇节点站连接，实现信息的全面覆盖。四川农业大学负责系统资源库的建设，该项目已建立了农业资源数据库、农业专家资源库和农业专家系统。数据库包括 7 个大类、86 个子类，涵盖了农业、林业、畜牧业、水产养殖业、土壤与农业生态环境、农产品加工与储藏等领域；专家资源库 22 个，共有专家 1284 名；农业专家系统 62 个。农民"科技110"声讯服务采用自动语音信箱与人工相结合的服务方式，为农户提供种植、养殖技术和市场供求信息咨询。该模式参与主体还通过开发、制作农业科技节目，利用乡镇有线电视网络定时传输农业科技信息节目。

（四）温江模式

成都市温江区是全国知名的花卉基地，由温江区花卉园林局主管，温江区商务局、温江区信息办、科技局、温江区农发局协办，温江区志合花木专业合作社和四川志合咨询有限公司联合承办的温江花木电子商务中心在 2010 年成立。与此同时，作为支撑温江花木电子商务交易中心运营的网络平台载体，温江花木电子商务中心与金算盘软件公司共同建设运营的温江花木网也已上线。同时，温江区还建成了花木物流港。目前已有省内外 20 多家企业进入物流港，将这里作为它们对外销售花木的窗口。物流港还将提供花木临时仓储、花木栽培、产品展示、电子商务、植物检疫等多种配套功能，形成链条完整、设施先进、功能齐全的花木物流平台。温江花木网全程电子商务平台能够帮助花农花商在对内的信息化管理基础上实现零安装、零硬件投入、零维护，只需要"电脑+网线"即可使用，并且实行在线租用的形式，降低了资金压力，进行低首期投入，降低了系统实施风险。通过培训，已经有数千家用户注册在网上进行信息发布。花农花商在该网注册成为会员，在网上建立自己的店铺，发布花木产品资料，供买方客户访问洽谈、交易等。

（五）农经网模式

四川农经网成立于 2001 年 7 月（现更名为"四川农村信息网"），是四川省人民政府主办，四川省气象局、四川省农村经济综合信息中心承办的为农服务网站。用户可以在网上查询气象资讯、自然灾害防治以及农业技术知识，也可以发布供求信息。

四川农经网于2006年建成了全省统一的以"96999"为标志的集语音平台（IVR）声讯、电视上网/可视电话、农经短信为一体的信息应用服务系统。用户通过拨打全省特服号"96999"实现与语音平台的互动，根据提示收听自动语音及接收传真，并可转到人工座席获得所需的服务。四川农经网还建有由70多位农业经济、科技专家组成的专家咨询委员会。客服无法解决的问题则可转接专家进行解答。用户也可以直接通过网络在线的方式进行零距离咨询。这个系统为用户提供了获取最新信息的简便手段，形成了立体化、形象化的信息服务新格局。

七、其他省市农村信息化政策的经验启示

通过选取对国内发达地区、中等发达地区和欠发达地区的农村信息化经典模式的探讨，我们可以从中发现许多值得学习和借鉴的宝贵经验。

（一）农村信息化模式的构建必须因地制宜

在社会主义新农村建设的进程中，由于各地区在地理环境、文化建设和经济发展水平方面存在着较大的差异，农村信息化发展模式不能按照某一标准固定不变。各地区必须按实际出发，因地制宜，根据本地农民对农村信息化模式的需求层次，提供多种信息化服务模式。在农村信息化模式的探索过程中，必须注重传统信息媒介与现代计算机网络体统的有效结合，发挥资源优势，实现优势互补，并通过多种信息手段构建城乡一体化信息服务体系，力求在发展特色农村信息化模式的过程中，稳步推进社会主义新农村建设。

（二）加强政府对农村信息化模式发展的支持力度

在农村信息化模式的发展过程中，必须加强政府的干预力度，避免农村信息化资源体系重复建设以及农业信息资源浪费等问题，通过政府协调作用，节约农村信息化建设成本和提高信息资源的利用共享。此外，政府的牵头引导作用有利于促进各有关部门共同推进农村信息化模式的构建。

农村信息化模式的发展离不开政府的宏观指导与调控作用，各级政府部门必须加强农村信息化基础设施投入，积极摸索农村信息化服务新模式，在发展中坚持工业反哺农业，城市支持农村，合理分配信息资源，充分发挥农村信息化试点示范工程的作用，严厉打击一切阻碍农村信息化建设的行为，为农村信息化建设的健康发展提供政策保障。

（三）鼓励农村经营组织共同促进农村信息化模式的发展

在我国农村信息化的发展过程中，专业市场、农民合作组织以及龙头企业都发挥了巨大的作用，这些农业经营组织相对于普通农户而言具有一定的规模和经济实力，他们直接面向市场，熟知市场发展动态，并能及时地把农业发展动态信息传递给农民，在一定程度上弥补了农民在信息获取途径上的弱势地位，促进了农村信息化模式的发展。就目前而言，农业信息经营组织，在促进农村信息化模式发展的过程中提高了农民的组织化程度，建立健全了农业信息科技推广体系，促进了农业资源的共享、为农业的发展提供多成分、多渠道的信息传播途径，因此，在大力推进农村信息化建设的过程中必须积极发挥农业经营组织的促进作用。

（四）农业信息人才的培养是发展农村信息化模式的关键

信息服务人员是农村信息服务活动的主体，农村信息化模式的发展不仅需要高级复合型人才的参与也需要基层农业信息服务人才的日常服务。现阶段，我国农村信息化复合型人才还比较缺乏，对农业信息人才的要求不仅包括过硬的专业知识、高度的社会责任感、敏锐的信息分析能力，还要求有良好的判断能力和协作精神。农业信息服务人员业务水平的提高和从业素质的提升是发展农村信息化模式的关键，各地区在大力促进农村信息化基础设施建设的同时，必须加大对信息人才培养的硬件、软件投入，各人才培训机构和涉农高等院校应设立农村信息化相关课程，举办农业信息技术培训，实施农村信息化远程教育培训等，为社会主义新农村信息化人才的培养添砖加瓦。

第十三章　河南省农村信息化发展的政策建议

河南省农村信息化水平的提升是一个长期而艰巨、复杂的过程。与其他产业相比，农村信息化产业有其自身特点：一是起步晚，基础差。农业信息基础薄弱，信息资源缺乏，专门化人才不足，技术成果应用水平不高，信息标准不统一，信息资源共享程度低。二是内容繁杂，范围宽泛。农业领域广，涉及因素复杂，时空变化大，生产的稳定性和可控性程度低，信息需求类型多样，层次不一，区域差异明显，农村信息化工作面广泛，任务艰巨。三是城乡"数字鸿沟"问题突出。现阶段河南省农业领域虽然有新兴科技、尖端技术成果的应用，但总体而言，农民整体科学文化素质较低、组织化程度低等现象仍然存在，加之城市与乡村之间信息服务有关的基础设施条件差距相差很大，这就加大了河南省农村信息化建设的难度。

农业和农村经济发展既是农村信息化建设的出发点也是其归宿。农村信息化建设作为一项系统工程，它是农业和农村经济发展系统中的一个子系统，农村和农业的发展现状是农村信息化建设的重要环境因素，农业和农村经济系统的运行效率、结构、职能和作用范围的确定与多种因素息息相关。例如，农业信息体系建设模式以及农业信息系统的功能、结构及其形式的历史演变等，这些都是农业与农村经济系统的外部环境。因此，河南省农村信息化建设必须要与当地的农业和农村经济的发展相协调。

当前，全面建成小康社会是我国新时期经济发展的战略目标。河南省目前的小康还是低水平、不全面、不平衡的小康，差距主要在农村。因此，为了缩小这种差距，实现城乡共同发展，河南省必须积极关注、适时调整农业和农村经济发展战略，进而能够更多地促进当地农村信息化的推进，通过农村信息化的手段来改变农村现状。与此同时，农村信息化带来的现代信息技术能够使得广大农民接触更多的新知识，并且能够拥有接受现代教育的机会，这将极大地促进农民整体素质的提高和思想观念的转变。农村信息化建设，不仅使广大农民成为直接的受益者，还将从更深层次推动农村经济社会的发展，对加快全面建成小康社会步伐产生不可估量的作用。

通过前面第九章对全国各省、市、自治区农村信息化水平的测算，河南省的农村信息化水平在全国排 20 名左右，处于中下游水平，说明河南省的农村信息资源的开发和利用严重滞后，已经成为河南省农村经济发展的一个"瓶颈"。因此，河南省应该结合实际情况采取措施，促进农村信息化的发展，进一步带动河南省农村经济的发展。针对前面的研究结果，我们对河南省的信息化建设提出以下建议。

一、发挥政府在农村信息化中的主导作用

我国中央 1 号文件曾多次提出要高度重视农村信息化的发展，河南省政府要加强 1 号文件的落实，大力推动农村信息化建设。单靠政府的力量很难从根本上起到作用，需要在政府的主导推动下，通过制定经济政策鼓励高科技公司、社会中介和个人等参与进来，调动社会各方面资源，吸纳社会资金投入到农村信息化建设中，扩大和提高涉农补贴范围和标准，推广并建设农村社区信息服务中心。用行政手段协调各个部门，支持信息资源在农村的投资，以形成不同层次的组织和服务模式。同时，政府应该制定相应的扶持政策，以鼓励通信运营企业进一步为农村信息化建设服务。此外，政府要建立通信普遍服务基金和补偿机制，实行相对灵活的税收和投融资政策，以促进河南省经济不发达地区的信息化建设。

农村信息化是解决"三农"问题、建设社会主义新农村的重要举措，只有充分发挥政府在农村信息服务中的主导作用，才能逐步改变现阶段非均衡的城乡公共产品供给制度，统筹城乡经济社会发展；只有强化政府在农村信息服务发展中的监管与服务职能，加大政府的政策支持力度，才能打破产前、产中、产后相互脱节的行政管理体制，才能更有效地整合分割在不同部门的信息资源、信息手段和技术人员。因此，河南省农村信息服务需要通过适当的政府行为来促进其发展。政府在农村信息化发展中主导作用的发挥主要是制定规划、完善政策、加强立法和合理增加投资等，通过建立和完善农村信息服务系统框架，从而带动多种社会力量参加农村信息服务体系建设，对农村信息服务发展进行相应的支持和引导，努力做到既不"越位"也不"缺位"。具体来讲，政府在农村信息服务发展中的主导作用体现在以下几个方面：

（一）搞好信息规划，保证稳健有序发展

农业信息服务体系建设是一个系统化、集约化的工程，涉及农业经济发展的各个部门、各个行业以及社会政治和文化等领域，各级政府应当发挥其宏观调控职能，实行统一规划、统一管理、统一协调，按照一致的目标，进行共同开发建

设。首先，要结合地区实际情况，制定具有现实指导意义的农业信息服务体系建设规划，明确建设思路和目标。农业系统各部门要避免职能越位和各搞一套，要在农业主管部门和信息中心的统一领导下，根据自身职能准确定位，联合共建，面对国家重大计划和省、市政府的重大攻关任务，集中人力、财力、物力等资源，对农业信息服务建设项目进行协作攻关。其次，要加强农业信息服务项目管理，完善项目评估、检查和验收制度，防止项目建设的盲目性，保证农业信息服务建设项目有质有量地进行。

（二）制定优惠政策，营造良好环境

强化对农村信息化建设的政策扶持。河南省各级政府要针对农业农村信息化建设的薄弱环节，制定促进农村信息化发展的政策法规，为农村信息化建设营造宽松的政策及法制环境。重点要在财政、金融、信贷、通信、税收、专业人才培训等方面强化政策扶持，在农村电信资费方面实行优惠政策，对购置信息设施的农户进行适当补贴，对农业系统网络通道租用和农民上网费用给予适当减免，从多方面降低农村信息化建设成本，降低农民获取农业信息的成本，带动农村网络用户的扩张，刺激农民信息需求的增长。通过政策支持，引导社会各方面力量参与和支持农村信息化建设，不断把河南农村信息化水平提到一个新的高度，依靠信息化服务新农村建设。

（三）加大资金投入力度，创新多元化运营机制

一是要进一步加大对农村信息化工作的资金扶持力度。河南各级政府应设立农村信息化发展专项资金，发挥专项资金的引导作用，将其主要用于公益性、基础性、战略性重大建设项目的引导、奖励、贴息、补助、配套等方面。专项发展资金使用管理办法可由政府相关部门专门制定。河南省财政部门要按逐年递增的原则，每年要安排一定比例资金作为农村信息化发展的引导基金，主要用于试点、示范性项目建设，引导社会资金投向，不断加大对农业科技研究、综合信息资源开发与整合、乡镇信息站和村信息点的设备配置、农村信息员的培训、涉农软件及应用系统的开发推广等投入。尤其是对于河南信息化水平相对落后的山区，农村信息化工作尚处于起步阶段，硬件基础设施较差，软件开发滞后，各级政府要安排一定资金，对农村信息化建设的重点项目给予支持，扩大典型项目的带动影响力。提高农村信息化资金的投资效益，在资金使用上要相对集中，重点支持基础性、公共性信息化项目建设。

二是要改善投入体制。要在统一规划、统一管理的前提下，按照"谁投资、

谁所有、谁受益"的原则，全面引入有利于竞争、联合和发展的农村信息服务市场化运行机制，引导多种所有制资本进入农村信息服务市场，减少和消除信息软硬件设施供给的企业垄断、部门垄断等市场和行政垄断行为，充分运用市场机制，变分散投入、多头管理向重点投入、相对集中管理转变，完善以政府投入为引导、市场运作为主体的投入机制，实现投资主体的多元化和融资方式的市场化，多渠道争取和筹集建设资金。加强农村信息化主体建设，充分发挥政府主导作用和民间力量的积极性。在确保安全的前提下，适当放宽市场准入标准，发展多元投资主体，吸收社会资金和省内外风险资本进入农村信息化建设领域。积极支持省内有条件的农村信息产业企业上市，利用资本市场发展壮大。各级政府、各有关部门要结合本地区、本部门实际，不断调整和优化县市财政涉农资金支出结构，加大对农村信息化事业的投入，并引导社会资金广泛参与农村信息化建设，加快形成多元化的投入机制，逐步建立起以政府为主导、企业为主体、社会广泛参与的农村信息化多元投资新机制。

二、加强农村信息资源的开发利用

（一）加强农村信息化资源的整合与共享

一是积极搭建信息资源整合平台，及时收集、整理、发布农业生产、加工、销售信息，整合信息资源，重点是对农业产业结构调整和品种更新信息、特种养殖与种植信息、提高农产品质量信息、农产品市场营销信息、富余劳动力就业等农民急需信息的收集。同时，加强农业信息的分析整理工作，提高对农产品市场的分析预测能力，增强农业信息的生产经营指导性，引导农民调整农业结构，使农民按市场需求组织生产经营，以农村信息化引领新农村建设。

二是加快农村信息采集标准体系、技术服务体系、市场信息服务体系、信息发布体系等建设，提供标准的数据库接口，实现信息采集、处理、发布一体化。重点加强市场供求、农产品价格、科技信息、农村政策等农民急需的信息采集系统建设。通过不同层次的农村信息中心群和共享服务网的建设以及共享技术的研究开发与应用，形成跨部门、跨地区、跨学科、多层次、分布广的农村信息共享服务体系，大幅度提高农村信息的管理与共享服务水平，增强农村科技创新能力，为河南农业现代化整体发展和农村科技水平的提高提供可靠的农村信息资源保障。

三是河南省各级各类农业部门网站要充分利用网络技术，加强整合，打造协同合作、上下联动的农村信息化门户网站体系，避免重复建设。完善信息共享机制，建设标准统一、实用性强的信息共享平台和公共数据库，推动资源整合。实现农村信息资源优化配置，为农民、农企提供方便、及时、准确、系统的一站式服务。

四是建立政府和涉农部门之间的信息共享机制。农业信息内容服务具有基础性和公益性的特点，政府和涉农部门应当提供无偿的支持，各级政府和相关部门必须开放资源，为信息内容建设提供支撑，建立信息交换制度，开发数据交换接口，实现涉农信息共享。

（二）加强农村信息资源建设力度

1. 加强农村信息资源体系建设

丰富和充足的农村信息资源是进行农村信息资源开发利用的基础。当前，应立足于我国农村信息资源建设的现实情况，根据我国农村信息需求发展趋势，建立起包括农村信息需求调研系统、农村信息采集系统、农村信息处理系统等在内的健全的农村信息资源建设体系，为农村信息资源的开发利用提供保障。

首先，要建立农村信息需求调研系统。为农村信息用户提供用得上的信息是农村信息资源开发利用的关键。完善农村信息资源体系建设、提高农村信息开发利用水平的出发点是农村信息用户的实际需求。只有充分了解广大农村信息用户生产生活中的难题和他们非常关切的问题，从用户需求的角度出发，才能满足用户千变万化的要求。农村信息资源以广大的农村居民、涉农生产者、市场经营者和管理服务者等为服务对象，对于不同的服务对象，其信息需求各不相同、复杂多样：有的需要生产信息、科技信息，而有的需要生活信息、政策信息；有的需要农产品供求信息、价格行情信息，有的需要就业培训、民生服务信息；不仅需要原始、静态信息，还需要分析预测、市场指导等深度加工信息。从政府的角度来讲，有必要依托各级农业行政部门，吸纳有关部门人员参加，组建不同层次、不同区域的农村信息需求调研组织，定期或不定期开展农村信息需求调查与研究，及时了解各类信息用户的需求动态，及时掌握和掌握全国性或区域性的信息需求变化，针对这些变化，对农村信息采集、处理和发布系统进行调整，进而提供符合信息用户需求意愿和获取水平的信息资源。就基层各类信息服务机构而言，关键是建立起有效的信息服务反馈机制，加强对信息服务的跟踪和售后服务，与用户建立起积极的互动与交流机制，及时了解其个性化和特殊化的信息需求。

其次，进一步完善农村信息采集系统。及时、准确而全面地采集农村信息资源是农村信息资源建设与开发利用的重要前提。信息采集系统就是围绕信息需求，通过各种渠道和形式进行信息的收集与报送。现阶段，要根据新形势下的农村信息需求，对各涉农部门现有的信息采集渠道进行改进、提高和拓展，建立起政策法规类、技术服务类、价格供求类、行业发展类等不同类型的信息采集系统，在各系统下还要进行细分，建立起若干个类别的信息采集子系统。根据各类信息资源分布的特点及信息需求的发展趋势，每个信息采集系统要建立起相应的信息指标体系，制定信息采集规范和工作标准，配备必要的人员和设备，实现信息的定期采集、审核和上报。

最后，加强农村信息处理系统建设。信息处理就是对采集到的信息进行整理、审核、筛选、汇总、储存、分析与提炼。信息处理系统通过一些软件，如通用软件、专业软件、分析软件、专家系统等对采集到的信息去粗取精、去伪存真，作出正确的选择及进一步的整理、集成等，把初级信息产品加工成可公开发布以供各方利用的有用信息。当前，建设的重点是要加强基层信息采集点的信息处理能力，为条件较差的采集点配备必要的办公设备及相关信息处理软件，同时，要对基层信息采集人员进行必要的培训，提高其初步的信息处理能力。

2. 提高农村信息资源供给水平

要提高农村信息资源的数量和质量，为农村经济社会发展提供充分而有效的信息供给，当前的重点是要加强各类涉农数据库、涉农网站及涉农图书文献资源的建设。

一是大力加强各类涉农数据库建设。涉农数据库是农村信息资源的重要载体，是开发利用信息资源、促进农村信息共享的基本途径。当前，各涉农部门应按照"统一规划，协同发展"的原则，结合农村信息资源分布情况和全国涉农信息部门情况，合理规划涉农数据库建设近期目标、中长期目标，统一建设标准，在数据库的类型、内容和规模方面进行有效控制，建设一批涉农数据库，形成全国性与区域性、公益性与市场服务型、综合型与专业型等各种类型共同构成的数据库体系，并且实现数据库之间的互联互通、相互对接，实现信息资源的分散存储、集中管理和共享应用。重点建设一批全国性、公益性及对农村经济社会发展具有战略性、先导性影响的基础资源数据库，如人口、地理、自然资源、医疗、金融等基础信息库和公共服务数据库等，逐步发展一批综合性数据库，不断完善各类专业性数据库，如种植业信息数据库、畜牧兽医及饲料信息数据库、政务信息数据库等。同时，要对现有数据库进行功能拓展，除了进行基本的信息检索外，要增加智能化的内容，把数据库与专家系统、模拟模型、过程控制等技术有机结合，通过对无序的、海量的非结构化数据的收集，从中提炼出有效信息，及时发现知识，使之成为为农村经济社会发展服务的有效资源，解决农村信息化服务"最初一公里"的问题。

二是加强涉农网站群的建设。随着互联网的日趋成熟和迅速普及，网络已成为各类信息资源的重要载体，也是人们获取信息的重要渠道。通过互联网搭建农村信息平台，实现农村信息资源的有效传输，是农村信息化建设的重要组成部分。首先，要加强对涉农网站的建设规划，建设一批层次分明、特色鲜明、类型多样的涉农网站群。既要有全国性的涉农网站，也要有体现区域特色和行业（专业领域）特色的网站，避免"大而同，小而同"现象。其次，建立政府涉农网站体系的统筹管理机制。自上而下的各级政府涉农部门往往均建有网站，这些网站天然地具有一定的组织性，河南省应以此为基础，统筹建立政府涉农网站体系，建立彼此间的数据交互机制，对网站内容进行科学布局，加强网站间的联合，强化涉农网站的功能整合，为广大农村信息用户提供及时、权威、可靠及符合需求的涉农信息资源。再次，鼓励社会力量建设涉农网站。要制定优惠政策，鼓励各类涉农企业、农民合作社、专业大户等投资建设网站，实现农村信息资源传播渠道的多元化，实现网站间的优势互补。最后，要通过各种途径加大涉农网站的宣传推广力度，提高网站的知名度和访问率，实现农村信息资源的有效传播和利用。网站建设的具体过程中要基于用户使用的角度，遵循人性化、"傻瓜化"（便利化）、功能有效整合、信息资源的及时更新等原则。

三是进一步推进涉农图书文献资源的建设。首先，要加强农业科研、科普图书文献资源建设，为广大农业科研、农技推广工作者提供大量的文献资源。进一步加大投入力度，大量订购反映农业科研与科普前沿知识的图书文献，注重增加有关外文文献的数量。其次，加大基层公共图书馆建设，重点是增加县级图书馆、乡镇文化站馆藏图书量，改革县乡图书机构服务方式，提高县乡文献资源利用率，推出适农文献资源服务方式。最后，继续加大村级图书文献资源建设。继续推进"送书下乡工程"、"农家书屋"、"全国文化信息资源共享工程"、"农村文化大院"等工程，为广大农村弱势群体提供便利的、可获得的农村图书文献资源服务。

三、大力提升农村信息基础设施建设

提升农村信息基础设施建设，主要从以下四个方面进行：健全基础信息网络、推进综合信息服务站建设、集成和推广价廉实用的信息终端、加强农民专业合作社信息化建设。

（一）健全基础信息网络

加强覆盖河南省农村区域的数据传输网络建设，有效推进广播电视网、互联网、电信网、3G移动通信网等基础信息网络建设，在资费上充分考虑农民实际情况，在政策上给予支持，价格上给予适当优惠，增大基础信息网络覆盖面。大力推广国家宽带普及工程，实现固定电话、移动电话、宽带网络、数字广播电视网络覆盖全部的行政村，互联网可以覆盖绝大多数的涉农企业、农民经营的专业经济合作组织以及农村种养大户。整合广播电视、互联网等媒体资源，努力探索各类媒体的互助合作的运营机制，利用电信传输通道模式，先选择部分地区开展基于业务融合的"三网融合"试点工程，为用户提供集语音、数据、图像为一体的综合化多媒体信息服务，全面覆盖农村信息化的各大领域。

政府要继续完善农村信息网络基础设施建设，并建立区域网，局部网与外网接轨，实现信息资源的快速自由流动，继而提高多媒体用户和互联网用户、上网用户的普及率，丰富信息资源的通信网络。要提高农村电话与移动通信方面普及率和广播电视网络覆盖率。同时，农村信息化建设为通信运营企业的发展提供了机遇，所以要充分调动通信运营企业的积极性，使它们担当起在农村信息化发展中的责任，发挥其桥梁作用，继续加大农村移动通信网络覆盖和宽带网络建设力度，加强农村通信基础设施建设。

（二）推进综合信息服务站建设

促进全省乡（镇）和行政村现有分散的信息服务站（点）建设，实现相关信息资源共享，节省成本，充分提高资源利用效率。综合信息服务站（点）应当成为农村信息服务的主要场所之一，其覆盖面广，易于被农民接受，易于汇集和传输相关涉农信息资源，收效较快。综合信息服务站（点）的建设应该遵循责任制和"共建共享、共同使用"的原则，力求打造面向全省农村市场和涉农人员的、流程完善的、集中统一的综合信息服务场所，在该场所内开展以农村市场信息、农村科技信息、农村培训信息、农村气象信息、农村信息咨询、政府政务公开等为主要内容的全方位、无死角的综合信息服务平台。

（三）集成和推广价廉实用的信息终端

近几年，河南省经济水平不断提高，农民生活也有所改善，电视机和手机已经普及到各家各户，但是，拥有电脑的家庭所占比率还比较低，有些家庭受经济条件约束，买了电脑也没有安装网线。可以看出，农民主要还是通过电视和电话接收信息。所以，政府要加大对农民购买电脑的补助力度，并进一步调整涉农电信资费调整，加大惠农力度，降低农民负担，普及电脑、手机等信息产品在农村的应用。

可由有关部门牵头，采取自主研制、合作开发以及引进推广等多种形式，为农民提供物美价廉、简单易用、全面便捷的信息终端，通过对信息终端设备的普及与推广，使涉农人员随时、随地可以查询及获取必要的信息资源，有效加强信息交互性。信息终端主要有以下五种：一是以手机网络为代表的新媒体信息服务装备，包括内置视频、音频、广播接收功能的移动终端；二是可接收数字广播电视的笔记本电脑；三是内置大存储容量的数字机顶盒；四是智能农用信息机；五是农村综合信息自助服务终端。

（四）加强农民专业合作社信息化建设

河南省应总结实施经验，完善基础设施，拓宽应用领域，提升应用水平，健全服务体系，重点建设合作社社务管理系统、农产品质量安全追溯系统、农产品电子商务等信息技术的应用系统，真正实现"生产在社、营销在网、业务交流、资源共享"。充分利用媒体平台推销优质涉农产品，实现合作社产品网上销售、原产地供货、专业市场配送（农超对接）等一体化服务功能；加强与高校、研究所、科技企业的交流与合作，利用物联网，提升农民专业合作社的生产水平和管理水平；通过信息化建设推进河南省农民专业合作社的标准化、规模化和规范化建设。

四、完善农村信息服务体系

完善农村信息服务体系主要从以下几个具体的方面进行：

（一）完善农村信息服务站建设

农村信息服务站包括农村综合信息服务站和农村专业信息服务站。其中，农村综合信息服务站是统筹城乡均衡发展，缩小城乡"数字鸿沟"，实现以城带乡、工业反哺农业的重要路径，是为农民提供综合信息服务的场所；农村专业信息服务站是依托实体建设专业信息服务站点，它主要为农户提供专业且精确的产业信息服务的场所。农村综合信息服务站应贴近当地经济和社会发展要求，着力为农民提供与农业有关的各类信息的查询、搜集和发布服务，同时还应注意结合各地特色，加强分类指导，推动建立城乡结合部、粮食主产主销区、特色农业区等信息服务示范站点。农村专业信息服务站应大力培养各类专业性的涉农组织，引导其为农民提供农业产前、产中和产后的一整套信息服务。

依托乡（镇）农业站、畜牧站等各站，建立乡（镇）级农业信息服务站；村级信息服务点可与党员远程教育点、科技（文化）书屋等合并，也可利用协会、合作组织以及经纪人、种养大户的力量建点。乡村信息服务站（点）建设要具备人员、设备、场所、制度等基本条件，要结合实际、坚持实干、求得实效，让农民得实惠。加强乡村信息服务站（点）与相关业务的协同，利用乡村信息服务站（点）提高乡、村两级事务管理的信息化水平，代理代办政府事务，促进乡务、村务公开，完善乡村事务管理。

（二）加强农村信息服务模式的整合

农村信息服务应根据用户本身的特点和用户对信息的需求特点，重点加强各种服务模式的整合，实现多网功能合一。一是以卫星传播通道为基础，充分利用广播电视普及率高、覆盖面广的特点，通过价格便宜、易于操作的无线接收装置将电视机接入互联网，实现信息的查询和发布，并借此开展农村远程教育，提高农民的整体素质，推动农村家庭上网工程。二是以卫星或互联网通道传播为基础，充分利用网站的信息服务主要窗口作用，为农民、农业企业提供一个发布信息和获取信息的平台。

（三）实现农村信息化的便捷、个性化服务

以卫星传播通道为基础，建立覆盖全省的农业寻呼网，与地方农业寻呼网实现互联、互通、互叫，利用寻呼费用低、覆盖范围广、可订制信息的特点，开展多样化、个性化服务，加快信息的传播。通过整合农技服务资源，利用移动电话或电脑连接农业 WAP 网站，实现信息的浏览和发布，为农民提供便捷的信息服务，满足农民信息需求多样化和个性化的要求。

（四）发挥龙头企业在信息化建设中的作用

河南省农村人力成本相对较低，有效的组织形式创新也是农村信息"进村入户"的有效途径。为此，要加强对龙头企业、农产品批发市场、中介组织、农民经纪人等介于农民与市场之间的中间层的培育和管理，充分发挥它们在信息服务网络延伸中的积极作用。龙头企业可以通过推进企业信息化，建立"企业+农户"的信息传递关系；农产品批发市场可以通过发挥价格形成、信息引导的功能，建立"市场+农户"的信息传递关系；中介组织、农民经纪人可以通过专业性的咨询服务和物流组织，建立"中介组织（经纪人）+农户"的信息传递关系；种养大户可以通过示范带动，建立"大户+农户"的信息传递关系。基层农业信息服务机构也要加强组织创新，以农户需要和农户利益为重，由行政管理型向企业服务型转变，从而形成农业信息服务多元化的格局，跨越信息传递的"最后一公里"。

（五）健全农村信息员队伍建设

信息员队伍是农村综合信息服务站点正常运行的重要保障，是农村信息服务的主要力量，是信息"进村入户"的执行者，是现代信息技术在基层应用的排头兵。专家服务和农村信息员队伍的建设要依托各类基层信息站（点），结合农村远程教育，充分发挥各部门优势，加强面向干部、科技带头人、专业合作组织建立者、大学生村官等的农业技术培训、农业专业技能培训以及就业培训，选拔高素质、高水平、具有专业技能水平的人员来充实农村信息员队伍。

健全农村信息员队伍建设，强化其在涉农政策、相关法律法规、计算机水平、计算机网络运用与维护、涉农信息资源的有效搜集与筛选等环节的基础技能培训，提高信息资源对农业生产与农产品流通的有效性，同时建立绩效考核制度以规范队伍建设。

（六）形成农村信息服务可持续运营机制

农村信息化建设机制一般可以分为政府主导的公益型服务机制与市场驱动的有偿型服务机制两类。其中，政府主导的公益型服务机制是由政府部门制定相关政策措施，完善相关配套设施，给予实施保障，无偿地开展农村信息服务的机制，其推广需要高校、科研院所给予技术和专业上的支持与帮助；市场驱动的有偿型服务机制主要依托市场，积极调动农业产业化龙头企业、农民专业合作社等组织的积极性，规范其行为，坚持以市场为导向、以农民为对象的有偿的信息服务。

一方面，政府要将农村信息化建设作为一项长期的重要工作提上重要日程，依据统一的标准来规划、建设、管理。各部门要加快农村信息资源整合步伐，形成协同推进的工作模式，最大限度地发挥公益型信息服务投入的效益，提高信息服务的质量与水平。另一方面，通过市场机制为农村龙头企业及中小企业、个体农户提供相关技术支持、融资服务以及科技成果转化等服务。充分调动移动电话、广播、电视等媒体平台的积极性，引导农村市场发展，真正实现产、学、研一体化，加快农村产业集群化发展的步伐。

五、培养农村信息化专业人才

"百年大计，教育为本"。国家一直非常重视教育，在教育方面的投资力度非常大，但河南省是农业大省和人口大省，每百名劳动力中文化程度高的人数还是很少。文化程度高的人，要么考上大学，要么外出打工，基本不会再回农村，这导致农村信息人才缺乏，尤其是既懂农业技术知识又懂经营和现代通信、网络技术的综合性人才奇缺。要想壮大农村信息化人才队伍，必须普及义务教育，并在中学、小学普及计算机教育；对各级各类学校要积极推广计算机及网络教育，做好计算机和网络知识的普及工作。开展成人教育和岗位培训，建立学历教育与非学历教育并重的教育体系，并继续实施农民培训的"阳光工程"以及"雨露计划"，积极培养农村科技信息骨干和实用人才。同时，加快建立农村信息人才的激励机制和竞争机制，尽快培养一批适应市场经济和信息时代要求的农村信息化人才。

（一）建立农村信息化人才培养机制

注重对现有农业信息工作人员的后续教育和岗前培训。各地区的农业院校应设置农业信息专业，开设农业信息技术与管理的课程，或者举办农业信息技术培训班，有条件的普通中学、职业中学、农业技术学校也应开设计算机应用基础及农业信息管理与服务的课程，利用远程教育和短期培训等形式对农业科技人员、农民技术员、文化程度较高的农民进行培训，培养各种水平的农业信息技术人才。同时，依托农业广播学校的农村广播、电视远程教育培训网络，扩大信息的传播和交流。

（二）完善农业信息化人才的管理机制

完善农业信息化人才的管理机制，以促进人才的合理使用与流动。为此，应制定吸引高层次农业信息专业人才的优惠政策，努力提高信息人员的待遇，通过实验室、试验基地管理运营机制的建设和改革，创造能吸引人才的工作环境，稳定人才队伍，防止人才流失，使现有信息化人才充分发挥作用。

（三）加强信息化人才的培养力度

以乡（镇）农业服务机构为重点，结合国家"农村党员干部现代远程教育平台"、"农村中小学现代远程教育工程"的实施，服务于农业科技的传播、提供农产品供求信息的供给和农民职业技能的培训。把那些信息需求量大、接受能力和鉴别能力较强的种养大户、龙头企业、合作经济组织、农村经纪人、批发市场和村组干部作为重点培育对象，以为农村信息化相关部门和岗位配备德才兼备、有信息化专业知识的干部。此外，要加强对农业信息工作人员的考核和评价，建立一套能够对信息服务成果科学评价的指标体系和评价方法，设计一种能有效激发农业信息工作人员积极性和创造性的激励制度，挖掘农业信息人才的潜力。

六、加快农村信息技术的开发、应用和普及

（一）加强农村信息技术的开发与创新

加大农村信息化技术的研发力度。积极扶持有关部门和行业发展农村信息产业，引导它们围绕河南省农业和农村经济发展中的重大课题，研发建设相关农村自然资源、生产管理、农产品现场信息、农村科技等方面的数据库，建立一批直接面向农民的先进、实用的农业专家系统和信息咨询系统，开发适应河南省农业和农村经济情况的农产品电子商务系统，实现农产品的网上销售，提高交易效率，降低交易成本。提高农村信息资源开发利用技术是实现科学开发和有效利用信息资源的技术保障，是提高人们对农村信息资源的开发利用水平的必然要求。现代信息技术发展迅猛，涉农信息研发组织要在现有信息技术的基础上及时进行消化吸收和改进创新，使之适用于农村信息化建设实践。

一是开发研究农村专业信息搜索技术。搜索引擎是信息用户查找网络信息最主要的工具，当前盛行的是综合性搜索引擎，其信息覆盖范围宽、适用用户广，但专业指向性差。涉农专业搜索引擎的缺失使得大量的涉农信息资源淹没在浩如烟海的信息网络之中，从而制约了农村信息资源的有效利用。随着网络信息资源的爆炸式增长，开发和研究包括应用智能搜索、反馈技术等在内的涉农专业信息搜索引擎就显得非常有必要，它可以满足农村信息用户对信息查询快、新、准、精、全的需求，进而为广大农村信息用户提供精准化、个性化的信息服务。

二是开展农村信息服务异构资源整合技术的研发与应用。目前我国已建有大量涉农信息数据库及各种应用系统，但是这些数据库与系统之间采用的是不同的检索平台和标准，彼此之间在内容上存在一定的交叉和重复，信息用户常需花费较多的时间和精力来熟悉各种检索系统和应用界面，检索完成后还要对来自不同数据库的数据进行去重处理，非常费时费力。对于信息素养相对较低的广大农村信息用户来说，这严重制约了他们对信息资源的利用。因此，应加强对农村信息服务异构资源整合技术的研发与应用，在不改变原始数据的存储和管理方式的基础上，为多源异构数据提供高层次的多元服务，使广大农村信息用户能方便快捷地获得所需信息资源。

三是开发涉农网格技术研究。网格是继 Internet、Web 之后的第三次网络浪潮革命。Internet 实现了电脑硬件的连接，Web 实现了网页的连通，而网格则是将所有的计算机连接成一个整体，整个网格如同一个硕大无比的计算机，进而便于进行高速的信息存取、实现信息资源的共享。涉农网格作为一个新型的整体性

技术框架，可提供一体化的农村信息获取、处理和应用服务技术，提供一站式的智能化信息处理应用技术，提供全新的农业生产组织与服务新技术等。

此外，还要进一步开发研究涉农信息资源的推送技术、智能代理技术、网页采集技术、信息资源数字化技术等各类信息资源开发利用技术。

（二）加强农村信息技术的应用

一是加大物联网技术应用。物联网技术是现代信息技术的新生力量，是推动信息化与农业现代化融合的重要关节，是推进河南省农业向"高产、优质、高效、生态、安全"发展的重要驱动力。改造传统农业、发展现代农业，迫切需要运用物联网技术对大田种植、设施园艺、畜禽养殖、水产养殖、农产品质量追溯等各种农业要素实行数字化设计、智能化控制、精准化运行和科学化管理，从而实现对各种农业要素的"全面感知、可靠传输以及智能处理"。"农业物联网技术"已经纳入"十二五"规划、"863 计划"发展纲要。农业物联网的关键技术包括农业信息感知技术、农业信息传输技术以及农业信息处理技术。其中，农业信息感知技术可以分为农业传感器技术、RFID（Radio Frequency Identification）、条码技术、全球定位系统技术以及 RS 技术；农业信息传输技术可以分为农业无线传感网络以及农业移动通信；农业信息处理技术可以分为农业预测预警、农业诊断推理、农业智能决策、农业优化控制以及农业视觉处理。

二是推进云计算技术应用。云计算是互联网发展带来的一种新型计算和服务模式，它是通过分布式计算机和虚拟化技术建设数据中心或超级计算机，以租赁或免费方式向技术开发者或企业客户提供数据存储、分析以及科学计算等服务。按照云计算与云服务的构架搭建综合信息服务平台和农村电子商务平台，是农村和城市生产要素、经济要素、生活要素合理配置和双向流通的重要手段，是破解城乡二元结构、促进城乡统筹发展的重要途径。按照云计算与云服务的构架搭建综合信息服务平台，整合并完善已有的各类专业信息网站和特色农业信息网站，技术关键就是主要涉农网站群信息资源的有效整合。按照云计算与云服务的构架搭建农产品电子商务平台，使供应链上的所有企业均可分享到有效的信息，促进供应链系统中信息流的完善，增强系统的灵活性和应变力。

三是推进移动互联技术。随着移动互联网技术的不断成熟、3G 技术在国内的商用推进以及农村手机普及率的大幅提高，移动互联网必将成为未来农村信息化发展的重要手段。加快农村地区的 3G 网络建设，拓展农村地区 3G 网络覆盖的范围和提升其质量，进一步完善河南省农村地区互联网接入等信息化基础设施建设的相关政策建议，同时，鼓励企业开发满足农村用户特定需求的终端。此外，移动互联技术以加大以手机为终端的信息资源建设力度为主，因此，河南省应充分利用农村地区手机覆盖面广的优势，依托综合性与专业性的信息资源和服务平台和农村综合信息服务站，与通信运营商合作，为农民提供农业生产、天气资讯、农村生活、便民服务、市场资讯等各类信息服务。

（三）加快农村信息技术的普及

1. 用信息化推进现代农业产业形成

要积极推进 3S 技术、农业信息系统、农业智能自动控制技术等在农田作业、良种工程、农作物栽培管理、病虫害防治、畜禽饲养等方面的应用，提高农业生产过程的信息化水平。建立和完善粮食安全监测信息系统，构建粮食安全预警体系。建立重大动物疫情监测和应急处理信息系统、动物标识及疫病可追溯信息系统，健全饲料安全管理信息系统，积极推行健康养殖方式。促进农业企业信息化建设，提高农业产业化龙头企业、农民专业经济合作组织信息化水平，积极构建农业生产、加工、销售一体化服务体系。

2. 用信息化推动农村电子政务的实施

依托互联网，集约建设面向农村的公共服务门户网站，合理配置信息化公共服务资源，推动电子政务向农村延伸，提高办事效率。建立村务信息网络示范平台，实现农村财务、选举、固定资产、土地承包、计划生育等信息公开，为保证广大农民知情权建立信息通道。开设农村政务电子信箱，拓宽民意表达渠道，增强农民参政议政能力，促进农民自治和民主管理。

3. 用信息化丰富农村文化生活

继续扩大"农村党员干部现代远程教育平台"，增加"农村中小学现代远程教育工程"在河南广大农村地区的接收站点。加强农村中小学电子化教室的建设，通过建立现代化的教育资源传输系统，使优质教育资源走向农村。充分利用农业信息平台资源，推动农村文化信息资源共享建设。制作农民喜闻乐见的广播电视节目、电子出版物，丰富农村文化生活。

4. 用信息化促进各领域的发展

要全面推进信息技术在农村社会保障、医疗卫生、劳动就业、社区生活等各行各业的应用，加快和扩大农民一卡通、新型农村合作医疗信息系统、农村劳动力与就业转移信息系统、新型农村社会养老保险信息系统、农村安防系统和农村重大自然灾害与疫情监测信息系统等在河南农村地区的普及和应用，加速传统产业结构的升级，促进河南农村各领域信息化的发展。

七、树立农村信息化典型，刺激农民的信息需求

农村信息化具有互动性，不仅需要信息供给者不断输出信息，同时也需要信息需求者及时反馈信息，因此，农村信息化发展的关键在于培育农民的信息意识和利用农业信息技术的能力。为了刺激农民的信息需求，要树立农村信息化典型，具体做法如下：

（一）坚持面向基层，先行试点示范

河南省各有关部门、单位要结合本部门业务特点和专业服务平台建设，选择条件适宜的农村信息化试点地区，培养各类农村信息化应用的典型。加快省级农村信息化试点的普及与推广，做好农村信息化试点地区的跟踪管理、监督检查和考核。

（二）推行信息化示范区建设

在现有农村信息化示范基地建设的基础上，进一步加大对具有一定区域特色、良好示范效应和广阔发展前景的示范基地的支持力度，进一步加大宣传力度。不仅要建立一批典型的农村信息化示范县、示范乡、示范镇，而且要建立一批示范村、示范户。农村信息化示范村必须能够实现村中的家家户户至少有一种方式可查询和获取信息，人人会用一种信息化产品，实现网络化的农村信息服务，营造出农村信息化的数字氛围。

（三）建立农村信息服务示范点

各地政府应积极组织开展争创"信息村（社区）"、"农信通村"、"信息乡（镇、办）"等活动，扶持建立乡（镇）农村信息化服务中心和农村信息服务站示范点，利用"农信通"的短信群发功能，通过农民经济合作组织或农业产业化龙头企业，为农民提供个性化的政策、科技及市场等信息服务。加大科技创新力度，推动系列重大项目的开展，及时总结农村信息化应用的成功模式和典型经验，通过示范引导、典型带动，推广辐射至周边广大农村地区，为河南农村信息化建设发挥示范引导和辐射带动作用。

（四）制定并实施农业信息化补贴政策

一方面是对农户上网及购买信息服务实行补贴，包括对互联网接入、农户购买电脑或智能手机等信息化终端设备、农民信息技术培训、农民所付信息服务费等，建议给予示范基地上网费用补贴。另一方面是对应用信息化技术产品实行免

费政策。例如，农户、农民专业合作社、农业企业自主选择政府推荐名单内的农业产品，一旦使用就给予一定的补贴，甚至免费试用。

八、培养农民信息化意识，提高信息利用率

农村信息化是为农民提供服务的，农民是否愿意以及能否利用信息化非常关键。由于受文化水平的限制，对绝大多数农民来说，还没有形成利用电话、手机和电脑等设备来获取信息的意识，也没有承担信息化风险的意识，所以，要多设置类似信息服务站和农民专业技术协会这样的服务机构，培养农民利用现代通信工具解决日常生产生活中的实际问题的能力。另外，要经常举办一些知识讲座和活动，向农民讲解类似河南农副产品网、河南畜牧业网、河南省农业信息网、河南新农村信息网等这些网络平台的用法，提高农民利用信息的意识。这些服务机构，平时都要设有热线电话或者留人值班，能够随时为农民提供服务。同时，也要向农民讲解采用信息后可能遇到的风险，以及遇到风险有哪些解决办法，以提高农民的风险意识。

（一）培养农民搜集、分析、利用、传递信息的能力

将培养农民的信息意识落实到具体实践中就是培养农民搜集、分析、利用、传递信息的能力。

一是引导农民养成经常搜集信息的习惯。教农民可以通过多种途径搜集信息，例如：利用网上的搜索引擎，输入关键字在网上搜索；也可直接查阅农业网站的相关内容栏目；没有网络，也可委托专家、农业大户、农业信息员搜集信息等。

二是引导农民学会分析信息。网上搜集来的信息并非每条都是"金点子"，需要对信息进行分析加工。引导农民在分析加工信息时应该把握好几条原则：首先，应围绕自己的主导产业进行。从事什么行业、需要什么信息，就搜集什么信息，从而使搜集来的信息有针对性，能"为我所用"。其次，应注意所搜集信息的地域性。我国幅员辽阔、地域广大，各地农业生产的种植制度、品种选择、采收管理、市场运销等方面差异明显，在一个地区成功的案例未必适合另一个地区，不能生搬硬套。再次，应注意所搜集信息的时效性。任何信息都有时效性，对于网上搜集来的信息，一定要考虑这一点。最后，还应学会辨别所搜集信息的真伪。在有些情况下，农民群众对无法确定真伪的信息可请教咨询能人、专家进行分析解答。

三是引导农民学会使用信息。网上搜集来的信息，经过分析加工后，就可以"为我所用"。教导农民把收集到的信息与自己的生产实际相结合，要注意因地制

宜、活学活用。

四是引导农民学会发布信息。引导农民在生产经营中学会把自己的产品信息及时发布出去，善于利用网络宣传推销自己的产品。教会他们利用互联网发电子邮件、进行网上咨询、在网上发布供求信息等，达到推销产品、购买农资、联络招揽客户的目标。

（二）加强农村信息用户的信息素养教育与培训

只有具有一定规模和具备一定素质的信息用户群体，才能形成社会对信息资源的有效需求，否则无法实现对信息资源的有效开发利用。农村信息用户的信息意识、信息素养和信息应用能力是农村信息资源的价值得以实现的重要基础。当前，我国正处于由传统农业向现代农业转型的时期，政府需要大量的信息资源制定涉农政策和进行宏观管理，农技人员需要信息资源进行技术传播和知识的传递，农户需要信息资源用以指导生产生活。因此，要强化涉农政府部门领导干部、农技人员和广大农户的信息意识，提高其信息素养和信息利用能力并激发其信息需求，必须对其进行必要的教育与培训。

一是大力提倡并推行持续信息教育。坚持以普及化、系统化和制度化的原则开展各种教育培训活动。利用现有的"阳光工程"、农民工再就业工程、农民培训等资源，进行信息基础知识的教育和培训，有针对性地开展有关计算机、网络等设备的操作技能培训及提高信息用户对信息的组织、鉴别、开发和利用的能力，使广大信息用户的整体素质得到逐步提高，逐步提高农村信息资源开发利用的整体水平。

二是加强宣传教育活动。通过各种途径，如报刊、传单、讲座、政策宣讲和典型事例解说等方式进行信息化知识的宣传活动，使信息化知识和技术手段得到广为传播，使之入脑入心，使广大农户和信息使用者在日常生活中潜移默化地强化信息意识。

三是出台激励政策和措施，如实行信息补贴政策等，吸引广大农户自觉采用信息化方式和手段进行农业生产和生活。

附　件

河南省农村信息化需求调查问卷

_____省（市、自治区）_____县（市）_____镇（乡）
_____村

被访谈人_____　　联系电话_____
访谈员_____　　访谈日期_____年____月____日

尊敬的先生/女士：您好！

非常感谢您对本书的支持。这是一份关于农户信息需求与获取的调查问卷，专为省软科学基金项目"河南省农村信息化与农村经济发展研究"而设计的，旨在分析农户需求的信息内容、信息获取渠道，以期为该项目的进一步研究提供可靠数据。您只需在符合您实际情况的选项前打"√"或直接在"____"中填写就可以了。本书纯属学术研究，请放心填写。若您在填写问卷过程中有什么问题，请及时与我们沟通，谢谢合作！（说明：以下问题未注明"可多选"的均为单选）

联系人：_____博士　　　　电话：_____

~~~~~~

一、基本信息

1. 您的性别：_____　①男；②女。

2. 您的年龄：_____
①18岁及以下；②19~29岁；③30~39岁；④40~49岁；⑤50岁及以上。

3. 您的职业：_____

①种植户；②养殖户；③工人；④乡镇干部；⑤企业负责人；⑥个体户；⑦技术人员；⑧农产品营销经纪人；⑨教师。

4. 您的学历：_____

①小学及以下；②初中；③中专高职；④高中；⑤大专；⑥本科及以上。

5. 您家有_____口人，耕地_____亩。

6. 您家种植收入_____元，养殖收入_____元，非农收入_____元。

二、信息需求与获取

1. 下面哪项符合您家庭的实际情况？_____（可多选）

①装有固定电话；②有手机；③有电视；④安装有线电视；⑤有电脑；⑥订阅报纸或杂志；⑦可以收听广播；⑧有 VCD 或者 DVD；⑨以上都没有。

2. 若有电脑，请问您当时购买电脑花了_____元。

3. 如果您家里没有电脑，没有买的原因是：_____（可多选）

①价格太贵，买不起；②买得起，可是上网费太贵，用不起；③不懂技术，不会用；④怕孩子玩游戏影响学习，不敢买；⑤上网没有好处，还会有坏处；⑥其他原因。

4. 您家里的电脑能上网吗？_____①能；②不能。

若能上网，请问您平均每月的上网费用是_____元。

5. 您家电脑上网采用何种接入方式？_____

①拨号上网；②ADSL（电话网）；③有线电视网；④双绞线。

6. 您平时用什么上网？_____（可多选）

①台式电脑；②笔记本电脑；③手机。

7. 您平时在哪里上网？_____（可多选）

①家里；②单位；③网吧、图书馆等公共场所。

8. 您平均每周上网的时间为_____小时。

9. 您上网主要做什么？_____（可多选）

①浏览信息；②搜索信息；③在线听/下载音乐歌曲；④看电影或电视；⑤参加论坛或社区；⑥玩游戏；⑦聊天；⑧发布博客/播客；⑨其他。

10. 您认为电脑在您生活中扮演着什么样的角色？_____

①必需品；②可有可无；③没有必要。

11. 您家里购置电视机花了_____元。

12. 您家里的电视属于哪种？＿＿＿＿＿＿＿

①有线电视；②数字电视；③普通电视。

13. 若是数字电视，请问您家是否另外开通收费频道？＿＿＿＿＿＿＿

①是；②否。

如果开通了收费频道，那么这些频道是＿＿＿＿＿＿＿，每月收费＿＿＿＿＿＿＿元。您在家里能收看到中央 7 台农业频道的节目吗？＿＿＿＿＿＿＿

①能；②不能。

14. 您每天都看电视吗？＿＿＿＿＿＿＿

①是；②否。

15. 您平均每天看电视的时间是＿＿＿＿＿＿小时。

16. 您家里的固定电话(含与固定电话绑定的小灵通)平均每月消费＿＿＿＿＿＿元。

如有移动电话，您的移动电话使用什么卡？＿＿＿＿＿＿＿＿；您的移动电话每月大概消费＿＿＿＿＿＿＿元。

①中国移动；②中国联通；③中国电信；④网通。

17. 您的手机主要用来做什么？＿＿＿＿＿＿＿＿　(可多选)

①打电话；②发短信息；③玩游戏；④听音乐；⑤拍照；⑥上网；⑦阅读；⑧其他。

18. 您认为手机在您生活中扮演了什么样的角色？＿＿＿＿＿＿＿

①必需品；②可有可无；③没有必要。

19. 您平常订阅/阅读图书、报纸、杂志吗？＿＿＿＿＿＿＿

①是；②否。

20.您平常到本地图书馆/图书室阅读图书、报纸、杂志吗？＿＿＿＿＿＿＿

①是；②否。

21. 您经常收听本地有线广播吗？＿＿＿＿＿＿＿

①是；②否。

22. 您经常收听电台或使用收录机吗？＿＿＿＿＿＿＿

①是；②否。

23. 您阅读、收听、收看的内容主要是：＿＿＿＿＿＿＿＿　(可多选)

①农业技术信息；②农业市场信息；③新闻；④文史著作；⑤休闲娱乐信息；⑥政策信息；⑦就业信息；⑧气象信息 ；⑨生活服务信息 ；⑩其他。

24. 您对农业信息网的了解程度是：＿＿＿＿＿＿＿

①从来没听说过；②只听说过，不了解；③使用过，用得不多；④很熟悉，经常使用。

25. 您对"12316 三农热线"的了解程度是：＿＿＿＿＿＿＿＿
①从来没听说过；②只听说过，不了解；③使用过，用得不多；④很熟悉，经常使用。

26. 您最关心、最需要哪些信息类别？＿＿＿＿＿＿＿＿（可多选）
①农业科技信息（实用技术）；②职业技术培训信息；③农业政策信息及法律知识；④市场供求信息；⑤农业新闻；⑥生产资料；⑦气象与灾害预报防治信息；⑧外出务工信息；⑨财经金融信息；⑩家庭生活和文化娱乐信息（医疗保健、道德修养、教育子女）。

27. 在农业信息中您最需要的是？＿＿＿＿＿＿＿＿（可多选）
①农作物病虫害防治技术；②优良品种信息；③养殖技术；④储藏保鲜加工技术；⑤农产品供求价格信息；⑥田间管理技术；⑦农业气象预报信息；⑧农企信誉信息。

28. 您通过哪些渠道获取信息？＿＿＿＿＿＿＿＿（可多选）
（1）人际之间：＿＿＿＿＿＿＿＿①信息员；②领导；③亲朋好友；④村能人；⑤大户；⑥邻居。
（2）传统媒体：＿＿＿＿＿＿＿＿①电视；②广播电台；③书刊和科技小报；④互联网；⑤科教录像光盘；⑥讲座培训；⑦技术示范、观摩；⑧走访推广部门；⑨黑板报。
（3）现代媒体：＿＿＿＿＿＿＿＿①计算机网络；②电话；③手机；④短信。
（4）组织机构：＿＿＿＿＿＿＿＿①农技推广站；②涉农企业；③农民专业技术协会；④基层信息服务站；⑤村干部；⑥政府部门；⑦大学和科研单位；⑧农资经营门市。

29. 如果需要发布或反馈信息，您通过何种方式？＿＿＿＿＿＿＿＿（可多选）
①宣传资料；②生意人；③电话；④集市；⑤网络；⑥广告；⑦信息中介；⑧亲朋好友 ⑨媒体；⑩其他。

30. 你若在农业生产中有了难题，找谁解决？＿＿＿＿＿＿＿＿（可多选）
①政府；②农业部门；③邻居、亲戚、朋友；④上网查询；⑤电话咨询；⑥没有办法解决。

31. 您认为限制您获取农业信息的因素是什么？＿＿＿＿＿＿＿＿（可多选）
①缺乏适合自己的信息；②不知道到哪里找信息；③信息不及时；④害怕假信息；⑤个人经济条件所限；⑥个人文化素质不高。

32. 您愿意花钱来获得农业信息服务吗？＿＿＿＿＿＿＿＿
①愿意；②不愿意。

33. 您认为哪些信息应该实行合理收费服务？＿＿＿＿＿＿（可多选）

①供求价格信息；②生产技术信息；③农技培训信息；④农业政策信息；⑤劳务信息；⑥家庭生活常识信息；⑦气象与灾害预报信息。

34. 您所在的乡或村有信息服务站吗？＿＿＿＿＿＿（如果选①，请回答41、42、43 题）

①有；②没有。

35. 您认为在乡一级设立信息服务站有必要吗？＿＿＿＿＿＿

①有；②没有。

36. 您认为在村一级设立信息服务站有必要吗？＿＿＿＿＿＿

①有；②没有。

37. 信息服务站提供的信息服务能满足您的需求吗？＿＿＿＿＿＿

①能；②不能。

38. 您认为在村或乡设立信息服务站的主要困难是什么？＿＿＿＿＿＿（可多选）

①无工作人员；②没有场所；③缺乏运转资金；④缺少工作设备。

39. 您认为村里的农业信息服务站建在哪里最合适？＿＿＿＿＿＿（可多选）

①村委会；②村干部家里；③农资销售处；④小卖部；⑤农民专业协会；⑥农业种养大户、带头人；⑦其他（请注明）。

40. 您希望乡和村的农业信息服务站怎么做？＿＿＿＿＿＿（可多选）

①提供农业生产技术指导、培训；②提供农资供应；③协调产品销售；④组织劳动力外出打工；⑤提供政策、技术、价格等信息。

41. 您认为农业技术推广站的服务如何？＿＿＿＿＿＿

①基本上没有什么服务；②服务还可以；③很满意。

42. 您村或邻村有农民专业技术协会（简称"协会"）吗？＿＿＿＿＿＿（如果选①，请回答 49、50 题）

①有；②没有。

43. 协会给您提供哪些方面的帮助？＿＿＿＿＿＿（可多选）

①举办技术培训；②购买良种；③销售农产品；④提供信息；⑤资金融通；⑥统一组织病虫害防治服务；⑦提供的生产资料更可靠。

44. 协会现在状况怎么样？＿＿＿＿＿＿

①运行良好；②有名无实；③生存不下去了。

45. 假如采用农业信息时有风险，您认为应该怎么办？＿＿＿＿＿＿

①向政府求助；②由服务部门承担；③听天由命，自己承担；④事先去保险

公司投保。

46. 若您认为应该自己承担风险，你的风险承受能力如何？ ＿＿＿＿＿＿＿＿

①能承受；②勉强能承受；③不能承受。

47. 您认为所获得的信息对自己的帮助有多大？ ＿＿＿＿＿＿＿＿

①非常大；②很大；③一般；④几乎没帮助。

48. 您希望国家应多大程度上对信息服务给予经济支持？ ＿＿＿＿＿＿＿

①完全支持；②绝大部分支持；③给予 50% 左右的支持；④完全不需要。

49. 您认为国家对农业支持的最好方式是什么？ ＿＿＿＿＿＿＿＿（可多选）

①直接给现金；②补贴农资和种子；③提高农产品价格；④提供农业专家支持和农业信息服务；⑤建立和健全农业社会化服务体系。

50. 您认为哪些因素对信息需求有影响？

＿＿＿＿＿＿＿＿＿＿＿＿＿＿＿＿＿＿＿＿＿＿＿＿＿＿＿＿＿＿＿＿＿＿＿＿。

在此，我们对您给予这一调研工作的帮助表示诚挚的感谢。

谢谢您的合作！

参考文献

[1] Breitung J. The Local Power of Some Unit Root Tests for Panel Data [M] // B.Baltagi. Advances in Econometrices: Nonstationary Panels. Amsterdam: JAI Press, 2000.

[2] Brynjolfsson E.Hitt L. Paradox Lost? Firm-level Evidence on the Returns to Information Systems Spending [J]. Management Science, 1996, 42 (2): 541-558.

[3] Byrne Tony. Enterprise Information Architeeture [M]. St.Martin's, 2004.

[4] Dewan S.Kraemer K.L.Information Technology and Productivity: Evidence from Country-level Data [J]. Management Science, 2000, 46 (4): 548-562.

[5] Frank Ellis. Agricultural Policy in Developing Countries [M]. Press Syndicate of the University of Cambridge, 2001.

[6] Hansen B.E. Inference When A Nuisance Parameter is not Identified Under the Null Hypothesis [J]. Econometrica, 1996 (2): 413-430.

[7] Hansen B.E. Sample Splitting and Threshold Estimation [J]. Econometrica, 2000 (3): 575-603.

[8] Harris R. D., Tzavalias F. E. Inference for Unit Roots in Dynamic Panels Where the Time Dimension is Fixed [J]. Journal of Econometrices, 1999 (91): 201-226.

[9] Henry Daunert. Europe Needs a Truly Open Economy [J]. Business Week, 2000, 10 (7): 46.

[10] Hu Yukui.Systematical Dynamics [M]. Wuhan: The Techoiogy Consultation Service Center of China, 1984.

[11] Im K. S., M. H. Peasaran, Y. Shin. Testing for Unit Roots in Heterogeneous Panels [J]. Journal of Econometrics, 2003 (115): 53-74.

[12] Jorgenson D.W., K.J. Stiroh. Lessons from the U.S.Growth Resurgence [C]. The First International Conference on the Economic and Social Implications of Information Technology, 2003 (1): 20-29.

［13］ Jorgenson D.W., K.J.Stiroh. U.S.Economic Growth in the Information Age ［J］. Information Technology, 2001（2）: 33–39.

［14］ Kraemer K.Dedrick J. Payoffs from Information Technology Lesson from the Asia–Pacific ［R］. Payoffs for World Development, 2001.

［15］ Lee Sangho, Xiang Jun Yong, Kimb Jae Kyeong. Information Technology and Productivity: Empirical Evidence from the Chinese Electronics Industry ［J］. Information & Management, 2010, 48（1–2）: 79–87.

［16］ Lees, Francis A. China Superpower: Requisites for High Growth ［M］. New York: St. Martin's Press, 1997.

［17］ Levin, C. F. Lin, C. S. J. Chu. Unit Root Tests in Panel Data, Asymptotic and Finite–asmple Properties ［J］. Jourmal of Econometrices, 2002（108）: 1–24.

［18］ Maddala G. S., Wu.A Comparative Study of Unit Root Tests with Panel Data and a New Simple Test ［J］. Oxford Bulletin of Economics and Statistics, 1999（61）: 631–652.

［19］ Pedroni P. Cretical Values for Cointegration Tests in Heterogeneous Panels with Multiple Regressors ［J］. Oxford Bulletin of economics and Statistics, 1999（61）: 653–678.

［20］ Pohjola M.Information Technology and Economic Growth: A Cross–country Analysis ［R］. WIDER Working Paper, 2000.

［21］ Roach S.America's Technology Dilemma: A Profile of the Information Economy ［M］. New York: Morgan Stanley, 1987.

［22］ Robert J. Gorden. U.S. Ecomomic Growth Since 1870: One Big Wave? ［J］. American Economic Review, 1999（5）.

［23］ Romer P.M. Increasing Returns and Long Run Growth ［J］. Journal of Political Economy, 1986（94）: 1002–1037.

［24］ Sang–Yong, Tom Lee R.Gholam, Tan Yit Tong.Time Series Analysis in the Assessment of ICT Impact at the Aggregate Level ［J］. Information Management, 2005（42）: 1009–1022.

［25］ Shao B.B.M., Lin W. T.Measuring the Value of Information Technology in Technical Efficiency with Stochastic Production Frontiers ［J］. Decision Support Systems, 2001, 43（7）: 447–456.

［26］ Shapiro. Carl mid Varian. Hal R. Information Rule: A Strategic Guide to the Network Economy ［M］. Cambridge: Harvard Business School Press, 1998.

［27］ Sivanand C. N., Geeta M. Suleep. Barriers to Mobile Internet Banking Services Adoption：An Empirical Study in Klang Valley of Malaysia ［J］. The Internet Business Review Issue, 2004（1）：1-16.

［28］ Solow R.We'd Better Watch Out ［J］. New York Times Book Review, 1978（7）：36.

［29］ Stephen Haag, Maeve Cuimmings, etc. Management Database Systems for Information Age ［M］. Mc：Graw-Hill Pree, 2001.

［30］ Strassman P. A. The Business Value of Computers ［M］. New Canaan：Information Economics Press, 1990.

［31］ Torben M. Andersen and Steinar Holden. Stabilization Policy in an Open Economy ［J］. Journal of macroeconomics, 2002, 24（3）：293-312.

［32］ Welfens P.J.J.Interneteconomics.Net ［M］. Heidelberg and New York：Springer, 2002.

［33］ Xu G., Gutierrez J. A. An Exploratory Study of Killer Applications and Critical Success Factors in M-Commerce ［J］. Journal of Electronic Commerce in Organizations, 2006, 4（3）：63-79.

［34］ Yang K.C.C.Exploring Factors Affecting the Adoption of Mobile Commerce in Singapore ［J］. Telematics and Informatics, 2005, 22（3）：257-277.

［35］ Young, Alwyn.Gold into Base Metals：Productivity Growth in the People's Republic of China during the Reform Period ［R］. NSRE Working Paper, 2000.

［36］ Zeithaml Valerie A.Consumer Perceptions of Price, Xuality and Value：A Means-end Model and Synthesis of Evidence. Journal of marketing July, 1988, 52（3）：2-22.

［37］ ［美］（StiglitzJ.E.）约瑟夫·斯蒂格利茨. 信息经济学基本原理（斯蒂格利茨经济学文集）［M］.北京：中国金融出版社, 2009.

［38］ ［美］费景汉, 古斯塔夫·拉尼斯.增长和发展：演进观点 ［M］.北京：商务印书馆, 2004.

［39］ ［美］罗伯特·维纳.人有人的用处 ［M］.北京：商务印书馆, 1978.

［40］ ［日］速水佑次郎, ［美］弗农·拉坦.农业发展的国际分析 ［M］.北京：中国社会科学出版社, 2000.

［41］ ［英］彼得·蒙克.信息经济的技术变化 ［M］.北京：原子能出版社, 1992.

［42］ CNNIC 中国互联网发展状况报告（2014）［EB/OL］.中国互联网网络信

息中心，2015.

[43] 国家统计局农村社会经济调查司. 中国农村统计年鉴 2013 ［M］. 北京：中国统计出版社，2014.

[44] 陈云飞. 农业信息化经济学理论基础探索 ［D］. 华南热带农业大学硕士学位论文，2006.

[45] 陈振，曹殿立，梁保松等. 基于主成分分析法的农业信息化评价研究 ［J］. 河南农业大学学报，2007，10（3）：37-41.

[46] 成巍. 江苏省农村信息化及其对农村经济增长影响的实证研究 ［D］. 安徽农业大学硕士学位论文，2012.

[47] 崔岩. 农业信息化组织体系研究 ［M］. 咸阳：西北农林科技大学出版社，2007.

[48] 代海燕. 社会主义新农村建设问题初探 ［D］. 云南师范大学硕士学位论文，2007.

[49] 邓培军，陈一智. 我国农业信息化与农村经济增长相关性研究 ［J］. 资源开发与市场，2010（4）：338-340.

[50] 董增礼. 推进农村信息化建设 促进区域农村经济快速发展 ［J］. 农业网络信息，2011（3）：5-9.

[51] 樊志伟. 近十年我国农民信息需求研究综述 ［J］. 情报杂志，2012（5）：45-49.

[52] 方鸿锦等. 江西省农业信息化与新农村建设的研究 ［J］. 安徽农业科学，2007（34）：11257-11258.

[53] 方瑜. 关于农业农村信息化的几点思考 ［C］. 信息化推动新农村建设与公共服务创新高峰论坛，2006.

[54] 傅洪勋. 中国农业信息化发展研究 ［J］. 农业经济问题，2002（11）：44-47.

[55] 高明秀，王鸿光，于洪福等. 新农村建设水平评价方法及其实证 ［J］. 山东农业大学学报，2008（1）：36-41.

[56] 高万林，张港红，李桢等. 关于农业信息化与农村信息化关系的探讨 ［J］. 中国农学通报，2011（1）.

[57] 顾丽梅. 信息社会政府治理 ［M］. 天津：天津人民出版社，2003.

[58] 郭作玉. 农业农村信息服务：多元化、社会化、网络化 ［J］. 农业网络信息，2007（8）：4-9.

[59] 郭作玉. 新农村信息化的现实意义和历史作用 ［J］. 中国信息界，2007

（9）：23-26.

[60] 何凤霞. 经济全球化与我国农业产业结构优化 [J]. 农村经济, 2004
（10）：40-42.

[61] 贺鹏举. 信息化对农业农村经济增长影响的实证研究和系统模拟 [D].
北京：中国农业科学院硕士学位论文, 2010.

[62] 河南省农村信息化综合应用情况介绍 [N]. 新闻信息, 2006-5-19.

[63] 河南省农业厅市场与经济信息处. 我省农业信息化工作取得积极进展
[J]. 河南农业, 2006（2）：17-18.

[64] 2007 年河南省信息化发展报告 [EB/OL]. 河南省信息产业厅官网,
http：//www. itha. gov. cn/xx/gh/2008-11-07 /235. htm.

[65] 省局出台全省统计信息化工作要点 [EB/OL]. 河南统计网, http：//
www.ha.stats.gov.cn/hntj/index.htm.

[66] 胡昌平. 现代信息管理机制研究 [M]. 武汉：武汉大学出版社, 2004.

[67] 胡大平, 陶飞. 农村信息化的基本内涵及解决对策 [J]. 科技进步与对
策, 2005（3）：159-161.

[68] 胡海燕. 论我国农业信息网络服务的内容与模式 [J]. 农业网络信息,
2004（11）：7-11, 15.

[69] 黄剑文. 社会主义新农村建设指标体系研究 [J]. 安徽工业大学学报,
2008, 25（4）：33-35.

[70] 黄志文. 农村信息化与农村经济发展相关关系的实证研究 [J]. 现代农
业科技, 2010（12）：332-334.

[71] 黄志文. 我国农村信息化水平评价研究 [J]. 科技进步与对策, 2009
（23）：158-161, 162.

[72] 霍永刚. 关于推进农村信息化建设的思考 [J]. 中共太原市党校学报,
2010（3）：36-39.

[73] 贾丹华, 樊玮, 蒋萍. 江浙新农村信息化建设状况的比较研究 [J]. 南
京邮电大学学报（社会科学版）, 2009, 11（3）：16-22.

[74] 贾善刚. 金农工程与农村信息化 [J]. 农业信息探索, 2000（1）：5-10.

[75] 姜爱林. 信息化水平的八种测算方法 [J]. 测绘软科学研究, 2002（4）：
44-49.

[76] 靖飞, 俞立平. 信息化与经济增长——中国存在生产率悖论吗？ [J]. 情
报杂志, 2013, 32（3）：203-207.

[77] 雷娜, 赵邦宏. 农户信息需求与农业信息供需失衡的实证研究 [J]. 农

业经济，2007（3）：37-39.

[78] 雷娜，赵邦宏等. 农户信息需求及其影响因素的实证分析 [J]. 农业科技管理，2007（26）：19-21.

[79] 李道亮. 农业信息化与新农村建设 [J]. 农业科学苑，2007（4）：213.

[80] 李道亮. 我国农村信息化发展趋势与发展政策 [J]. 中国信息界，2008（1）：77-79.

[81] 李道亮. 中国农村信息化发展报告（2007）[M]. 北京：中国农业科学技术出版社，2007.

[82] 李道亮. 中国农村信息化发展报告（2010）[M]. 北京：中国农业科学技术出版社，2011.

[83] 李东坡. 建设农村全面小康社会的指标体系及评价方法研究 [D]. 河北：河北农业大学，2004.

[84] 李纲. 信息资源配置的理论问题探讨 [J]. 情报学报，1999（8）：10.

[85] 李仁贵. 农业信息化研究 [D]. 华中师范大学硕士学位论文，2002.

[86] 李习文. 宁夏农民信息意识、信息需求、信息能力现状分析 [J]. 宁夏社会科学，2008（6）：71-75.

[87] 李向东，岳良运. 我国高新技术产业安全物元评价及其对策 [J]. 科技进步与对策，2010（1）：72-76，77.

[88] 李新功. 借鉴发达国家经验建立我国政府主导型农业信息化体系 [J]. 农村经济，2003（5）：42-44.

[89] 李彦萍. 信息化水平测算方法的问题及改进 [J]. 情报理论与实践，2002（2）：18-20.

[90] 李应博. 中国农业信息服务体系发展研究 [M]. 北京：中国经济出版社，2006.

[91] 李友平. 民族地区新农村建设评价指标体系的设计及综合评价 [D]. 武汉：中南民族大学硕士学位论文，2009.

[92] 林万龙，杨秋林. 公共产品最优供给理论与农村民主理财 [J]. 中国农业会计，2000（11）.

[93] 刘继芬. 德国农业信息化的现状和发展趋势 [J]. 世界农业，2003（10）：36-38.

[94] 刘丽伟. 农业信息化与农业经济增长 [M]. 沈阳：东北大学出版社，2009.

[95] 刘世宏，许世卫. 中国农村信息化测评方法研究 [J]. 中国农业科学，

2008，41（4）：1012-1022.

［96］刘世宏. 中国农村信息化测度指标体系研究［J］. 图书情报工作，2007，51（9）：33-36.

［97］刘世洪. 农业信息技术与农村信息化［M］. 北京：中国农业科技出版社，2005.

［98］刘世洪. 中国农村信息化测度指标体系研究［J］. 图书情报工作，2007，51（9）：33-36.

［99］刘学良，陈琳. 截面与时间序列的相关异质——再论面板数据模型及其固定效应估计［J］. 数量经济技术经济研究，2011（12）：96-114.

［100］柳玲珠等. 由农业信息的需求与供给谈农业信息经纪人制度的建立［J］. 农业图书情报学刊，2002（1）：46-47.

［101］卢光明. 农业信息化是促进农业产业化的重要手段［J］. 中国管理信息化，2007（6）：37-38.

［102］卢丽娜. 国外农业信息化发展现状及特点［J］. 中国农村小康科技，2007（10）：23-26.

［103］卢丽娜. 农业信息化测度指标体系的构建［J］. 农业图书情报学刊，2007（4）：178-183.

［104］卢丽娜. 农业信息化是发展现代农业的必然选择［J］. 农业网络信息，2007（6）：4-7.

［105］卢丽娜. 世界农业信息化进程及发展趋势［J］. 中国信息界，2007（1）：85-90.

［106］卢丽娜. 农业信息化与现代农业的关系［J］. 中国信息界，2007（4）：20-21.

［107］陆安祥，赵云龙，秦向阳等. 农村信息化发展测度指标体系研究［J］. 农业网络信息，2006（12）：50-52.

［108］陆平. 四川省促进外商直接投资 IT 产业研究［D］. 成都：四川大学硕士学位论文，2007.

［109］陆学艺. "三农"新论［M］. 北京：社会科学文献出版社，2005.

［110］罗伯特·M.索洛. 经济增长因素分析［M］. 北京：商务印书馆，1999.

［111］吕建东. 构建科学的农村信息化评价体系［J］. 通信企业管理，2008（7）：76.

［112］马庆国. 数据获取、统计原理、SPSS 工具与应用研究［M］. 北京：科学出版社，2002.

[113] 马志辉. 发展农村信息化 推动新农村建设 [J]. 农业网络信息，2009 (6)：9-42.

[114] 马中杰，郑国清，冯晓等. 河南省农村信息化水平测度研究现状及分析 [J]. 河南农业科学，2010 (3)：120-123.

[115] 梅方权. 农业信息化带动农业现代化的战略分析 [J]. 中国农村经济，2001 (12)：22.

[116] 梅方权. 我国农村信息化的发展战略和发展模式的选择 [J]. 中国农村科技，2007 (12)：6-10.

[117] 梅方权. 从农业现代化走向农业信息化 [J]. 农业图书情报学刊，1997 (5)：1-4.

[118] 孟枫平. 日本农业信息化进程的主要特点 [J]. 世界农业，2003 (4)：38-39.

[119] 缪小燕. 试论我国农业信息化的发展 [J]. 图书情报知识，2003 (4)：35-39.

[120] 乔淑，冯晓，郑国清等. 河南省农村信息化水平研究 [J]. 中国农学通报，2009 (23)：34-38.

[121] 秦向阳，潘瑜春等. 中国农村信息化研究 [M]. 贵阳：贵州人民出版社，2010.

[122] 萨缪尔森. 微观经济学（第十六版）[M]. 北京：华夏出版社，1999.

[123] 申丽娟，丁恩俊. 关于新农村建设评价指标体系的探讨 [J]. 统计与决策，2007 (7)：60-61.

[124] 沈俊涛. "最后一公里" 经济欠发达地区建设农业信息服务网络实用指南 [M]. 兰州：甘肃农业出版社，2006.

[125] 舒家先. 加快农村信息化 推进新农村建设 [J]. 理论研究，2006 (12)：1-12.

[126] 宋燕华，施韶亭等. 我国农村信息化发展因素分析 [J]. 图书与情报，2012 (40)：138-140.

[127] 孙宏才，田平，王莲芬. 网络层次分析法与决策科学 [M]. 北京：国防工业出版社，2011.

[128] 孙建军. 信息资源管理概论 [J]. 东南大学，2008 (11).

[129] 孙君军. 承接东部产业转移的中西部物流能力评价研究 [D]. 武汉理工大学，2009.

[130] 孙晓薇. 论新农村网络信息化建设 [J]. 中州学刊，2008 (5)：297-298.

[131] 谭国良.我国农村信息化的内涵、障碍及对策 [J].江西农业大学学报（社会科学版），2007（6）：86-88.

[132] 田野.日本的农业信息化及其启示 [J].全球科技经济瞭望，2001（1）：47-48.

[133] 王艾敏.中国农村信息化存在"生产率悖论吗？"——基于门槛面板回归模型的检验 [J].中国软科学，2015（7）：42-50.

[134] 王艾敏.河南农村信息化发展的约束与对策 [J].河南农业，2013（24）：60-61.

[135] 王立舒.乡级农业信息网络化管理服务平台构建——以黑龙江省为例 [M].北京：中国农业出版社，2009.

[136] 王丽.信息化对山东省农村经济增长贡献的实证分析 [D].西北农林科技大学学士学位论文，2010.

[137] 王利农.中国农业信息化测度与发展研究 [D].北京：中央财经大学硕士学位论文，2007.

[138] 王爽英.我国农业信息化水平的测算及发展趋势研究 [J].农业现代化研究，2008，29（2）：216-218.

[139] 王松梅.我国农村信息化建设问题研究 [J].农业网络信息，2007（11）：7-8.

[140] 王素贞，张霞，杨承霖.农村信息化水平测度方法研究 [J].农业世界，2014（7）：34-38.

[141] 王素贞，张霞，杨承霖等.河北省农业信息化发展水平的评价研究 [J].经济与管理，2012，26（1）：88-91.

[142] 王颜齐，刘宏曼，李丹等.社会主义新农村建设评价指标的筛选 [J].华南农业大学学报，2009，8（3）：32-38.

[143] 王志爽.农村信息化推进社会主义新农村建设 [J].农业网络信息，2007（7）：40-41.

[144] 韦东方，游专.我国农村信息服务点建设中的问题和对策 [J].农业网络信息，2008（11）：4-6.

[145] 魏秀芬.我国农村市场信息服务和市场信息需求利用分析——结合天津市的调查 [J].中国农村经济，2005（5）：54-62.

[146] 温继文，李道亮，朱翔等.我国与美国农业信息服务体系建设的比较研究 [J].南方农村，2006（1）：49-53.

[147] 吴艳.区域社会主义新农村建设评价指标体系研究——以江西为例

[D]. 福建：厦门大学硕士学位论文，2009.

[148] 谢中亮，林弓长. 新农村建设中的信息化程度指标体系研究 [J]. 中国集体经济，2008（5）：144-145.

[149] 胥宏锋. 关于当前农村专业合作经济组织的现状分析和对策思考 [J]. 安徽农学通报，2006，12（8）：28-29.

[150] 徐筱，徐放. 江苏农村信息化建设中存在的问题及对策研究 [J]. 江苏通信，2011，27（3）：19-20.

[151] 徐学荣，林雪娇. 社会主义新农村评价指标体系和评价方法研究 [J]. 福建农林大学学报，2007（5）：1-4.

[152] 闫晓军，孙伯川. 新农村建设中的农村信息化建设 [J]. 现代化农业，2008（8）：1-3.

[153] 颜连江. 农村信息化对农业经济增长的影响 [J]. 时代金融，2014（5）：42-44.

[154] 杨兵. 我国农业信息化建设问题研究 [D]. 长沙：湖南农业大学硕士学位论文，2010.

[155] 杨诚，蒋志华. 我国农村信息化评价指标体系构建 [J]. 情报杂志，2009（2）：24-27.

[156] 杨诚. 我国农村信息化水平与发展探讨 [J]. 图书与情报，2010（1）：85-88.

[157] 杨盛道. 河南提高信息化水平　加快新农村建设步伐 [N]. 中国电子报，2010-10-15.

[158] 杨艺. 浅谈日本农业信息化的发展及启示 [J]. 现代日本经济，2005（6）：60-62.

[159] 叶延琼，章家恩等. 珠江三角洲社会主义新农村建设评估指标体系及方法探析 [J]. 安徽农业科学，2008（8）：3398-3399，3402.

[160] 叶元龄，赖茂生. 农村居民信息需求对农村信息化政策的启示 [J]. 科技管理研究，2008（11）：240-242.

[161] 俞立平. 国家信息化指标体系修正研究 [J]. 情报杂志，2005，24（12）：22-24.

[162] 俞立平. 信息化对经济增长贡献的时空变化研究 [J]. 财贸研究，2012（5）：54-60.

[163] 俞乔，童晓渝. 信息化与农村发展 [M]. 北京：人民邮电出版社，2008.

[164] 张斌，雍岐东，肖芳淳. 模糊物元分析 [M]. 北京：石油工业出版社，1997.

[165] 张广胜. 农村信息化水平与农村经济发展关系的实证研究 [J]. 商业时代，2013（17）：21-22.

[166] 张鸿，张权. 农村信息化对农业经济增长的影响 [J]. 统计与决策，2008（12）：100-102.

[167] 张晋平. 甘肃省农业信息化发展问题研究 [J]. 中国信息界，2010（6）：49-52.

[168] 张敏，张立新. 浅析农村电子信息化建设 [J]. 数据库与信息管理，2008（9）.

[169] 张鹏飞，袁秋红. 农村信息化推进实践中的对策研究 [J]. 软件导刊，2011（1）：11-12.

[170] 张少霞. 市场陷阱及企业防范的可拓研究 [J]. 系统工程理论与实践，1998（1）：125-130.

[171] 张同利. 改善我国居民信息消费现状的对策 [J]. 财贸研究，2005（6）：114-116.

[172] 张喜才，秦向阳等. 农村信息化的经济学分析 [J]. 农业网络信息，2008（5）：12-14.

[173] 张喜才，秦向阳，张兴校. 北京市农村信息化评价指标体系研究 [J]. 北京农业职业学院学报，2008（1）：42-46.

[174] 张向先. 农业信息资源配置的理论与方法研究 [D]. 长春：吉林大学博士学位论文，2007.

[175] 张晓山，赵江涛，钱良举. 全球化与新农村建设 [M]. 北京：社会科学文献出版社，2007.

[176] 张玉香. 农业信息化理论与实践 [M]. 北京：中国农业出版社，2005.

[177] 张玉香. 农业信息化与社会主义新农村 [J]. 中国信息界，2006（1）.

[178] 张则增. 全国乡镇企业经济效益的灰色评估 [J]. 系统工程理论方法应用，1994（2）：67-74.

[179] 张之光，蔡建峰. 国家层面信息技术价值及"生产率悖论"研究 [J]. 科研管理，2013（7）：154-160.

[180] 赵晖，赫晓辉，王政峰等. 宁夏引黄灌区农村信息化主成分分析 [J]. 农业网络信息，2010（2）：45-47.

[181] 赵晖，温学飞. 宁夏引黄灌区农村信息化对农业总产值的影响 [J]. 中

国农学通报，2010，26（20）：378-382.

[182] 赵继海，张松柏，沈瑛. 农业信息化理论与实践 ［M］. 北京：中国农业科技出版社，2002.

[183] 赵洁，赵杰. 中国农业信息化的发展进程 ［J］. 农业经济，2007（8）：65-66.

[184] 赵洁. 发达国家农业信息化的发展与成功经验 ［J］. 农业经济，2002（6）：48-49.

[185] 赵意焕. 河南农村信息化的途径和策略分析 ［J］. 中国管理信息化，2009（9）：81-83.

[186] 赵勇，陈冬. 信息技术的生产率悖论因果分析 ［J］. 科学学与科学技术管理，2004，25（6）：100-103.

[187] 赵元凤. 发达国家农业信息化的特点 ［J］. 中国农村经济，2002（7）：74-78.

[188] 赵元凤. 中国农产品市场信息系统研究 ［M］. 北京：中国农业出版社，2004.

[189] 郑国清，尹红征，段韶芬. 论农业信息化、农业现代化与现代农业 ［J］. 河南农业科学，2004（11）：39-42.

[190] 郑红维，葛敏，史建新. 我国农业信息化问题的理论探讨 ［J］. 中国农村经济，2003（9）：43-49.

[191] 郑红维，李颢. 中国农村信息服务体系综合评价与发展战略研究 ［M］. 北京：中国农业科学技术出版社，2010.

[192] 郑红维. 关于农业信息化问题的思考 ［J］. 中国农村经济，2001（12）：27-31.

[193] 郑红维. 我国农村信息服务体系综合评价与发展战略研究 ［D］. 北京：清华大学硕士学位论文，2004.

[194] 中共中央、国务院关于促进农民增加收入若干政策的意见 ［EB/OL］. 新华网，2005.

[195] 中共中央、国务院关于推进社会主义新农村建设的若干意见 ［EB/OL］. 新华网，2006.

[196] 周亚莉. 社会主义新农村评价指标体系探讨 ［J］. 统计与决策，2006（7）：67-68.

[197] 周应萍. 推进农业信息化　建设社会主义新农村 ［N］. 中国信息报，2006-01-04.

［198］朱孔来，刘春蕊，徐浩. 社会主义新农村建设的指标体系及其检测评价［J］. 青岛农业大学学报，2007（1）：1-3.

［199］朱希刚. 我国农业科技进步贡献率估算方法［M］. 北京：中国农业出版社，1997.